Martin Benninghoff

DER
SPIELER

Wie Kim Jong-un
die Welt in Atem hält

KLETT-COTTA

Klett-Cotta
www.klett-cotta.de
© 2019 by J. G. Cotta'sche Buchhandlung
Nachfolger GmbH, gegr. 1659, Stuttgart
Alle Rechte vorbehalten
Printed in Germany
Cover: Rothfos & Gabler, Hamburg
Karten: © Isabell Bischoff
Gesetzt von Dörlemann Satz, Lemförde
Gedruckt und gebunden von CPI – Clausen & Bosse, Leck
ISBN 978-3-608-98179-7

Bibliografische Information der Deutschen Nationalbibliothek
Die Deutsche Nationalbibliothek verzeichnet diese Publikation in
der Deutschen Nationalbibliografie; detaillierte bibliografische
Daten sind im Internet über http://dnb.d-nb.de abrufbar.

Für Miriam und Milo Elias

»Das ist eine Politik, die man
auf die Formel bringen könnte:
Wandel durch Annäherung.«

EGON BAHR, 1963

»Mein Freund Kim Jong-un.«

DONALD TRUMP, 2019

INHALT

DIE WICHTIGSTEN AKTEURE

Die Kim-Dynastie (Auswahl)

Kim Jong-un   Vorsitzender, Oberster Führer, Diktator
                   (seit 2011)
Kim Jong-chol   Älterer Bruder, Clapton-Fan, ohne
                   Macht
Kim Jong-nam   Ältester Bruder, starb 2017 bei einem
                   Giftattentat
Kim Jong-il   Früherer Staatsführer, Vater
                   (gestorben 2011)
Kim Il-sung   Staatsgründer, Großvater
                   (gestorben 1994)
Ri Sol-ju   Ehefrau und »First Lady«
Kim Yo-jong   Jüngere Schwester, enge Vertraute
Kim Han-sol   Sohn von Kim Jong-nam, lebt im Exil

Einige Führungsleute

Kim Yong-nam   Betagter Außenpolitiker, »Gesicht« im
                   Ausland, langjähriges protokollarisches
                   Staatsoberhaupt

Choe Ryong-hae	Seit 2019 Vorsitzender des Präsidiums der Obersten Volksversammlung, protokollarisches Staatsoberhaupt
Ri Su-yong	Diplomat und Außenpolitiker, Vertrauter in der Schweiz
Ri Yong-ho	Außenminister
Choe Son-hui	Vize-Außenministerin, Verhandlungen mit USA
Kim Yong-chol	Ehemaliger Chefunterhändler für Verhandlungen mit USA
Jang Song-thaek	Onkel, Politbüro (hingerichtet 2013)
Hyon Song-wol	Politikerin, Sängerin und Chefin der Band Moranbong
Kim Jae-ryong	Premierminister seit 2019

KIM JONG-UN

Es war im Spätherbst 2011, als ich zum ersten Mal nach Nordkorea fuhr. Ich weiß es wie heute, weil mich vor der Abfahrt in Peking ein mulmiges Gefühl beschlich, wie ich es selten erlebt hatte. Ich stand vor dem Hotel in Sichtweite des Bahnhofes, ging los und zog mein Rollköfferchen die belebte Straße entlang. Anschließend ließ ich die flughafenähnlichen Sicherheitskontrollen über mich ergehen und richtete mich in der Schlafwagenkabine des Zuges ein, die ich für die nächsten 30 Stunden mit drei biertrinkenden und trockenfischkauenden Chinesen teilen sollte.

Mir war mulmig zumute, weil ich beim Reisen niemals zuvor eine so große innere Zerrissenheit gespürt hatte. Ich war zwar gut vorbereitet, hatte Bücher über Nordkorea, die Diktatorenfamilie der Kims sowie zur koreanischen Geschichte verschlungen, und doch spürte ich, dass ich abseits aller Fakten im Grunde furchtbar unvorbereitet war.

Nordkorea war damals wie heute ein Staat gewordenes Schwarzes Loch, das einen im Moment des Betretens einsaugt und für ein paar Tage oder Wochen verschwinden lässt. Damals musste ich sogar noch mein Handy an der Grenze abgeben, heute darf man immerhin diesen Kontakt zur Außenwelt mitnehmen.

Ja, es stimmt, das Land wandelt sich. Trotzdem bekommt man auch heute kaum Gelegenheit, nach Hause zu telefonieren oder auch nur eine Textnachricht zu schreiben. Soziale Medien kann man während seines Aufenthaltes ebenso getrost vergessen wie die schnelle Google-Suche, wenn man nachrecherchieren möchte, was der Reiseleiter einem über das Land und seine Menschen berichtet.

Das hat auch sein Gutes: Wer nach Nordkorea reist, verlässt sich auf seine Augen und seinen Verstand, schärft seine Sinne für das Neue, das Unvorhergesehene und manchmal schier Unglaubliche.

Dafür bietet dieses besondere Fleckchen Erde mehr als genügend Anschauungsmaterial; mit seiner Geschichte, der allgegenwärtigen Staatsmacht, deren Vertreter die Besucher an die Hand nehmen und selbst auf Bitten nicht loslassen, dem extremen Personenkult um die Diktatorenfamilie Kim, der Armut und dem gleichzeitigen Bemühen der Menschen, in ihrem Land nach den großen Hungerkrisen der 1990er-Jahre so etwas wie einen kleinen Wohlstand zu erwirtschaften.

Als mich dieses Schwarze Loch später wieder ausspuckte, drängte die globalisierte Nachrichtenwelt, in der ich mich schon aus beruflichen Gründen bewege, mit Macht zurück in mein Leben. Das Handy wählte sich wieder in das chinesische Mobilfunknetz ein, diverse Piep- und Vibrationsalarme holten gefühlte fünf Minuten lang nach, was ich alles verpasst hatte. Die nordkoreanische Stille war dahin. Willkommen zurück in China, das zumindest in Sachen Kommunikationskultur schon damals näher an Berlin und Hamburg war als an Pjöngjang[1] oder Hamhŭng!

Zurück in Deutschland, ich saß noch im Auto auf dem

Parkplatz meiner damaligen Redaktion, des *Kölner Stadt-Anzeigers*, schreckte mich eine Eilmeldung auf: Kim Jong-il[2] ist tot. Die nordkoreanischen Staatsmedien gaben bekannt, was kein Geheimdienst der Welt hatte herausfinden können.

Die Bilder von Nordkoreanern, die sich nach der Todesnachricht auf den Straßen und in den Betrieben auf den Boden warfen und hemmungslos in die Kameras heulten, gingen wie schon beim Tod des Staatsgründers Kim Il-sung 1994 um die Welt. Da waren sie wieder, diese verrückten Nordkoreaner, so dachten damals natürlich viele – wie anders hätten sie, die sie so gut wie nichts über dieses Land wissen, diese Bilder schon interpretieren können?

Als Journalist rutscht man schnell in eine Rolle, für die man sich eigentlich noch gar nicht ausreichend gewappnet fühlt. Für kein Land der Welt genügt eine einmalige Reise, um kundig darüber zu berichten und die dortige Lage einzuordnen. Die Zeitungskorrespondenten meines heutigen Arbeitgebers, der *Frankfurter Allgemeinen Zeitung*, wie auch jene freien Kollegen meines damaligen Brötchengebers beschäftigen sich jahrelang mit ihren Berichtsländern, leben dort und teilen den Alltag mit den Menschen, über die sie schreiben. Doch in Bezug auf dieses verschlossene Nordkorea können das nicht viele von sich behaupten, denn Auslandskorrespondenten werden nur in homöopathischen Dosen ins Land gelassen, mit einer Ausnahme: Die US-Nachrichtenagentur *Associated Press* betreibt sogar ein Büro in Pjöngjang. Die nordkoreanischen Behörden erhoffen sich davon »Fairness, Ausgewogenheit und Genauigkeit« in der Berichterstattung, wie einmal ein hoher Parteifunktionär sagte.[3] Frei bewegen können sich selbstverständlich auch diese Journalisten nicht. Für alle anderen Medien sind

Reisen dorthin deshalb so wichtig, unter welch schwierigen Umständen sie auch stattfinden.

Unter den Nordkorea-Fachleuten macht das Bonmot die Runde, wer ein Buch über Nordkorea schreibe, habe sich entweder schon jahrelang mit dem Land beschäftigt oder sei gerade von seiner ersten fünftägigen Reise zurückgekehrt. Für beide Fälle gibt es genügend Beispiele. Damals hätte ich zweifellos noch zur zweiten Gruppe gehört, deshalb schreibe ich dieses Buch auch erst heute, nach Jahren der intensiven Auseinandersetzung mit diesem kuriosen, unfassbar interessanten Land, das so anders als die meisten Gesellschaften funktioniert.

Die Nachfrage nach Erlebnissen aus erster Hand und der Wunsch nach Einordnung sind im Westen groß. Wer sich darüber wundert, muss sich klarmachen, dass Nordkorea das am stärksten abgeschottete Land der Welt ist. Was die Faszination vieler Menschen verständlich macht, hinter diesen letzten Eisernen Vorhang lugen zu wollen. Sie möchten verstehen, wie die Menschen dort leben und was die Machthaber planen. Kim Jong-il, der Sohn des verstorbenen Staatsgründers Kim Il-sung, umgab sich stets mit der Aura des Geheimnisvollen. Jetzt, da er tot war, wollten viele wissen, wer ihm nachfolgt und wie dieser Jemand sein würde. Würde er der erhoffte Reformer sein?

Schon vorher hatten die Zeichen sich verdichtet, dass ein gewisser Kim Jong-un die Nachfolge antreten könnte. Doch der junge Mann, der zwar vorher mehrfach im Tross seines Vaters gesichtet worden war, galt als der große Unsichtbare. Niemand wusste viel über ihn, was dazu einlud, die schlimmsten Befürchtungen oder größten Hoffnungen auf den unbedarft wirkenden Diktatorenspross zu projizieren. Würde er Nordkorea an den Rest der Welt heranführen? Den chinesischen Weg gehen? Den vietnamesischen Weg gehen? Oder würde er die Repressionsschraube anziehen, das Atomprogramm forcieren und die Region und damit den Globus in Angst und Schrecken versetzen?

Mittlerweile kann man diese Fragen mit einiger Sicherheit beantworten – auch wenn keiner so tun sollte, als sei Nordkorea inzwischen ein offenes Buch. Im Gegenteil: Falsche Informationen, argumentative Finten und fragwürdige Interpretationen sind keine exklusive Angelegenheit des amerikanischen Präsidenten Donald Trump, sondern der Normalfall bei der Beschäftigung mit Nordkorea und seinen Führern. Unser Intellekt schlägt uns zu allem Überfluss weitere Schnippchen: Je weniger wir wissen, desto mehr springt unsere Fantasie in die Bresche. Sie schmückt aus, sie erfindet dazu, sie geht vom Schlimmsten aus. *Only bad news are good news* – dieser zynischste aller Grundsätze im Nachrichtengeschäft gilt in Sachen Nordkorea umso stärker.

Die Gefahr, einer der vielen Falschmeldungen aufzusitzen, die immer wieder im Umlauf sind, ist groß.

WITZFIGUR MIT BETONFRISUR?

Als Kim Jong-un seinen mächtigen Onkel Jang Song-thaek im Dezember 2013 hinrichten ließ, malten manche Medien diesen politischen Mord in den düstersten Farben, stellten alles schrecklicher dar, als es ohnehin schon war. Angeblich, so eine Meldung, sei der enge Vertraute des Diktators nackt den Hunden zum Fraß vorgeworfen worden. Unkritisch übernahmen dies zig Nachrichtenportale, obwohl es doch offensichtlich zu schaurig daherkam, um wahr zu sein.[4] Ursprünglich war diese Falschmeldung in einer Hongkonger Zeitung aufgetaucht und nahm von dort aus Anlauf, um über eine englischsprachige Singapurer Zeitung weltweit die Runde zu machen: auch in Europa und Deutschland.[5] Im Juni 2019 berichtete eine südkoreanische Zeitung, dass Kims früherer Chefunterhändler mit den USA, Kim Yong-chol, in ein Arbeiterlager gesteckt worden sei. Er tauchte kurz darauf wieder auf – in trauter Eintracht mit seinem angeblichen Peiniger, Kim Jong-un.

Doch wie so häufig war die Wahrheit weniger aufregend. War sie uns nicht interessant genug? War es nicht hinreichend gruselig, dass der damals noch frischgebackene Diktator seinen Onkel überhaupt hinrichten ließ, übrigens wahrscheinlich mit »gewöhnlichen« Gewehrsalven? Waren wir schon so abgestumpft?

Nordkorea kitzelt nicht immer die besten Eigenschaften aus uns heraus: Das Schrille wird in unserer Wahrnehmung noch schriller, das Extreme noch extremer, und manchmal wird auch etwas hinzugedichtet. Für Journalisten und andere Beobachter ist Nordkorea ein beliebtes Kuriositätenkabinett, in einigen Medien reihen sich Absurditäten an Bizarres, und mittendrin thront die »irre«, »dicke« »Witzfigur« mit der Betonfrisur, der Chef im Lande »Freakistan«, »Kim Jong Bumm« oder auch der »Dicktator«, in Anspielung auf die beträchtliche Leibesfülle des Despoten.[6]

Die Sensationsgier ist die eine Seite der Medaille. Die andere ist das ernst gemeinte Interesse an einem Land, das eine eigentümliche Mischung aus Abscheu und Faszination auslöst. Hier das totalitäre Regime, das mit Atom- und Raketentests, Lagern für politische Gefangene oder Giftmorden seine Brutalität zeigt, dort ein Land, das sich einigelt, sich zugleich aber Aufmerksamkeit heischend propagandistisch inszeniert – und dadurch erst recht die Blicke auf sich lenkt.

Nordkorea ist von Deutschland mehr als 8000 Kilometer Luftlinie entfernt. Das Land ist mit seinen rund 25 Millionen Einwohnern eher mittelgroß und liegt an der Peripherie Ostasiens, eingeklemmt zwischen den Interessen Chinas, Russlands, Japans, Südkoreas und der Vereinigten Staaten von Amerika.

Dass die Welt und Deutschland mit großem Interesse auf Nordkorea schauen, daran haben Kim Jong-un und sein geheimnisumwittertes Regime den größten Anteil. Besucher, ob Journalisten, Politiker oder Touristen, müssen an der Seite staatlicher Reiseleiter durchs Land reisen. Für Journalisten ist es darüber hinaus ziemlich schwierig, überhaupt ein Visum zu bekommen, also fahren manche unter dem Deckmantel eines Touristenvisums nach Nordkorea. Als Tourist kann man auch von Deutschland aus eine pauschale Gruppen- oder Einzelreise buchen: Das Besuchsprogramm ist dabei weitgehend festgelegt, schon am Flughafen oder Bahnhof in Pjöngjang wird man von seinen Reiseleitern abgeholt, die einen während des gesamten Aufenthaltes nicht mehr aus den Augen lassen. Nur in der Isolation spezieller Ausländerhotels ist man in den Nachtstunden sich selbst überlassen. Nur hier bietet sich Raum für kleine Freiheiten. Sobald man jedoch versucht, das Hotel zu verlassen, hindern einen die Wachleute oder Rezeptionsmitarbeiter daran. Während der Rundreise wird man zum Statisten in einem Drehbuch, das die Behörden schreiben. Mag die Leine in Pjöngjang noch vergleichsweise lang sein, so wird sie in anderen Regionen kürzer gehalten.

Wer jedoch durchs Land reist, mit Menschen spricht, die sich aus unterschiedlichen Beweggründen für Nordkorea interessieren, dort leben oder gelebt haben, natürlich auch selbst mit Nordkoreanern Kontakte knüpft, bekommt sukzessive ein umfassenderes Bild vermittelt.

Aber selbst wer sich jahrelang mit dem Thema beschäftigt und die Fachliteratur inhaliert hat, wird noch genügend Wissenslücken entdecken. Das liegt in der Natur der nordkoreanischen Sache, denn das Regime ist das Gegenteil von transparent. Die Behörden zeigen einem nur das vermeintlich Schöne, sie verschweigen die Arbeitslosigkeit oder Menschenrechtsverbrechen, sie machen die Amerikaner und die Sanktionen der Vereinten Nationen sowie einzelner Länder zum alleinigen Schuldigen für die ökonomische Misere und erklären ihren Staat im selben Atemzug zum Paradies auf Erden. Sie lassen Journalisten nicht ihre Arbeit machen, Daten und verlässliche Informationen sind ohnehin schwierig zu bekommen, und Kim Jong-un verweigert sich konstant allen Interviewanfragen, auch wenn er im Februar 2019 während des Gipfeltreffens mit Trump im vietnamesischen Hanoi erstmals schmallippig ein paar Fragen ausländischer Journalisten beantwortete. Selbst die Geheimdienste beißen sich seit Jahrzehnten die Zähne an Nordkorea aus – vermutlich wissen sie kaum mehr, als die Nordkoreaner bereit sind, von sich aus preiszugeben. Die ergiebigste Quelle für Einblicke, die einem das Regime gerade nicht ermöglichen will, sind da noch die Satellitenbilder aus dem All.

Der hochangesehene und ansonsten sehr rational argumentierende ehemalige amerikanische Senator John McCain, der 2018 verstarb, nannte Kim Jong-un einmal ein

»crazy fat kid«, ein irres fettes Kind.[7] Nur, was macht man mit einem solchen »irren Kind«?

Kim Jong-un mag sicherlich kurios aussehen mit seiner merkwürdigen Betonfrisur, der koreanischen Variante seiner Mao-Anzüge, dazu der Leibesfülle in einem Land, das trotz der zunehmenden Zahl an Fast-Food-Restaurants kaum Dicke kennt. Aber McCain wird bewusst gewesen sein, dass Kim in Wahrheit ganz und gar kein Irrer ist. Die Handlungen des Diktators zeugen vielmehr von einer konsequenten inneren Rationalität und Logik. Aber es sollte ohnehin um mehr gehen als nur um Kim Jong-un. Zunächst einmal vor allem darum, den zahlreichen Fettnäpfchen und Fallstricken auszuweichen und kulturelle Missverständnisse zu vermeiden. Erst dann kann man überhaupt daran denken, ein klareres Verständnis von Nordkorea zu gewinnen.

In dem Film *Im Strahl der Sonne* des russisch-ukrainischen Dokumentarfilmers Vitali Mansky wird das eindrucksvoll vorgeführt: Ein Jahr lang durfte er ein achtjähriges Mädchen begleiten, das mit seinen Eltern in Pjöngjang lebt. Eigentlich ein hoffnungsloses Unterfangen für einen Dokumentarfilmer, denn die staatlichen Aufpasser machen einem strenge Vorgaben, inszenieren die Szenen, geben den Protagonisten Regieanweisungen, schnauzen sie an, wenn sie zu lange reden, oder animieren sie, sollten sie zu schweigsam sein.[8] Doch Mansky gelingt es vorzüglich, diese unmöglichen Arbeitsbedingungen zu seinem Vorteil umzumünzen. Er thematisiert die (versuchte) Inszenierung, zeigt in seinem Film die Regieanweisungen und Interventionen der Aufpasser und lässt somit die staatliche Propaganda wie ein Kartenhaus in sich zusammenfallen. Dabei gelingt ihm ein Kunststück, von dem sich andere Berichterstatter eine

Scheibe abschneiden sollten: Er demaskiert schonungslos, erfindet aber zugleich nichts, um die Leerstelle zu füllen.

Mansky zeigt die Arbeitsweise des Staatsapparates und richtet dabei das Scheinwerferlicht auf ein paar Nordkoreaner, die das Pech haben, als willenlose und drohnenähnliche Komparsen an diesem Film mitwirken zu müssen. Ob sie das schlecht finden oder mit Stolz tun, wissen wir nicht. Nordkorea beschwerte sich über das Ergebnis und verbot die Aufführungen im Land.

Doch wem kann man hier eigentlich einen Vorwurf machen? Die nordkoreanischen Propagandisten nutzten die Chance, weil sie glaubten, auf diese Weise ein ideales Familienleben in ihrem »sozialistischen Paradies« präsentieren zu können. Das musste schiefgehen, der Dokumentarfilmer möchte ja das echte, unverfälschte Nordkorea zeigen, kurzum, er möchte seinen Job machen. In gewisser Weise machen die Nordkoreaner aber ebenfalls ihren Job, denn sie kennen weder eine freie Presse noch ein Grundverständnis für das Verlangen dokumentarischer Authentizität. Insofern ist die Empörung der Mutter des Mädchens echt, die den Staatsmedien danach sagte, sie sei von dem Film enttäuscht. Sie habe gedacht, der Dokumentarfilmer werde einen »schönen Film« über Nordkorea drehen. Es ist die Geschichte eines riesengroßen Missverständnisses, beileibe nicht die einzige.

Wer aber glaubt, Reisen nach Nordkorea lohnten sich nicht, weil man ohnehin nur Propagandistisches zu sehen bekomme, irrt gewaltig. Bei jeder Reise, bei jedem Gespräch, bei jedem Versuch der Kontrolle finden sich Lücken, die, wie in Manskys Film, einen Blick hinter die Kulissen ermöglichen. Und jede Inszenierung sagt viel über das Staatsverständnis und die Rolle aus, die dem Einzelnen in dieser Gesellschaft beigemessen wird.

Manche stellen sich unter Nordkoreanern allen Ernstes roboterhafte Wesen ohne echte Gefühle vor, was natürlich völlig absurd ist. Selbst in ihrer striktesten Rolle als Sicherheitsmann, Geheimdienstmitarbeiter oder staatlicher Reiseleiter geraten sie ins Schwitzen, wenn sie ihr Vorgesetzter am Handy maßregelt, weil irgendetwas nicht funktioniert hat. Die für uns so kurios anmutende und streng inszenierte Trauer nach dem Tod Kim Il-sungs 1994 hat ihren Ursprung in einem echten Gefühl der Ohnmacht, nachdem der große Patriarch, der in diesem Land alles war, seine Schäflein für immer verlassen hatte. Nordkoreaner deshalb zu willenlosen Robotern zu erklären entspricht zwar dem Bedürfnis, Dinge, die man nicht versteht, auf eine einfache Formel zu bringen, die komplexere Wahrheit aber bleibt dabei auf der Strecke.

Der Alltag der Menschen setzt sich vielmehr aus ähnlichen Zutaten zusammen wie der der Deutschen, Franzosen oder Inder: Schlafen, Arbeiten, Familie, Freunde. An den Wochenenden sieht man auch in Pjöngjang die jungen Familien durch die Parks schlendern, im Alltag stehen die Menschen an den Bushaltestellen oder sind zu Fuß unterwegs. Es wird gefeiert und gelacht – aber es fällt auch auf, dass viele Menschen mit einem ernsten Gesichtsausdruck unterwegs sind. Ihr Leben ist hart und entbehrungsreich, erst recht in den ländlichen Gebieten.

Die Gesellschaftspolitik Nordkoreas folgt anderen Regeln: Die Macht wird von oben nach unten ausgeführt, der Staat dirigiert, und an der Spitze des Staates steht der Diktator. Die Einsicht, dass auf lokaler Ebene manches besser entschieden werden könnte als national, setzt sich nur durch, wenn die Not es gebietet – zum Beispiel, als es das Regime von Kim Jong-il in den neunziger Jahren des vergangenen Jahrhunderts nicht mehr vermochte, die Bevölkerung über das staatliche Lebensmittelverteilungssystem zu versorgen.

An der offiziellen Machtrepräsentation ändert sich dadurch nichts: Oben thront der Patriarch, darunter empfangen die unmündigen Kinder Weisungen. Eine Diskussion über den Kurs Kim Jong-uns findet öffentlich selbstredend nicht statt, Parlamentswahlen wie zuletzt im März 2019 dienen nur dazu, die Politik der Führung in einer Art Zustimmungsinszenierung zu bestätigen und scheinbar im Volk zu verankern. Nach offiziellen Angaben lag die Wahlbeteiligung – wenig überraschend – bei 99,99 Prozent, die Zustimmung bei 100 Prozent.

Für Demokraten ist das gewöhnungsbedürftig: Unser Patchworkleben und unsere Wahlmöglichkeiten bilden die Kontrastfolie zu Nordkoreas patriarchalischer Top-Down-Politik. Selbst in einem Land wie Weißrussland, das autoritär regiert wird, ist der Bürger um ein Vielfaches freier, kann die Opposition sich öffentlich – wenn auch unter Schwierigkeiten – einbringen. Das ist in den bunten Zivilgesellschaften Kubas oder Vietnams aller Blockadeversuche der Regierungen zum Trotz nicht anders.

Besonders kurios: Nordkorea ist die bislang einzige sozialistische Erbmonarchie der Welt, die zudem stark religiös aufgeladen ist. Was für ein Widerspruch: Ludwig XIV. trifft auf Karl Marx, und zwar im Vatikan!

Das Konzept der Familie Kim baut auf radikale ethnische Homogenität. Ausländische Minderheiten sind nicht vorgesehen, Fremde dürfen zwar als Investoren kommen, als Touristen und Delegationsreisende, aber ihre Integration findet nicht statt, binationale Ehen bleiben unmöglich. Während Deutschland und andere Staaten seit Jahrzehnten große Anstrengungen unternehmen, damit Einwanderer eine neue Heimat finden, setzt Nordkorea alles daran, Ausländer permanent an ihren Gaststatus zu erinnern. Multikultureller Austausch gilt als Gefährdung der reinen Idee. Die großen Vorteile einer Gesellschaft, die – unter dem Strich und trotz aller Probleme – durch die Einflüsse von Einwanderern dazulernt und sich erneuert, ja atmet, verpasst die nordkoreanische Gesellschaft. Die meisten wissen das nur nicht, denn sie haben nie etwas anderes kennengelernt.

Nordkorea ist der diametrale Gegenentwurf zu vielem, was wir schätzen, aber das Land bietet auch reichlich Liebenswertes, Interessantes ohnehin. Es ist ein Spiegelbild, seitenverkehrt, wie Spiegelbilder nun mal sind. Wer bereit ist, mehr zu sehen als nur einen »irren Diktator« oder einen riesenhaften realsozialistischen Themenpark, wer seine Lust am Schrecklichen zügelt und die Menschen in den Blick nimmt, wird mehr von Nordkorea haben.

Heute ist das leichter als früher, denn spätestens seit 2018 wagt sich Kim Jong-un aus der Defensive. Er tut nicht mehr ganz so geheimnisvoll wie sein Vater, und er zeigt sich verstärkt in der Öffentlichkeit, sogar international bei den Gipfeltreffen mit Trump 2018 und 2019. Das kommt auch in Südkorea gut an: »Bis jetzt war Kim immer wie eine Karikatur«, gab eine Frau in Seoul Journalistenkollegen zu Protokoll.[9] Wenn also die zwischenzeitliche Entspannungsperiode auf der koreanischen Halbinsel eine Chance bietet, dann die, Nordkorea und den Diktator endlich realistischer zu betrachten. Oder wie die Frau in Seoul weiter sagte: »Heute fühle ich zum ersten Mal, dass er real existiert.«

Es scheint, als begreife die Welt allmählich, dass Kim Jong-un in Wahrheit weder Karikatur noch Witzfigur ist, sondern ein Realpolitiker mit einigem strategischen Talent. Er ist ein Spieler, der zwar kaum die Chance hat, die Partie zu gewinnen, sie dafür aber schier endlos in die Länge zieht, um Zeit zu schinden. Auch das ist ein Talent.

VIRTUOSE DER MACHT

Kim Jong-un hat es weit gebracht. Ein Satz, der erschaudern lässt. Aber er ist wahr, zumindest nach den Maßstäben nordkoreanischer Machtpolitik. Der junge Diktator ist bisher so brutal wie seine Vorgänger. Unliebsame Gefährten räumt er gnadenlos aus dem Weg, genauso wie es sein Großvater Kim Il-sung getan hat. Sein Volk sperrt er ein und zwingt ihm seinen Willen auf, genauso wie es sein Vater Kim Jong-il getan hat.

Aber der Machthaber der dritten Generation ist der, in seinem Sinne, bislang erfolgreichste: Kim Jong-un hat sein Land endgültig zur Atommacht hochgerüstet. Und er hat sich einen beispiellosen Propagandaerfolg verschafft, indem er als erster Kim einen amtierenden amerikanischen Präsidenten persönlich an den Verhandlungstisch komplimentierte, und das sogar mehrfach. Ein ungeheurer Triumph für den Pariastaat, und ein persönlicher für den jungen Machthaber.

Die Familie Kim und die mit ihr verbundenen Eliten beherrschen Nordkorea seit mehr als 70 Jahren. Die Sowjetunion gab es knapp 70 Jahre, die DDR ging nach rund 40 Jahren unter. Es ist schwer, Vorhersagen zu treffen. Aber noch deutet wenig darauf hin, dass Kim Jong-un der letzte nordkoreanische Diktator sein könnte. Sein Regime erweist sich als zäh und langlebig. Es wurde oft totgesagt, aber noch immer wehrt es sich gegen den Untergang, allen Sanktionen und Hungersnöten zum Trotz.

Wie schafft er das? Kim Jong-un bedient sich der erprobten Machtmittel der beiden Vorväter. Aber er kombiniert ihre Eigenschaften zu einer ungemein effektiven und deshalb wirkungsvolleren Synthese. Er ist leutselig wie der Großvater, setzt wie er auf (inszenierte) Volksnähe, indem er sich lachend mit anderen Menschen ablichten lässt. Dadurch ist er beliebter als sein Vater Kim Jong-il. Zugleich sorgt er aber dafür, dass ihm dessen Unnahbarkeit und kühle Machtaura erhalten bleiben.

Auf internationaler Bühne hat er die Strategien seiner Vorgänger ebenfalls perfektioniert: Er droht mit Krieg und Vergeltung, sobald sich ein Anlass bietet, er nähert sich wieder an, macht Zugeständnisse, schließt Vereinbarungen des guten Willens, er bricht sie, schiebt dem Verhandlungspartner dafür die Schuld in die Schuhe, droht erneut mit Krieg und Rache. Ein Kreislauf, der die Weltöffentlichkeit abwechselnd in oftmals übersteigerten Optimismus treibt und sodann wieder in Ernüchterung stürzt.

Innenpolitisch setzt Kim Jong-un auf eine beispiellose Repression und die Kraft der Ideologie, die die Menschen von Kindesbeinen an begleitet, auch wenn das ein Euphemismus ist. Die Ideologie umklammert die Menschen, ihr zu entrinnen ist praktisch unmöglich. Mit diesem ausgefeilten Methodenkatalog hält sich der Familienclan des 25-Millionen-Einwohner-Staates seit Jahrzehnten an der Macht.

Es ist nicht überliefert, ob Kim Jong-un den florentinischen Philosophen Niccolò Machiavelli kennt oder gar sein politisches Hauptwerk *Il Principe (Der Fürst)* gelesen hat.[10] Ob wissentlich oder unwissentlich, in jedem Fall folgt er den Lehren dieses Klassikers des 16. Jahrhunderts sehr genau. Machiavelli entwarf eine Art Bedienungsanleitung für den Typus Machtpolitiker. Zu seiner Zeit waren das die italienischen Fürsten, aber die Prinzipien lassen sich bestens auf die heutige Zeit übertragen. Erst recht auf einen totalitär regierten Staat wie Nordkorea, obwohl Machiavelli vererbter Macht eigentlich kritisch gegenüberstand.

Der Machterhalt – frei von Moral, Demokratie oder Menschenrechten – steht im Mittelpunkt der *virtù*, Machiavellis zentralem Instrument im Werkzeugkoffer der Machtmechaniker. Diesem Ziel wird alles untergeordnet. Aber die Pointe folgt noch: Ein erfolgreicher Herrscher muss vor allem in der Lage sein, die *occasione*, die Gelegenheit, die ihm das Schicksal oder das Glück zuspielt, beim Schopf zu packen.

Im Falle Kim Jong-uns trägt diese Gelegenheit einen sogar besonders auffälligen (blonden) Schopf und ein nicht minder auffälliges Ego vor sich her. Donald Trump ist der amerikanische Präsident, auf den die Kim-Familie jahrzehntelang gewartet hat. Ein Mann, der sich provozieren lässt. Der sich aber auch mit seinem schlimmsten Feind an einen Tisch setzt, wenn er meint, daraus einen Deal schlagen zu können. Ein Mann, der simpel denkt und entschlossen lenkt.

Das mit viel Pomp vor der Weltöffentlichkeit inszenierte erste Gipfelspektakel am 12. Juni 2018 war ein Befreiungsschlag für Kim Jong-un, der sich hierbei einmal mehr als rationaler Stratege und überlegter Spieler erwiesen hat. Ein Spieltheoretiker, der einen Plan verfolgt, wie ein geübter Schachspieler, der den nächsten und übernächsten und

Abb. 1: Auf Augenhöhe mit dem mächtigsten Staatschef der Welt: Nach Jahren der inneren Machtkonsolidierung nutzt Kim Jong-un die außenpolitische Bühne, die ihm der amerikanische Präsident Donald Trump 2018 in Singapur bietet. Der Diktator genießt die Aufmerksamkeit, der Präsident glaubt noch an einen diplomatischen Coup. Danach folgt die Ernüchterung.

überübernächsten Spielzug antizipiert und dabei mit erstaunlicher Stringenz und innerer Logik vorgeht. Kim stolpert nicht, er setzt den Fuß mit Bedacht – bisher zumindest.

Ende Februar 2019 traf er sich abermals mit Trump, dieses Mal in Vietnams Hauptstadt Hanoi. Aus amerikanischer Sicht wäre es an der Zeit gewesen, eine konkrete Vereinbarung zur atomaren Abrüstung zu unterschreiben. Doch die beiden konnten sich nicht einigen, der Gipfel wurde vorzeitig abgebrochen, und der sichtlich düpierte amerikanische Präsident stieg sofort in sein Flugzeug und flog zurück nach Amerika.

Kim blieb noch ein paar Tage in Hanoi: Ihm war das Kunststück gelungen, den Friedensprozess weiter am Leben zu erhalten, dabei keinerlei Zugeständnisse machen zu müssen und ganz nebenbei noch Zeit zu gewinnen. Im Nachgang ließ er seine Vize-Außenministerin Choe Son-hui die Atomgespräche pauschal infrage stellen. Auch wenn das Glück ihm half, der Stratege Kim konnte es wieder einmal allen zeigen, nicht zuletzt dem amerikanischen Präsidenten, der in diesem Spiel nicht immer eine glückliche Figur abgibt.

Danach sah es anderthalb Jahre vorher ganz und gar nicht aus. Denn Ende 2017 stand Kim Jong-un mit dem Rücken zur Wand. Sein Atom- und Raketenprogramm kleidete ihn zwar in eine stabile Rüstung und schützte ihn vor militärischen Angriffen. Zugleich aber schnürten die internationalen Sanktionen der Vereinten Nationen, denen dieses Mal sogar die freundlich gesinnten Nachbarn China und Russland zugestimmt hatten, sowie die Sanktionen einzelner Staaten und der EU spätestens seit 2017 Nordkorea buchstäblich die Luft ab. Ein Knoten hatte sich um das Land gelegt, der sich mit jeder Bewegung ein Stück fester zurrte. Devisen, Waren, Dienstleistungen und Ersatzteile drangen kaum noch durch.

Das Regime in Pjöngjang überlebt seit Jahrzehnten, weil es in einem ausgeklügelten System von Patronage die Eliten und zunehmend auch die neu entstehende Mittelschicht bei Laune hält. Doch dafür braucht es Devisen, also ausländische harte Währung, um Luxusprodukte zu importieren. Von den internationalen Finanzmärkten ist es weitgehend abgeschnitten, Nordkorea ist nicht kreditwürdig. Die Devisen sind also nötig, um die maroden Staatsbetriebe zu modernisieren und die Waffen zu finanzieren. Kim Jong-un weiß, dass sein Regime nur Bestand hat, wenn es sich neue Spielräume für diese Finanzierung erkämpft.

Nur wie? Trump im Weißen Haus war nicht Kims einziger Glücksfall. Ein weiterer bot sich mit dem neuen südkoreanischen Präsidenten Moon Jae-in, der seit Frühjahr 2017 die Geschicke seines Landes führt. Moon ist eher Taube und nicht Falke, auch wegen seiner persönlichen Geschichte: Moons Vater floh einst aus Nordkorea, er selbst wurde in einem Auffanglager für Kriegsflüchtlinge geboren.

Die ersten Avancen Moons ließ Kim Jong-un noch kühl abtropfen. Aber in seiner Neujahrsansprache 2018 biss Kim an und forderte seinerseits eine Verbesserung der Beziehungen zum Süden.

Bei den Olympischen Winterspielen im südkoreanischen Pyeongchang im Februar 2018, zu denen Kim eine ranghohe Delegation mit seiner Schwester Kim Yo-jong an der Spitze schickte, lief der Aussöhnungsmotor dann so richtig heiß. Vor dem Gipfel mit Trump trafen sich Kim Jong-un und Moon Jae-in schließlich im Grenzort P'anmunjŏm und überquerten jeweils für einen Moment die Grenze ins Nachbarland. Das hätte lange niemand für möglich gehalten.

Genauso wie niemand es für möglich gehalten hätte, dass sich Kim und Trump kurze Zeit darauf die Hände schütteln. Noch 2017 hatten sich die beiden Staatsführer mit gegenseitigen Beschimpfungen überzogen, Trump nannte Kim einen »Verrückten«, »Geisteskranken« und »kleinen Raketenmann«, Kim wollte den »dementen US-Greis mit Feuer bändigen«. Eine beispiellose rhetorische Entgleisungsorgie zweier Männer mit dem Finger auf dem buchstäblichen Atomknopf. Kim drohte Trump: »Die gesamten Vereinigten Staaten liegen in Reichweite unserer Kernwaffen, und auf meinem Schreibtisch steht immer ein Atomwaffenknopf.« Trumps Retourkutsche ließ nicht lange auf sich warten: Jemand möge Kim darüber informieren, »dass auch ich einen Atomwaffenknopf habe, aber er ist viel größer und mächtiger als seiner, und mein Knopf funktioniert«.

Zu diesem Zeitpunkt stand die Welt so nah an einem Atomkrieg wie lange nicht. Glaubt man den Schilderungen des amerikanischen Journalisten Bob Woodward in seinem Enthüllungsbuch *Fear*, so konnte das Pentagon gerade noch verhindern, dass Trump einen Tweet absetzte, in dem er ankündigte, die Familien der in Südkorea stationierten US-Soldaten abzuziehen.[11] Das hätten die Nordkoreaner zweifellos als Zeichen eines bevorstehenden Angriffs gewertet. Möglicherweise wäre das der eine Tweet zu viel gewesen, der eine Eskalationsspirale in Gang gesetzt hätte, die leicht außer Kontrolle geraten wäre. Und an deren Ende eine verwüstete koreanische Halbinsel und Millionen von Toten gestanden hätten. Südkoreas Hauptstadt Seoul liegt nur eine Autostunde von der Grenze entfernt.

Kim war klar, diesen Krieg kann er nicht gewinnen, selbst wenn er die USA mit Langstreckenraketen beschießt. Die Herrschaft seiner Dynastie wäre vermutlich nach wenigen Tagen beendet worden. Er musste die endlosen Provokationen deshalb schnell einstellen, bevor er die Kontrolle verliert. Denn er benötigt zwar das Feindbild USA und der »Marionetten« Südkorea und Japan als Macht- und Propagandamittel, um seine Bevölkerung in einem permanenten Kriegs- und Belagerungszustand zu konservieren. Aber nicht zum Preis eines zerstörerischen Krieges, der das Ende seiner Herrschaft herbeigeführt hätte.

Kims neue Freundlichkeit galt jedoch vor allem China, mehr noch als den USA. China hatte im UN-Sicherheitsrat für das umfangreiche Sanktionspaket gestimmt, ist aber zugleich, mit großem Abstand vor Russland, Kims wichtigster Handelspartner. China und Nordkorea sind ziemlich beste Feinde, Peking verhält sich oft genug wie Koreas arroganter Bruder oder herablassende Schwester. Mao Zedong brachte das Verhältnis auf den Punkt: Die beiden Staaten seien wie *Lippen und Zähne*, der eine ohne den anderen schutz- und zahnlos. Chinas heutige Führung verkneift sich solche »Lippen«-Bekenntnisse zwar, an der Sachlage hat sich aber nichts geändert: Nordkoreas Regime wäre ohne Chinas wirtschaftliche und politische Hilfe schon längst Geschichte. China wiederum braucht Nordkorea – allerdings weit weniger als umgekehrt – als Pufferstaat zur Einflusssphäre der Vereinigten Staaten.

Mit den Atombomben- und Raketentests hatte Kim Jong-un zuletzt den Bogen arg überspannt, Chinas Führung war verärgert. Kim musste das Verhältnis kitten und das Nachbarland so bald wie möglich wieder aus der Phalanx der willigen Sanktionsbefürworter lösen. Der Diktator wollte den Sicherheitsrat wieder zu dem machen, was er meistens war: ein vielstimmiger Chor, gespalten und uneins, frei nach dem Motto: *Divide et impera! Teile und herrsche!* Dieser Ausspruch lässt sich wie die goldene Regel sinngemäß in vielen Kulturen und Zeitepochen finden: bei Chinas Kriegsstrategen Sunzi, der um 500 v. Chr. lebte, im Römischen Reich, bei dem angesprochenen Machiavelli oder während des Ancien Régime im absolutistischen Frankreich des 18. Jahrhunderts. Der Stratege Sunzi hat die Täuschung des Gegners als probates Mittel der Kriegsführung betont – möglich, dass Kim Jong-un auch seinen Sunzi kennt oder gar gelesen hat.

Kim Jong-un kann nur über Nordkorea verfügen, sein Land ist zu schwach, um expansiv nach außen zu drängen –

das liegt derzeit auch nicht in seinem Interesse. Aber er spielt seine Freunde und Feinde gekonnt gegeneinander aus, indem er alte Seilschaften reaktiviert und neue Bündnisse torpediert. Längst wackelt die informelle Allianz zwischen den USA und China in der Frage der Sanktionen, seit Kim guten Willen und Gesprächsbereitschaft zeigt und Trump einen Handelskrieg gegen Peking angezettelt hat. Im Juni 2019 reiste Chinas Staatschef Xi Jinping erstmals nach Pjöngjang. Paradoxerweise bleibt das Atom- und Raketenprogramm Kims wichtigstes Pfund, das aus dem kleinen Nordkorea einen machtvollen weltpolitischen Akteur macht, der die Aufmerksamkeit auf sich zieht – und das nicht zu knapp.

Die nordkoreanische Atombombe ist dabei keine Erfindung Kim Jong-uns. Der junge Diktator baut auch hier auf den Fundamenten seiner Vorfahren auf. Schon der Großvater Kim Il-sung betonte in den Anfangsjahren der Volksrepublik, wie sehr er sich die atomare Aufrüstung seiner Nation wünscht. Später, ab den 1960er-Jahren, lernten und forschten seine Wissenschaftler in sowjetischen Forschungsanlagen und sorgten so für den nötigen Wissenstransfer. Der mit sowjetischer Hilfe gebaute Atomreaktor in Yŏngbyŏn nördlich von Pjöngjang rückte in den 1990er-Jahren in den Fokus der Weltöffentlichkeit. Damals erwog die Regierung des früheren US-Präsidenten Bill Clinton, die Anlage mittels eines gezielten Militärschlages unbrauchbar zu machen. Jimmy Carter, einer von Clintons Vorgängern, vermittelte zwischen Washington und Pjöngjang, reiste 1994, kurz vor Kim Il-sungs Tod, in die nordkoreanische Hauptstadt und konnte im persönlichen Gespräch mit dem Staatsgründer das Schlimmste verhindern. Das Rahmenabkommen von 1994 verpflichtete Nordkorea, sein Atomprogramm einzufrieren. Im Gegenzug sollte das Land von den USA Leichtwasserreaktoren zur Stromgewinnung sowie Rohöllieferungen erhalten.

Um die Geschichte beispielloser Hoffnungen und Enttäuschungen abzukürzen: Bei der Umsetzung des Vertrages haperte es auf beiden Seiten, das mühsam aufgebaute Vertrauen war schnell aufgebraucht. Spätestens mit dem Amtsantritt George W. Bushs und seiner neokonservativen Kamarilla, die stärker auf Konfrontation statt Annäherung setzte, waren alle weiteren Vermittlungsbemühungen rund um die Jahrtausendwende passé.

Nachdem Kim Jong-un Ende 2011 das Zepter in Pjöngjang übernommen hatte, ging alles ganz schnell: Er erhöhte das Tempo und verstärkte den Druck auf seine Wissenschaftler, mit weiteren, gewaltigeren Testläufen der Welt zu zeigen, wozu sein Regime atomar in der Lage ist. Ein gutes Jahr später ließ er den Atommachtstatus in die Verfassung schreiben, die in diesem Fall eins zu eins gelebt wird. Erreichte Ziele, die man in die Verfassung schreibt, schafft man nicht so schnell wieder ab, das ist in Nordkorea nicht anders als in einer Demokratie. Allein das ist schon ein Hinweis darauf, dass Kim an einer echten Denuklearisierung nicht wirklich interessiert ist.

Man sollte sich in Erinnerung rufen, dass Nordkorea ein überschaubarer Staat ist mit einer geringen Wirtschaftskraft, vergleichbar mit afrikanischen Ländern wie Namibia oder Gabun. Doch weder Namibia noch Gabun oder Ghana, Madagaskar oder Kamerun bestimmen die Weltpolitik in auch nur annähernd vergleichbarem Maße wie Nordkorea. Selbst die Bedrohung Südkoreas oder Japans durch Kims konventionelle Waffen wäre kaum eine Zeitungszeile in

Washington, Berlin oder London wert. Allein das Atomprogramm sorgt für eine weltweite Aufmerksamkeit, Kims wertvollste Währung, die er am Verhandlungstisch in politische und wirtschaftliche Profite eintauschen und so ganz nebenbei für hübsche Propagandaerfolge im Inland sorgen kann. Warum sollte er dieses einzige Pfund, das er besitzt, aufgeben? Oder anders gefragt: Ist Kim doch käuflich? Gibt es Bedingungen, unter denen er sein Atomprogramm hergeben würde? Wie hoch wäre dieser Preis? Und ist jemand bereit, den Preis für etwas eigentlich Unverkäufliches hinzublättern?

In der Erklärung, die Trump und Kim 2018 in Singapur unterzeichneten, bekennt sich der nordkoreanische Diktator zwar zur atomaren Abrüstung der koreanischen Halbinsel. Wichtig ist jedoch, die Vereinbarungen in richtiger Reihenfolge zu lesen[12]:

»1. Die Vereinigten Staaten und die DVRK[13] verpflichten sich, neue Beziehungen zwischen den Vereinigten Staaten und der Demokratischen Volksrepublik Korea zu schaffen im Einklang mit dem Wunsch der Völker beider Länder nach Frieden und Wohlstand.

2. Die Vereinigten Staaten und die Demokratische Volksrepublik Korea werden gemeinsame Bemühungen einsetzen zur Schaffung eines dauerhaften und stabilen Friedensregimes auf der koreanischen Halbinsel.

3. In Bestätigung der Panmunjom-Erklärung vom 27. April 2018 verpflichtet sich die DVRK, auf eine vollständige Denuklearisierung der koreanischen Halbinsel hinzuarbeiten.

4. Die Vereinigten Staaten und die DVRK verpflichten sich, die sterblichen Überreste der Kriegsgefangenen und Ver-

missten zurückzuführen, einschließlich der sofortigen Repatriierung derer, die bereits identifiziert wurden.«

So vage die Formulierungen sind, die Reihenfolge ist klar: Erst sollen die Beziehungen verbessert werden, dann der Kriegszustand auf der koreanischen Halbinsel offiziell ein Ende finden. Erst danach folgt der Hinweis auf die atomare Abrüstung. Und hier gibt es viel Interpretationsspielraum: Die Amerikaner halten ihn für einen Arbeitsauftrag an Kim, denn ihre eigenen Atomwaffen haben sie bereits vor Jahrzehnten aus Südkorea abgezogen. Pjöngjang sieht ihn jedoch als Auftrag für beide Seiten, denn die Amerikaner können mit ihren Atomwaffen jedes strategisch wichtige Ziel auf der Welt treffen – und sind in der Region reichlich mit ihren Stützpunkten und Marineschiffen vertreten.

Von solchen Schwierigkeiten wollen Trumps teils fanatische Unterstützer nichts hören. Sie loben den Präsidenten dafür, dass er Bewegung in diesen festgefahrenen Kalten Krieg gebracht hat. Und das hat er in der Tat, der Karren bewegt sich wieder – die Frage ist nur, in welche Richtung: raus aus dem Dreck oder noch tiefer hinein? Der zweite Gipfel in Hanoi, der ohne gemeinsame Erklärung endete, war ein für viele Optimisten unerwarteter Dämpfer. Dabei lehrt die Geschichte der Verhandlungen zwischen Nordkorea und Amerika: Solange keine konkreten Schritte zur atomaren Abrüstung vereinbart sind, ist übertriebener Optimismus fehl am Platz.

Das ist keine kleinliche Kritik. Die Abschlusserklärung von 2018 ist vage und ohne konkrete Beschlüsse formuliert. Die Interpretationen entzweien sich nicht nur an der Frage, wer die größere Bringschuld hat, der Streit entzündet sich auch an der Reihenfolge: Obwohl Trump seine Erwartungen an Kim nach und nach herunterschraubte und sein Nordkorea-Beauftragter Stephen Biegun 2019 in einer Rede an der Universität Stanford durchblicken ließ, dass man sich auch mit weniger zufriedengeben könnte, verlangt Amerika im Prinzip immer noch die vollständige, überprüfbare und unumkehrbare Denuklearisierung:[14] Das bestätigte im März 2019 Trumps Sicherheitsberater John Bolton, der zugleich behauptete, Trump verlange auch die Zerstörung der biologischen und chemischen Waffen in Kims Arsenalen.

Erst wenn es einen konkreten Fahrplan gibt, um das Ziel der atomaren Abrüstung zu erreichen, will Washington die eigenen Sanktionen überdenken und sich für eine Lockerung der UN-Sanktionen einsetzen. Nordkorea wiederum, das sich vorstellen kann, den Reaktor Yŏngbyŏn zu schließen – wie bereits zu früherer Zeit geschehen – verlangt in der Frage der Sanktionen mehr Bewegung von den Amerikanern. Von einer vollständigen atomaren Abrüstung zu einem baldigen Zeitpunkt ist in Pjöngjang, wenig überraschend, jedenfalls keine Rede.

Für Kim Jong-un geht es um alles: Der Machthaber dieses weithin verarmten Staates, der von der Substanz her eigentlich das Potenzial eines Industrie- und Hochtechnologielandes hat, kann nicht nur Rüstungs- und strategische Weltpolitik betreiben, er muss seinem Volk – vor allem der neu entstehenden Mittelschicht – den versprochenen Wohlstand liefern und sichern. Nicht aus moralischen Erwägungen, sondern aus machtpolitischen Gründen.

Nach der großen Hungersnot in den 1990er-Jahren hat sich die Ernährungssituation der Bevölkerung zwar im Vergleich gebessert, aber die Dürren und Ernteverluste 2018 verschärften im Jahr darauf die Situation. Die Tagesrationen der öffentlichen Lebensmittelversorgung wurden reduziert, eine neue Hungersnot droht, die nordkoreanische Regierung macht dafür auch die internationalen Sanktionen verantwortlich. Jedes fünfte Kind ist körperlich unterentwickelt, weite Teile der Landbevölkerung leben in Selbstversorgung, die Qualität der Strom- und Wasserversorgung ist miserabel. Vor allem die Bewohner außerhalb der privilegierten Hauptstadt haben das Nachsehen. Seit mehr Informationen von außen ins Land dringen, sind einerseits die Menschen dem politischen System gegenüber kritischer geworden, andererseits hat sich der Lebensstandard für einen Teil der Stadtbewohner verbessert. Wahrscheinlich ist das ein Grund, warum sich noch immer kein nennenswerter Widerstand aus dem Volk im Land organisiert hat, denn die Verbesserungen für die staatstragenden Schichten sind eng verknüpft mit der Amtszeit Kim Jong-uns.

Nordkorea wandelt sich. Seit meinem ersten Besuch im Jahr 2011 ist das augenfällig, neue Gebäude sind entstanden, viele Menschen und vor allem die Kinder besitzen heute bunte Kleidung, die aus China importiert wird. Vorbei die Zeiten, als Nordkoreas Menschen und Häuserfassaden ausschließlich die Farbe Grau trugen. Vorbei auch die Zeiten, da nichts anderes als Militäraufmärsche oder Revolutionsopern auf den Bildschirmen der Restaurants oder im Fernsehen zu sehen waren. Ob sich das Land in eine wirklich dauerhafte hoffnungsvolle Richtung entwickelt, muss man jedoch differenziert beleuchten und ist Aufgabe der nachfolgenden Kapitel. Fakt ist, zu den Zeiten Kim Il-sungs war es noch spielend leicht, die Bevölkerung mit Grenzzäunen und Reisebeschränkungen vom Wissen der Welt abzukoppeln. Der Staatsgründer schloss sie einfach ein in sein dunkles Reich.

So glaubten etwa die meisten Nordkoreaner früher der Propaganda, die behauptete, Südkorea sei ein verarmtes Land, in dem die Menschen Hunger litten. In Wahrheit ist es nun schon seit Jahrzehnten andersherum, und längst dämmert das den Menschen auch im Norden, mehr noch: Die meisten Menschen dürften es wissen.

Wer heute mit Nordkoreanern spricht, wird noch immer profunde Wissenslücken feststellen. Aber gleichzeitig spüren, dass die Menschen – zumindest jene, mit denen man als Ausländer in Berührung kommen kann – nicht mehr die Informationshinterwäldler sind, die sie früher einmal waren. Neuigkeiten und Waren sickern trotz der Sanktionen ins Land, meistens über die löchrige Grenze zu China. Entlang dieser oder auch der zu Russland, und wohl selbst an einer Stelle an der Grenze nach Südkorea, ist es möglich, sich ins ausländische Handynetz einzuwählen, erlaubt ist das natürlich nicht. Das Interesse an der Welt, am Internet und den technischen Errungenschaften ist bei Nordkoreanern enorm; kein Wunder, bleibt ihnen doch vieles auf offiziellen Wegen verwehrt.

Es ist ein bisschen so wie beim Thema Pornografie in Saudi-Arabien: Was in diesem prüden religiösen Land verboten ist, macht besonders neugierig – und deshalb erfreuen sich im arabischen Ölstaat Pornoseiten und entsprechende Suchmaschinenfragen besonderer Beliebtheit. In Nordkorea ist nicht Sex Mangelware, die Faszination zielt vielmehr auf technische Geräte, auf Tablets und Smartphones, auf die digitalisierte Welt da draußen.

Mir ist es ein paar Mal passiert, dass mir meine nordkoreanischen Reiseleiter entsprechende Geräte des südkoreanischen Herstellers Samsung buchstäblich aus der Hand gerissen haben. Nicht bösartig oder rüde. Mit behutsamen Fingern streichelten sie die Oberfläche, und mit großen Augen betrachteten sie das Gerät von allen Seiten, fast wie eine heilige Reliquie. Die Menschen verlangen, dass ihre Bedürfnisse gedeckt werden. Auch da sind die Nordkoreaner nicht anders als Technikfreaks in Deutschland oder anderswo, die zur Einführung eines neuen iPhones vor dem Apple-Store campieren – nur dass die Geräte für viele Nordkoreaner nicht zu bekommen oder unerschwinglich sind.

Pjöngjangs Diktatoren wussten schon immer, dass sie sich auf Dauer nur an der Macht halten können, wenn sie die Forderungen der Eliten nach Privilegien und Wohlstand erfüllen. Kim Jong-un muss nun erfahren, dass zur Machtsicherung die Erfüllung seines Wohlstandsversprechens an die tragende Mittelschicht in den Großstädten hinzukommt. Die ländliche Bevölkerung spielt in diesem Kalkül zwar weiterhin nur eine marginale Rolle. Dennoch: Das ist neu und eine besondere Herausforderung.

Kim hat das von Anfang an richtig erkannt. Er ist ein Stratege, der aus seiner Perspektive heraus rational handelt. Er ist einer der Schlüssel zum Verständnis Nordkoreas, vielleicht der wichtigste. Kein anderes Flächenland der Welt, vielleicht mit Ausnahme Saudi-Arabiens, ist derart umfassend geprägt durch eine einzige Familie an der Staatsspitze. Oben auf dem Gipfel thront Kim Jong-un. Und sogar die Toten erfüllen in diesem Staat noch offizielle Funktionen: Kim Il-sung ist Präsident in Ewigkeit und Kim Jong-il der ewige Generalsekretär. Das ist für Beobachter, die in einem westlichen parlamentarisch geprägten Land aufgewachsen sind, schwer zu verstehen.

Genau darin liegt die Faszinationskraft dieses Landes.

Während andere deutsche Nordkorea-Analysten wie der Leipziger Professor Rüdiger Frank Ähnlichkeiten zu ihrer eigenen Geschichte in der sozialistischen DDR entdecken,[15] bin ich als Sohn einer westdeutschen Familie ohne Ostkontakte durch die Andersartigkeit Nordkoreas zu meiner eigenen Lebenswelt angezogen worden. Ich bin in der Nähe von Bonn groß geworden, als die Stadt am Rhein noch die provisorische Hauptstadt der Bundesrepublik war. Mein Vater arbeitete als Beamter in einem Bundesministerium. Hier war nichts pathetisch, nichts symbolisch aufgeladen. Bonn war die steingewordene Arbeitshypothese der alten BRD, die sich in bewusster Abgrenzung zur Großmannssucht der Nationalsozialisten und der politischen Ideologie des ostdeutschen Staatssozialismus definierte.

Nordkorea hat viel mit Deutschland zu tun – und umgekehrt. Wie nur wenige Staaten auf der Welt pflegt Deutschland Verbindungen nach Nordkorea. Manche sind neu geknüpft, andere stammen noch aus DDR-Zeiten, als es zwischen Ost-Berlin, Leipzig oder Halle und Pjöngjang oder Hamhŭng einen regen Austausch gab. DDR-Ingenieure haben beim Wiederaufbau des Landes nach dem Koreakrieg geholfen, und das Regime nimmt auch die Hilfe des vereinigten Deutschlands und seiner vielfältigen entwicklungspolitischen Szene aus NGOs und Stiftungen bei der Bekämpfung von Armut und Hungersnot – mehr oder minder – dankbar an.

Dass das nicht immer reibungslos funktioniert und in einem sehr schwierigen Umfeld abläuft, weil zwei völlig konträre Systeme miteinander kooperieren müssen, versteht sich von selbst. Nach dem Ende der DDR ist das wiedervereinigte Deutschland vom sozialistischen Bruderland zum kapitalistischen Klassenfeind mutiert. Die nordkoreanische Regierung schaut mit Nostalgie auf die alten Drähte und mit einer gehörigen Portion Misstrauen auf das heutige Deutschland.

Kim zeigt sich bislang nicht als grundsätzlicher Reformer, obwohl er je nach Bedarf an kleineren Schräubchen dreht. Wir können nicht in die Glaskugel schauen, oder wenn wir es tun, nicht ernsthaft behaupten, daraus etwas über die Zukunft zu erfahren. Aber so bizarr und extrem sich das totalitär regierte Nordkorea auch präsentiert, es baut auf den Erfahrungen anderer Diktaturen wie vor allem der Sowjetunion unter Josef Stalin auf. Es zeigt Ähnlichkeiten zu lange international isolierten Ländern wie Albanien unter Enver Hoxha[16] oder in der Inszenierung zu Rumänien unter der Herrschaft von Nicolae Ceaușescu.[17] Spannend ist aber insbesondere der Blick auf China: Denn für die Gegenwart und Zukunft Nordkoreas stellt sich die Frage, ob aus Kim Jong-un ein neuer Deng Xiaoping wird. Schlägt Kim Jong-un doch noch den chinesischen Weg ein? Oder orientiert sich der Diktator an einem anderen ähnlich gelagerten Fall, an Vietnams Öffnung zum Westen hin, die unter dem Schlagwort *Doi Moi* bekannt geworden ist?

Der chinesische Reformer Deng Xiaoping (1904 bis 1997) agierte als eine der Machtstützen Mao Zedongs, zwischenzeitlich fiel er in Ungnade, kam aber wieder zurück – und folgte später dem Großen Vorsitzenden nach allerlei Machtkämpfen mit seinen Kontrahenten an die Spitze des Staates. In seiner Amtszeit räumte er weitgehend mit Maos rücksichtsloser Philosophie auf und öffnete das Land für wirtschaftliche und gesellschaftliche Reformen. Der Weg, den China heute zwischen einem extremen Marktkapitalismus und einer autokratischen Einparteienregierung beschreitet, ist maßgeblich von ihm geebnet worden, unter anderem durch die Einrichtung von Sonderwirtschaftszonen als kapitalistische Versuchslabore.

Deng war kein demokratischer Engel, kein Liberaler westlicher Prägung, auch wenn der frühere Bundeskanzler Helmut Schmidt Lobeshymnen auf ihn sang. Er war vor allem ein autoritärer Pragmatiker, der sich vorgenommen hatte, sein Entwicklungsland in die Moderne zu katapultieren, mit harten Maßnahmen und einigen Schockwirkungen. Aber er setzte sich ab von der brutalen Politik seines Vorgängers, der die pragmatische Vernunft meist der politischen Ideologie geopfert hatte – und mit seinen wahnwitzigen Kampagnen wie dem *Großen Sprung nach vorn* Millionen Tote zu verantworten hat.

Deng reiste 1979 in die USA, zugleich flogen seit Ende der siebziger Jahre zahlreiche chinesische Funktionäre und Fachleute in westliche Industrieländer, um dort die ökonomisch erfolgreichen Entwicklungsmodelle zu studieren. Speziell am westdeutschen Wirtschaftswunder fanden Chinas neue Pragmatiker großes Interesse. Gleichzeitig öffnete Deng das Land für moderate gesellschaftliche Reformen, er ließ neue Freiheiten zu, die er allerdings später wieder einschränkte: Seine ungebrochene Überzeugung, dass Chinas Reformkurs am besten durch die Vormachtstellung der Kommunistischen Partei gesichert werden würde, verhinderte letztlich eine wirkliche Demokratisierung Chinas. Bis heute.

Wo aber steht Kim Jong-un in dieser Reihe? Hat er das Zeug zu einem nordkoreanischen Deng Xiaoping, zu einem pragmatischen Reformer, der die Systemfrage wirklich und nachhaltig stellt? Oder ist er ein Betonkopf, ein Maoist, dem die politische Ideologie über die praktische Vernunft geht? Bleibt er ein Kim Allmächtig?

Doch will er vor der Geschichte dauerhaft bestehen, muss er letztlich Deng Xiaopings Weg einschlagen. Er hat keine andere Wahl, als sein Land zu öffnen, wirtschaftlich zu reformieren und sich klar zu distanzieren von der brutalen Repressionspolitik seiner Vorgänger und seiner eigenen bisherigen Amtsjahre. Kim Jong-un könnte diesen Weg an der Spitze einer Entwicklungsdiktatur gehen, wie dies einst Lee Kuan Yew in Singapur tat. Danach könnte die Demokratisierung folgen, sie ist aber nicht zwingend: Die Beispiele China und Vietnam zeigen, dass sich ein Land öffnen und teilweise liberalisieren kann, ohne das repressive Einparteiensystem abzuschaffen. Allerdings müsste sich die Kim-Familie mittelfristig wohl von der dynastischen Machtfolge verabschieden, welche die nordkoreanische Gesellschaft lähmt. Zuvor wäre es an Kim, die Eliten mitzunehmen und sein Volk in neue Freiheiten zu führen. Dies wäre klar ein Bruch mit dem bisherigen System – mit Widerstand aus der PdAK, der allmächtigen Arbeiterpartei, dem Militär sowie den weiteren Machtzirkeln der einflussreichen Familien rund um Kims eigenen Clan wäre natürlich zu rechnen.

Sollte das Kim Jong-un nicht gelingen, er sich dazu nicht in der Lage sehen oder es schlichtweg nicht wollen, wird die Geschichte eines Tages über ihn hinwegfegen und das nordkoreanische Regime kollabieren. Sicher nicht heute, vielleicht auch nicht morgen oder übermorgen, denn allen Untergangsszenarien der vergangenen Jahrzehnte zum Trotz zeigt sich Nordkorea erstaunlich stabil. Aber ziemlich sicher wird dieses Regime in seiner jetzigen Form nicht ewig überleben. Dafür sind die inneren Widersprüche zwischen

Wohlstandsanspruch und wirtschaftlicher Wirklichkeit zu groß – und die Einflüsse von außen, erst recht durch die Digitalisierung, zu stark geworden. Mit komplexen Folgen durch Flucht, Armutsgefälle und unvorhersehbare Gefahren für die Welt, wenn Kims Atomwaffen und waffenfähiges Material in die Hände unzuverlässiger Staaten oder sogar terroristischer Gruppen gelangen.

Und sollte sich Kim Jong-un doch nur als Wiedergänger Mao Zedongs erweisen: Kann es wenigstens einen Zhou Enlai geben, einen Pragmatiker als Nummer zwei im Staat, der die größten Fehler korrigiert?[18] Bislang scheint jedenfalls keiner in Sicht zu sein. Ein geregelter Übergang, eine schrittweise Öffnung und ein gemächlicher Wandel, durch Kim selbst herbeigeführt, wäre für alle Beteiligten die eindeutig beste Alternative. Kim betreibt bisher vor allem kraftvolle Symbolpolitik: seine joviale Art, sein Händedruck mit Chinas Staatspräsident Xi Jinping, seine Umarmungen mit Moon Jae-in, sein neues Verhältnis zu Trump. Das kann eine gute Basis sein für kommende Schritte – oder für herbe Enttäuschungen sorgen, denen eine weitere jahrelange Eiszeit folgen könnte. Oder sogar ein Krieg. In den nächsten Monaten werden wir es erfahren.

DIE KIM-DYNASTIE

Stellen Sie sich vor, dies wäre ein Buch über die Vereinigten Staaten von Amerika. Wäre es da angebracht, die Familiendynastien der Kennedys, Bushs und Clintons in den Mittelpunkt zu stellen? Zweifellos haben ihre berühmtesten Familienmitglieder wichtige Funktionen ausgeübt, amtierten als Präsidenten, Minister und Senatoren. Aber reicht das, um dem Land näherzukommen, um es zu verstehen? Was ist mit den Gründervätern George Washington, Thomas Jefferson, James Madison, den wegweisenden *Federalist Papers?* Den heutigen Medien, den Parteien, der Zivilgesellschaft?

Nordkorea funktioniert in dieser Hinsicht anders als die meisten anderen Staaten der Welt. Während anderswo die Institutionen, Parlamente, Parteien, Gerichte, Medien, Vereine und Organisationen den Staat und seine Zivilgesellschaft ausmachen, die einzelnen Personen dabei aber weniger ins Gewicht fallen, verhält es sich in Nordkorea andersherum. Parteien, Medien und das, was wir am ehesten als Zivilgesellschaft bezeichnen würden, sind vollständig auf den Führerstaat ausgerichtet. Man könnte sagen, sie sind gleichgeschaltet, wie einst im nationalsozialistischen Deutschland, nur noch gründlicher, weil das nordkoreanische System seit Jahrzehnten besteht – und nicht »nur«

zwölf Jahre wie Adolf Hitlers deutscher Führerstaat zwischen 1933 und 1945.

Von echtem, vielleicht sogar anarchischem Pluralismus kann in Nordkorea keine Rede sein. Eine Privatsphäre im westlichen Sinne existiert schlichtweg nicht. Der Staat horcht bis in die Wohnungen hinein, Blockwarte und Spitzel registrieren in den Wohnhäusern, wer wann wohin geht oder welche Gäste empfängt. Das Regime bestimmt, welchen Beruf man ergreift, auf welche Schule man zu gehen hat, wo man wohnt, ja sogar, wo man stirbt. Es gibt Zwangsdienste, denen man sich kaum entziehen kann: Schneeräumen, Straßenreparaturen, Grünanlagenpflege. Wer dennoch Einfluss auf sein Schicksal nehmen möchte, muss genügend Geld zusammenklauben, um Offizielle zu bestechen. Freie Meinungsäußerung? Unmöglich!

Einzelne Versatzstücke dieses Systems finden sich auch anderswo: In Saudi-Arabien regiert eine Familie; China ist nach wie vor ein Einparteienstaat; in Weißrussland bringt der autoritäre Präsident Alexander Lukaschenko seinen Sohn Nikolai in Stellung für die Nachfolge. Alles ähnlich und doch ganz anders. Denn Nordkorea ist extremer, grundsätzlicher und allumfassender als andere Diktaturen und autoritär regierten Länder. Der einzige Staat der Welt, der wirklich totalitär beherrscht wird, ist Nordkorea. Kims Regime trägt adlige Züge, geriert sich als nahezu religiöse Autorität und kombiniert eine sozialistische Einparteienherrschaft mit lokalen konfuzianischen Philosophiestückchen.

Die Dynastie ist eine männlich geprägte Erbmonarchie, bei der die Macht vom Vater auf den Sohn übergeht. Staatsgründer Kim Il-sung (1912 bis 1994) baute seinen Sohn Kim Jong-il (1941 bis 2011) behutsam und mit langem Atem zum

Nachfolger auf. Kim Jong-il hob seinen Sohn Kim Jong-un, der 1983 oder 1984 geboren wurde (2019 feierte er angeblich seinen 35. Geburtstag, von Nordkorea bestätigt ist das aber nicht), vergleichsweise zügig in den Nachfolgestand, nachdem er 2008 einen Schlaganfall erlitten hatte und selbst mit seinem baldigen Tod rechnete. Kim Jong-un holte seine jüngere Schwester Kim Yo-jong (geboren 1987) in den engeren Machtzirkel. Dass nun auch Frauen eine immer wichtigere und repräsentativere Rolle im Regime spielen, ist neu, obwohl bereits die jüngere Schwester Kim Jong-ils, Kim Kyong-hui, wichtige Posten bekleidete. Dennoch, die Frauen sind sichtbarer geworden, die Macht weiblicher. Die faktische Erbmonarchie lebt weiter. Ob eines Tages eines der Kinder Kim Jong-uns das Zepter übernimmt oder erst einmal die kleine Schwester, das lässt sich nicht vorhersehen, Kims Kinder wären dazu heute noch zu jung.

Aber selbst in einem solchen System speist sich die Erbmonarchie nicht nur aus sich selbst heraus. Obwohl es keine ernstzunehmenden Wahlen gibt, keine Feedbackkultur oder Misstrauensvoten, hängt die Macht der Kims davon ab, ob die Eliten und die gewachsene Mittelschicht von ihr profitieren – und ob der Rest des Volkes die Repression und ökonomische Misere weiterhin erträgt. Kim Jong-un braucht deshalb politische und wirtschaftliche Erfolge, um sich im Amt zu legitimieren. Dass der amerikanische Präsident mehrfach in ein Treffen mit ihm einwilligte, ist ein Erfolg, von dem er zehren kann. Doch wie lange noch?

Abb. 2: Häufig an Kim Jong-uns Seite zu sehen: Kim Yo-jong, die jüngere Schwester des Machthabers. Wie ihr Bruder ging auch sie in der Schweiz zur Schule. Sie gilt als Vertrauensperson und wohl mächtigste Frau des Landes. Im Pjöngjanger Machtapparat ist sie für Kims Außendarstellung zuständig, reicht ihm aber auch Stift und Stempel, so wie hier bei der Unterzeichnung der Singapurer Gipfelerklärung 2018.

SÖHNE DER MACHT

Juni 2018, ein regnerischer Tag in Pjöngjang. Das Rollfeld am Flughafen Sunan glitzert im Regen. Ein roter, mit Ornamenten verzierter Teppich saugt das Wasser auf. Vor dem Terminal 1, das knappe drei Jahre zuvor eröffnet worden war, stehen Soldaten des Heeres und der Marine, aufgereiht wie Zinnsoldaten. Der Teppich reicht bis zur Gangway eines Jumbojets der staatlichen chinesischen Fluglinie Air China, der, zum Abflug bereit, die Motoren anlaufen lässt. Ein großer Bahnhof, und das am Flughafen. Zum Abflug von Kim zum Gipfeltreffen mit Trump auf neutralem Boden in Singapur ziehen die Nordkoreaner alle propagandistischen Register.

Nur ein Detail offenbart die ökonomische Schwäche des Landes: Die Flugzeuge der nordkoreanischen Fluggesellschaft Air Koryo – die meisten, nicht alle, stammen noch aus sowjetischen Zeiten – sind dem Machthaber offenbar nicht zuverlässig genug. Nichts soll dem Treffen mit Trump im Weg stehen, schon gar nicht eine lapidare und hochnotpeinliche technische Panne vor den Augen der Weltöffentlichkeit. Deshalb stellt Chinas Regierung für die knapp 5000 Kilometer nach Singapur einen Jumbojet zur Verfügung.

Die Militärkapelle spielt, als sich die elektrische Tür am Inlandsterminal öffnet: Kim Jong-un tritt flotten Schrittes hinaus, gekleidet in einen seiner dunklen Mao-Anzüge koreanischer Prägung. Bevor er zum Flugzeug geht, nimmt er die Militärparade ab und die Gunstbezeugungen seiner Politiker und Militärs. Nichts wird hier dem Zufall überlassen: Manche Parteigenossen, denen er die Hand schüttelt, streift er nur flüchtig mit einem Blick, mit anderen wechselt er ein paar Worte. Ein Schauspiel, das zeigt, wer wichtig ist – und wer nicht.

Am Schluss der langen Reihe wartet das Urgestein der nordkoreanischen Außenpolitik, der hochbetagte Kim Yong-nam,[1] der schon unter Kim Il-sung als Außenminister diente. Er ist ein erfahrener Diplomat, der sämtliche Machtwechsel überlebt hat, in Nordkorea ist das keine Selbstverständlichkeit. Die Symbolik ist klar: Der erfahrenste Karrierediplomat – zu jener Zeit ist er zudem noch das protokollarische Staatsoberhaupt – gibt dem jungen Staatsführer gute Wünsche mit auf den Weg. Lachend erklimmt Kim dann die Stufen des Flugzeugs, dreht sich oben an der Tür noch einmal um und winkt seinen Untertanen zu. Die Parteikader winken zurück, das Militär salutiert, die Kameraleute fangen die Momente feierlicher und geschäftiger Ernsthaftigkeit ein.[2] Anspannung liegt in der Luft. Dann hebt das Flugzeug ab – und Nordkorea hat für wenige Stunden diktatorensturmfrei.

Als Kim nach dem historischen Gipfel mit Trump zurückkehrt, ist die inszenierte Stimmung eine gänzlich andere: Es ist die triumphale Rückkehr des *Weltstaatsmannes*, wie das Staatsfernsehen behauptet. Die Choreografie ganz nach seinem Geschmack: Als das Flugzeug aufsetzt und zum Terminal rollt, warten wieder die Elitekader aus Politik und Militär, mit Ausnahme Kim Yong-nams, der sich zu diesem Zeitpunkt auf Auslandsreise befindet. Sie begrüßen ihren Helden, dieses Mal in gelöster Stimmung, nahezu euphorisch. Dahinter jubeln angeblich gewöhnliche Nordkoreaner, Menschen von der Straße – auch wenn es sich natürlich nicht um wahllose Passanten handelt, sondern um ausgesuchte Jubelstatisten. Sie schwenken die Fahne der Partei, die blau-weiß-rote Staatsflagge mit dem Stern und Blumensträuße. Politiker und Militärs verbeugen sich tief vor Kim, ihr Zeichen von Ehrerbietung vor dem Mann, der als ihr Held zurückgekehrt ist. Der Diktator nimmt die Huldigungen entgegen, setzt sich danach in eine schwarze Mercedes-Limousine und rauscht davon.

Die Bilder verstören westliche Beobachter, aber es lohnt sich, sie genauer zu betrachten. Um zu verstehen, wie bedeutend diese Mission für das Regime und die Repräsentation von Macht ist, muss man sich in die politische Kultur Nordkoreas hineindenken. Jahrzehntelang behauptete die

Propaganda, die Kims seien anerkannte Staatsmänner, die weltweit beliebt und geachtet würden. In der Freundschaftsausstellung in den nördlichen Myohyang-Bergen stellt das Regime eigens zu diesem Zweck Geschenke aus, die ausländische Staatsführungen, Parteien oder Organisationen im Laufe der Jahrzehnte den Kims geschickt oder persönlich überreicht haben. Eine Vase des russischen Präsidenten Wladimir Putin ist zu bewundern, auch ein Schwert des früheren syrischen Diktators Hafiz al-Assad. Die Museumsführer erklären, wie man die Präsente zu bewerten hat: als Auszeichnung und Beweis für die Achtung, die den beiden koreanischen Staatsführern aus aller Welt entgegengebracht werde.

In dieser Reihe verschiedenster Trophäen muss man auch Donald Trump sehen. Zwar hatte die frühere amerikanische Außenministerin Madeleine Albright bei ihrem Besuch in Pjöngjang 2000 Kim Jong-il einen Basketball mitgebracht, signiert vom früheren NBA-Star Michael »Air« Jordan.[3] Doch das war das Äußerste, noch fehlte die ultimative Adelung, ein Treffen mit Amerikas amtierendem Präsidenten. Die Bilder mit Trump, die das Staatsfernsehen seit dem Gipfel 2018 immer und immer wieder zeigt, sind das Geschenk, das sich Kim wünschte.

Ende Februar 2019: Die Bilder des zweiten Gipfels in Vietnams Hauptstadt Hanoi ähneln in vielfacher Hinsicht jenen des ersten. Am Bahnhof in Pjöngjang nimmt Kim eine Parade vor jubelnden Claqueuren ab, bevor er den Zug in Richtung China und dann Vietnam besteigt. Tage später – so lange dauert die Fahrt in das mehr als 3500 Kilometer entfernte Hanoi – richten sich die Objektive der Weltpresse auf das ungleiche Duo Trump und Kim, das nun endgültig miteinander auf Augenhöhe verhandelt; die »top leader«

der beiden Staaten, wie die staatliche Nachrichtenagentur KCNA schreibt.[4]

Die Rückkehr Kims nach Pjöngjang – ein Triumph: Der Zug fährt in den ansonsten düsteren Bahnhof ein, die Militärkapelle spielt, Menschen jubeln und winken mit Blumen. Ein sichtlich gut gelaunter Kim steigt aus, er grüßt in die Menge und nimmt dann eine Militärparade ab, im Hintergrund stets seine Schwester Kim Yo-jong, die für das öffentliche Erscheinungsbild ihres Bruders zuständig ist.

Kim Yong-nam begrüßt ihn überschwänglich, daneben steht Choe Ryong-hae, dessen Vater bereits unter Kim Il-sung diente und der Kim offenbar während seiner Abwesenheit in Pjöngjang vertreten hat. Choe ist für viele Beobachter der zweitmächtigste Mann im Staatsgefüge, Kim Jong-uns Stellvertreter. Als erster Mann hinter dem Diktator läuft Kim Yong-chol, der zu diesem Zeitpunkt in den Verhandlungen mit Trump und seinem Außenminister Mike Pompeo eine zentrale Rolle einnimmt. Er dient den Kims seit Jahrzehnten, als junger Mann sorgte er als Bodyguard für die Sicherheit der Familienmitglieder um Staatsgründer Kim Il-sung, später stieg er in der Armee auf und half mit, den jungen Kim Jong-un in militärischen Dingen auszubilden – und den anderen hohen Militärs als möglichen Nachfolger schmackhaft zu machen. Kim Jong-un schreitet die Reihe ab und empfängt die unterwürfigen Huldigungen seiner politischen und militärischen Elite.

Das Staatsfernsehen zeigte nach dem Gipfel eine knapp 80-minütige Dokumentation, die Kim als großen Verhandlungsführer auf internationalem Parkett adelt. Interessant ist dabei allerdings, dass das Treffen mit Trump nur rund ein Drittel des Beitrags ausmacht – der größte Teil zeigt die schönen Bilder, die ihm der Staatsbesuch in Vietnam beschert hat, inklusive opulenter Dinner, Fahnenzeremonien und kommunistischen Jubelveranstaltungen mit den dortigen Mächtigen.[5] Offenbar ist Vietnam für Kim mehr als nur der Austragungsort dieses zweiten Gipfels, es könnte ihm Vorbild sein als ein Land, das sich wirtschaftlich enorm entwickelt, aber weiterhin an einem repressiven Einparteiensystem festhält. Im Juni 2019 zeigte das Staatsfernsehen abermals die Dokumentation zu Kims erstem Gipfel mit Trump in Singapur ein Jahr zuvor. Ende desselben Monats trafen sich Trump und Kim dann zum angeblich spontanen Handshake an der innerkoreanischen Grenze – abermals bekam also Kim die Bilder, die ihm vor allem innenpolitisch sehr nutzen.[6]

Für ihn, der als junger Diktator zu Beginn seiner Amtszeit noch alles andere als fest im Sattel saß, ist dieser weitere diplomatische Coup in Vietnam und dann an der Grenze ein persönlicher Triumph. Nach Treffen mit Trump, Putin und Xi hat es den Anschein, als ob sich die Mächtigen der Welt in einem Überbietungswettbewerb um die Krone streiten, wer mit Kim am häufigsten abgelichtet wird. Das hat starke Züge seines Großvaters Kim Il-sung, der die Großmächte ebenfalls gegeneinander auszuspielen wusste. Der triumphale Einzug in den Bahnhof von Pjöngjang ist deshalb symbolisch zu betrachten: Kim ist 2019 nach Jahren der Machtkonsolidierung, der Ränkespiele und »Säuberungswellen« endgültig im Amt angekommen. Im April des Jahres ließ er seinen Stellvertreter Choe Ryong-hae zum Vorsitzenden im Präsidium der Obersten Volksversammlung, des nordkoreanischen Parlaments, wählen – sein enger Mitarbeiter ist seitdem das protokollarische Staatsoberhaupt. Kim ersetzte auch seinen betagten Premierminister Pak Pong-ju durch einen weithin unbekannten jüngeren Gefolgsmann, Kim Jae-ryong. In Nordkorea ist der Premierminister vor allem für das wirtschaftliche Management verantwortlich.

Die größte Bombe allerdings platzte in der Antrittsrede Choes: Das frischgebackene Staatsoberhaupt feierte darin seinen Chef Kim Jong-un als Repräsentanten aller Koreaner, also auch der Südkoreaner. Ein starkes Stück, das bislang in Pjöngjang peinlich genau vermieden worden war. Zwar existiert ein ähnlicher Passus auch in der Verfassung Nordkoreas, allerdings heißt es an anderer Stelle, dass der Sozialismus nur für den Norden der koreanischen Halbinsel, für Nordkorea, bestimmt sei. Neuerdings scheint Pjöngjang wie zu Zeiten des Staatsgründers Kim Il-sung eine Wiedervereinigung unter Führung der Kim-Dynastie ins Auge zu fassen, zumindest symbolisch. Das neue Selbstbewusstsein präsentierte Kim Jong-un vor den Porträts der Vorväter auch bereits in Ansätzen in seiner Neujahrsansprache 2018/2019, als er den Vereinigten Staaten – bestens gelaunt und mit breitem Kreuz – mit dem Abbruch des Friedensprozesses drohte.

Mitte 2019 konnte der junge Diktator vor Kraft kaum laufen. Mit solcher Chuzpe ausgestattet, konnte er sich aus dem übergroßen Schatten seines Großvaters Kim Il-sung herausarbeiten und vor den Augen seiner Mitarbeiter das politische Erbe seines verblichenen Vaters Kim Jong-il schrumpfen. Dessen Erfolge auf diplomatischem Parkett waren vor allem in den letzten Jahren seiner Amtszeit mehr als dürftig gewesen. Er hatte sich weitgehend politisch isoliert und reiste wohl aus Misstrauen kaum weiter als in die benachbarten Regionen. So wie im August 2011, als der Vater seine letzte Auslandsreise antrat, bevor er starb.

Khasan, Russland. Greis wirkt er, von seinem Schlaganfall gezeichnet. In einem grünen Regierungszug rumpelt Kim Jong-il über die maroden Gleise und die Brücke nach Russland. Der Gouverneur der benachbarten Oblast Amur, Oleg Koschemjako, empfängt ihn am Bahnsteig, sie besichtigen einen Staudamm und das Wasserkraftwerk von Bureya. In der russischen Teilrepublik Burjatien unternehmen sie eine Schifffahrt auf dem Baikalsee, Kim spricht über den Besuch seines Vaters Kim Il-sung in den 1960er-Jahren an gleicher Stelle, wie üblich muss ein Hinweis auf den Staatsgründer sein. In der Hauptstadt Ulan-Ude unternehmen sie eine Stadtführung, für ein Gruppenfoto posieren sie unter der größten Leninbüste der Welt. Im Supermarkt Megatitan inspiziert Kim die Wurstauslage, bevor er dann über den russischen Grenzort Zabaikalsk nach China und weiter zurück nach Nordkorea fährt. Es ist eine Reise wie in ein sowjetisches Freilichtmuseum, tausende Kilometer entfernt vom westlich geprägten Sankt Petersburg. Immerhin trifft Kim Jong-il in Ulan-Ude den damaligen russischen Präsidenten Dmitri Medwedew. Am provinziellen Charakter dieser letzten Dienstfahrt ändert das jedoch nichts.

Kim Jong-il sah nur wenig von der Welt. Der kapitalistische Westen blieb ihm ein Leben lang fremd, obwohl er seine materiellen Vorzüge wie französischen Cognac oder Hollywoodfilme in vollen Zügen genoss. In seinen späteren Jahren informierte er sich über CNN und im Internet über die Weltereignisse, im Gegensatz zu seinem Volk verfügte er über einen privaten Anschluss und einen Laptop auf dem Schreibtisch. Mehr schlecht als recht erholte er sich von seinem Schlaganfall. Die 70 noch nicht überschritten, war er gezeichnet von Krankheit und einem Lebenswandel, der weder vor exzessivem Alkohol- noch Zigarettenkonsum haltmachte. Kim wusste, seine Zeit ist begrenzt, möglicherweise brauchte es schnell einen Nachfolger.

Doch er hatte vorgesorgt. Wie so manches in Nordkorea ist nicht gesichert, wie viele Kinder der angebliche Frauenheld zeugte. Bekannt sind drei Söhne und zwei Töchter. Der mittlere Sohn, Kim Jong-chol, ist Fan des Gitarristen und Sängers Eric Clapton, politisch von Bedeutung ist er nicht. Den Zuschlag erhielt der jüngste, Kim Jong-un, letztlich vor seinem ältesten Bruder, Kim Jong-nam, der mittlerweile tot ist, er wurde 2017 in Malaysia vergiftet.

Kim Jong-nam entstammte Kim Jong-ils Ehe mit der Schauspielerin Sung Hae-rim. Er entfloh der nordkoreanischen Tristesse, denn er liebte die glitzernde Entertainmentwelt Macaus, wo er lebte, und begeisterte sich für südkoreanischen K-Pop und amerikanische Zeichentrickserien. Die Figuren Walt Disneys sind zwar auch in Nordkorea populär, doch Kim wollte lieber die Originale sehen: Als er 2001 mit gefälschtem Pass ins Disneyland von Tokio fahren wollte, nahmen ihn die japanischen Behörden fest. Der Fall ging durch die internationale Presse und war wohl der berühmte Tropfen zu viel, der das Fass zum Überlaufen brachte. Seine Zeit als Kronprinz war jedenfalls endgültig vorüber.

Kim Jong-nam beging aus Sicht seines Vaters und später seines Bruders den schweren Fehler, mit Journalisten zu plaudern. Er maßregelte seinen Vater öffentlich, empfahl ihm eine wirtschaftliche Öffnung nach chinesischem Vorbild, und er kritisierte die dynastische Erbfolge seiner Familie, obwohl er als ältester Sohn eigentlich von ihr hätte profitieren sollen.

Als sein Bruder die Macht übernahm, beteuerte er, keinerlei Ambitionen auf die Position an der Staatsspitze zu hegen. Seine Statements – oder die Interpretationen durch die internationale Presse – sprachen allerdings eine andere Sprache. Er wurde weithin als Bruder mit Machtanspruch wahrgenommen und geriet ins Fadenkreuz eines Killerkommandos mit direkter Verbindung nach Pjöngjang. Es wurde ihm zum Verhängnis.

Flughafen Kuala Lumpur, es ist der 13. Februar 2017. Was nun geschieht, ist durch die Überwachungskameras gut dokumentiert.[7] Sie zeigen einen glatzköpfigen Mann, der durchs Terminalgebäude des Flughafens in der malaysischen Hauptstadt läuft, den Blick nach oben auf die Anzeigentafeln gerichtet, er sucht den Flugsteig, weil er zurück nach Macau fliegen will. Plötzlich nähern sich ihm zwei jüngere Frauen, sie reiben ihm eine Substanz ins Gesicht. Der Mann ist überrascht, perplex, in seiner Not wendet er sich an das Flughafenpersonal. Die Aufnahmen zeigen, wie er schnellen Schrittes mit seinem schwarzen Rucksack und dem Pass in der linken Hand zu den Mitarbeitern eilt. Er erzählt ihnen, was ihm widerfahren ist, indem er gestenreich mit den Händen vor seinem Gesicht herumfuchtelt. Das Personal führt ihn daraufhin zur medizinischen Ambulanz des Flughafens, von Panik noch keine Spur.

Doch dann geht alles ganz schnell: Kim bekommt Kreislaufprobleme, verspürt starke Schmerzen, bricht zusammen. Kurz danach fährt ihn ein Rettungswagen in ein Krankenhaus. Noch im Wagen verliert er das Bewusstsein, wenige Minuten später stirbt er. Die fadenscheinige Erklärung der beiden festgenommenen Attentäterinnen, einer Vietnamesin und einer Indonesierin, sie hätten gedacht, an einer Fernsehshow teilzunehmen, glaubt keiner, weder die malaysische Polizei noch die Pressekorrespondenten vor Ort. Dennoch wurde die Indonesierin im März 2019, wohl auch auf Druck der Regierung in Jakarta, freigelassen, wenig später auch die Vietnamesin. Ob die beiden Frauen nun wissentlich oder unwissentlich Teil dieses Staatsverbrechens wurden: Die Hintermänner waren mutmaßlich Agenten des nordkoreanischen Geheimdienstes und der Botschaft in Kuala Lumpur – vier verdächtige Nordkoreaner waren gleich nach dem Attentat außer Landes geflüchtet.

Schnell ermittelten die Behörden den verwendeten Giftstoff: flüssiges VX. Rückstände davon wurden bei der Autopsie in Kims Organen und der Haut gefunden sowie auf den T-Shirts der Attentäterinnen. VX ist ein chemischer Kampfstoff, ein Nervengift, das über die Haut oder die Atemwege in den Körper eindringt, erst zu Übelkeit und Husten und schließlich zur Lähmung der Atemmuskulatur führt. Die Folge: ein schneller und sehr schmerzhafter Tod. Ein Massenvernichtungsmittel, welches das Schlaglicht auf einen Aspekt wirft, der in der Debatte um Kims Waffenarsenale meist zu kurz kommt: biologische und chemische Kampfstoffe. Das südkoreanische Verteidigungsministerium schätzt, dass Nordkorea rund ein Dutzend verschiedene Wirkstoffe gelagert hat, die innerhalb weniger Tage kampfbereit gemacht werden können.[8] »Es ist wahrscheinlicher, dass Nordkorea biologische Waffen einsetzt als seine Atomwaffen«, glaubt deshalb auch Andrew Weber, der während der Amtszeit von Präsident Barack Obama im Pentagon für nukleare, chemische und biologische Bedrohungen der amerikanischen Sicherheit zuständig war.[9]

Der Vollständigkeit halber sei hinzugefügt, dass Nordkorea bis heute jegliche Beteiligung an dem Attentat gegen

Kims Bruder abstreitet. Aber die Ermittlungsergebnisse laufen darauf hinaus, dass das Regime, wahrscheinlich sogar Kim Jong-un persönlich, den Mord an seinem älteren Bruder in Auftrag gab. Angeblich, so schreibt es zumindest die meist gut informierte Journalistin der *Washington Post*, Anna Fifield, sei Kim Jong-nam Informant für den amerikanischen Geheimdienst CIA gewesen – und deshalb ermordet worden.[10] Es ist eine Geschichte wie aus einem Spionagethriller. Und es zeigt, dass Kim Jong-un die Gefahr durch seinen Bruder mehr fürchtete als den Imageschaden für sich und sein Land, den ein mafiöser Mordanschlag nun mal mit sich bringt. Dabei pflegte Malaysia noch vergleichsweise gute Beziehungen zu Nordkorea, damit aber war es zwischenzeitlich vorbei, zumal das Regime im Anschluss an den Mord malaysische Staatsbürger in Geiselhaft nahm, indem es ihnen zeitweise die Ausreise untersagte.

Für oppositionelle Nordkoreaner sind Kims Auslandsagenten eine Gefahr: Möglicherweise ist eine Dissidentengruppe für den Überfall auf die nordkoreanische Botschaft im Februar 2019 in Spaniens Hauptstadt Madrid verantwortlich. Die Gruppe, die sich Cheollima Civil Defense nennt, betreibt sogar eine eigene Homepage, auf der sie für Verständnis wirbt, dass sie keine Namen ihrer Mitglieder preisgibt – aus Angst vor Attentaten des nordkoreanischen Geheimdienstes, wie sie schreibt.[11]

Ob diese Darstellung stimmt, ist allerdings sehr unsicher. Es könnte sich auch um eine Finte handeln, ausgeheckt von einem ausländischen Geheimdienst, der für seine gewaltsame Suche nach geheimen nordkoreanischen Dokumenten oder Verschlüsselungscodes in der Madrider Botschaft eine Tarngeschichte erfunden hat. Das alles bleibt vorerst Spekulation. Die US-Justiz hat mehrere Drahtzieher ausfindig gemacht.

Im Inland hat Kim dagegen wenig zu befürchten. Die meisten Nordkoreaner erfuhren nichts von den Ereignissen am Flughafen. Die Staatspropaganda schweigt den Auftragsmord bis heute tot, und alternative Informationsquellen sind rar gesät. Wer irgendwas gehört hat – und seien es nur bruchstückhafte Informationsfetzen – steht in Kontakt mit Ausländern.

So wie ein Übersetzer, dessen Geschichte mir ein Deutscher erzählte, der in der Sonderwirtschaftszone Rasŏn zu tun hatte. Eines Tages spricht ihn dort der Mann an: Wie denn das Verhältnis mit Malaysia sei, fragt er, irgendetwas hat er wohl aufgeschnappt. Der Deutsche antwortet wahrheitsgetreu, der Bruder des Genossen Kim Jong-un, Kim Jong-nam, sei ermordet worden. Der Übersetzer zeigt sich ratlos. Von einem Bruder Kim Jong-uns hat er noch nie gehört. Die Familie Kim ist als Thema tabu im Land, Ausländer, die mit nordkoreanischen Regierungsbeamten zu tun haben, umschiffen das Thema weiträumig, das den Nordkoreanern unangenehm ist. Die Staatspropaganda stellt die Familie als fast übermenschliche Wesen dar. Kritische oder auch nur saloppe Bemerkungen über eines ihrer Mitglieder reichen aus, um zum Verhör geladen zu werden oder gleich im Gefängnis zu verschwinden. Die Angst, etwas Falsches zu sagen, ist den Nordkoreanern deshalb ins Gesicht geschrieben, sobald man den Namen des Staatsführers in den Mund nimmt.

Wer den Bruder denn umgebracht habe, fragt der Übersetzer weiter, sein Interesse ist geweckt. Nun, die Medien, so der Deutsche, hätten berichtet, der Mord sei wohl im

Auftrag Kims erfolgt. Der Übersetzer hält inne, es entsteht eine Pause. Dann bricht es aus ihm heraus: »Hören Sie auf«, schreit er, »hören Sie nur auf!« Das Gespräch ist beendet, der Mann zieht von dannen, ratlos und entrüstet.

Am nächsten Tag allerdings erscheint er wieder auf der Bildfläche. Mittlerweile hat er sich beruhigt, die Informationsbrocken sortiert, die ihm der Deutsche behutsam hingeworfen hat, um ihn nicht zu sehr zu verstören. Er will mehr wissen, sich einen Reim machen auf das, was er da gehört hat. Die Empörung ist der Neugier gewichen. Eine Neugier, die der Deutsche allerdings kaum befriedigen kann, denn über die genauen Umstände ist ja nur wenig bekannt.

Dazu muss man wissen, der Übersetzer gehört zur gut ausgebildeten Elite des Landes. Seine Frau arbeitet in China, er selbst kommt regelmäßig mit Ausländern in Kontakt. Wenn also selbst dieser Mann weithin im Dunkeln tappt, was weiß dann der gemeine Nordkoreaner auf dem Land oder in der Kleinstadt von dem, was international die Menschen bewegt? Vermutlich nichts. Oder allenfalls ein paar halbgare Gerüchte.

Der getötete Kim Jong-nam hat einen Sohn, Kim Han-sol. Der junge Mann, der fließend Englisch mit britischem Akzent spricht, meldete sich kurz nach dem Mord an seinem Vater per Videobotschaft zu Wort. Han-sol, der in Pjöngjang geboren wurde, wuchs zunächst in Nordkorea auf, später dann in Macau und Bosnien. Heute lebt er wohl in Großbritannien. Mit dem Video wollte Kim Han-sol zeigen, dass er unversehrt ist. Nicht ohne Grund: Denn wie einst sein Vater sprach er sich gegen die dynastische Erbfolge in Pjöngjang aus, nannte seinen Onkel Kim Jong-un einen »Diktator«.

Ihm könnte gefährlich werden, dass westliche Medien wie die *New York Times* ihn als *Future Leader* bezeichnen, wenn auch mit Fragezeichen.[12]

Dagegen befindet sich Kim Jong-uns anderer älterer Bruder, Kim Jong-chol, weiterhin in Nordkorea. In vielerlei Hinsicht fällt er aus dem Raster typischer Diktatorensöhne. In jedem Fall aber hielt ihn sein verstorbener Vater augenscheinlich für zu schwach, nicht fähig, das Land für die Kim-Familie im Zangengriff zu bewahren. Für die Nachfolge an der Staatsspitze war er deshalb wohl nie wirklich vorgesehen.

Mehrfach reiste der 1981 in Pjöngjang geborene Sohn zu Clapton-Konzerten nach Deutschland, Singapur und zuletzt nach London. Der frühere nordkoreanische Vize-Botschafter in London, Thae Yong-ho, wurde persönlich beauftragt, die Konzertkarten zu besorgen und sich um Kim Jong-chol während seines Aufenthaltes zu kümmern. Wir wissen das deshalb, weil Thae es selbst erzählt hat: 2016 lief der ehemalige Spitzendiplomat nach Südkorea über, nachdem er aus Pjöngjang zurück in die Heimat gerufen worden war – eine für ihn offenbar wenig attraktive Perspektive. Darüber hinaus existieren von Kims Ausflug nach London Aufnahmen. Die verwackelten Kamerabilder zeigen einen schlanken Mann mit Sonnenbrille und Lederjacke, der von seinen Sicherheitsleuten durch das Publikum geschoben wird. Fragen nach seinem berühmten Bruder quittiert er mit Schweigen.[13]

Dass Kim Jong-il seinen zweiten Sohn für verweichlicht hielt, wissen wir von Fujimoto Kenji. Der Name ist das Pseudonym eines japanischen Sushi-Koches, der jahrelang Kims Leibkoch war und Zugang zum inneren Machtzirkel hatte.

Nachdem er 2001 geflüchtet war, versuchte er sich zu verstecken, denn er fürchtete die Rache Kims, zumal er zahlreiche Details aus dem Palastleben ausplauderte; heißen Tratsch wie die Mitteilung, dass Kim Jong-un bereits als Zehnjähriger einen Colt getragen haben soll und die »First Lady« Ri Sol-ju im persönlichen Umgang sehr »charmant« sei, wie er dem amerikanischen Fernsehsender CNN mitteilte.[14]

Was man von solchen »Enthüllungen« halten mag, muss jeder für sich selbst entscheiden. Fakt ist, dass Fujimoto eine der wenigen Quellen aus dem engeren Machtumfeld ist und selbst die Geheimdienste auf seine Einsichten angewiesen sind. Elf Jahre nach seiner Flucht, 2012, luden ihn Kim Jong-un und seine Frau nach Pjöngjang ein, wo ein – für Fujimoto – tränenreiches Wiedersehen stattfand. Seitdem verhält sich der Japaner, der etliche Bücher über Kim Jong-il geschrieben und zeitweise Interviews am Fließband gegeben hat, auffällig unauffällig. Auch hier hat Kim Jong-un offenbar erreicht, was er erreichen wollte: einen Dampfplauderer zum Schweigen zu bringen, dieses Mal auf die höfliche und unblutige Art mit einem Abendessen und mehreren Flaschen Wein. Auch das kann der Diktator also. Und Fujimoto? Der betreibt mittlerweile ein Sushi-Restaurant in, wenig überraschend, Pjöngjang![15]

Kim Jong-un entschied also das Nachfolgecasting für sich. Dennoch überraschte es – zumindest damals – viele, denn die konfuzianische Prägung der nordkoreanischen Gesellschaft präferiert eigentlich das Vorrecht des ältesten Sohnes auf die Nachfolge. Dass Kim Jong-il sich den seiner Ansicht nach fähigsten Sohn aussuchte, zeigt gewissermaßen, dass selbst die Kim-Familie nach schnöden Leistungskriterien funktioniert.

Kim Jong-un umgibt eine Unnahbarkeit, wie sie auch typisch für seinen Vater war. Wer in Pjöngjang nach seinem Aufenthaltsort fragt, erntet nur ein nervöses Lächeln. Fragen nach Kim, seiner Familie, seinen Kindern, Gewohnheiten oder Vorlieben, werden abgebügelt, Interviewanfragen, so naiv es auch sein mag, sie überhaupt zu stellen, nicht beantwortet. Der scheue Diktator gibt keinem ausländischen Sender, keiner Zeitung und keinem Onlinemedium Auskunft. Beim Gipfel in Vietnam 2019 konnte er sich den ausländischen Journalisten zwar nicht vollends entziehen, aber Einzelinterviews gab es auch dort nicht. Meine eigenen Anfragen sind natürlich auch ins Leere gelaufen.

Der Vater, Kim Jong-il, war ein Meister dieser künstlichen Verknappung. Jahrelang wusste man außerhalb seines engeren Kreises nicht einmal, wie seine Stimme klingt. Er veröffentlichte zwar gedruckte Leitartikel, sprach aber nie im Fernsehen oder Radio zu seinem Volk. Erst als Kim Jong-il 2000 mit dem südkoreanischen Präsidenten Kim Dae-jung zusammensaß, übertrug das südkoreanische Fernsehen seine Stimme. Sie klang zwar blechern und alt, aber offenbar stotterte der Diktator doch nicht – was zuvor stets behauptet wurde. Das nordkoreanische Staatsfernsehen hingegen überdeckte den Originalton mit einem Sprecherkommentar und reichlich pathetischer Musik, für die Nordkoreaner sollte ihr Staatsführer weiterhin das stimmlose Mysterium bleiben.

Die Verknappung als Mittel der Einschüchterung ist freilich keine nordkoreanische Erfindung. Als gruseliger Meister dieses Faches trieb der kambodschanische Diktator Saloth Sar, der sich Pol Pot nannte, das Prinzip der Reduktion auf die blutige Spitze.[16]

Pol Pot, der Kambodscha während der Regierungszeit seiner Roten Khmer in den siebziger Jahren in die dunkelste und brutalste Epoche seiner Geschichte stieß, war den Kambodschanern in den ersten Jahren schlichtweg unbekannt. Sie wussten nur von einer mysteriösen Organisation, die sich *Angkar* nannte. Dahinter standen in Wahrheit Pol Pot und seine Mitstreiter der kommunistischen Partei Kambodschas. Angkar war gesichtslos, konnte hinter jedem Stein lauern und die Menschen einkerkern, ohne dass sie wussten, warum. Keiner konnte sich mehr in Sicherheit wähnen, und diese Wirkung war von Pol Pots Leuten sehr erwünscht. Der psychologische Effekt muss niederschmetternd gewesen sein. Sind die Nachbarn Spitzel? Vielleicht sogar die eigenen Kinder? Ist Angkar nicht vielleicht sogar ein ausländischer Geheimbund?

In Kambodscha war George Orwells Dystopie eines totalitären Überwachungsstaates, der Roman *1984*, grausame Wirklichkeit geworden, die natürliche Grenze zwischen Privat und Staat völlig aufgehoben.[17] Willkür ersetzte Verlässlichkeit – der Staat wurde zur anonymen Macht, die dem Bürger undurchschaubar erscheint und feindlich gesinnt noch dazu; wie das Gericht, das Josef K., Franz Kafkas Protagonisten aus *Der Prozess*, schuldig spricht, ohne dass der Leser erfährt, welchen Verbrechens er eigentlich überführt wurde. Beide Romane, *1984* und *Der Prozess*, werden gelegentlich zitiert, um auch Nordkoreas Willkürpolitik zu charakterisieren. Nimmt man Pol Pots früheres Kambodscha als Benchmark zehn auf einer Skala des absoluten Totalitarismus, dann liegt das heutige Nordkorea vielleicht bei der Zahl acht. Die Überwachung ist sehr weit gefasst, die Privatsphäre stark eingeschränkt, aber die Trennung zwischen Privat und Staat ist nicht komplett aufgehoben wie in Kambodscha, wo sogar die Familienverbände auseinandergerissen wurden. Aber ich will den Vergleich nicht zu weit führen, weil beide Fälle – Nordkorea als verwitterter Industriestaat, Pol Pots Kambodscha als unterentwickelter Agrarstaat – ansonsten kaum vergleichbar sind.

Auch Kim Jong-un nutzt das Mittel der Verknappung, um sich unnahbar zu geben, zumal er über mehr Mittel als sein vergleichsweise hölzerner Vater verfügt. Einerseits gibt er sich unnahbar, andererseits jovial. Anders als sein Vater zeigt er sich häufiger in der Öffentlichkeit und spricht dort auch. Er imitiert in seinen Gesten den Großvater Kim Il-sung, lächelt und scherzt mit seinen Untergebenen. Dazu der gelegentliche Strohhut und das Bad in der Menge, wie beim Besuch in einem Freizeitpark 2012, also nur wenige Monate nach der Machtübernahme – solche Fototermine sind natürlich weder spontan noch zufällig. Er weiß, wer führen will, darf nicht nur die eiserne Hand einsetzen, sondern braucht die Zuneigung und Sympathie der Bevölkerung. Kim Jong-un ist vergleichsweise weltgewandt, seine Schulzeit in der Schweiz, die Urlaube dort und in Frankreich dürften seinen Horizont erweitert haben – ob man das spürt, davon wird später noch die Rede sein.

Bern, im Spätsommer 2018. Wer sich in der Schweizer Hauptstadt auf Spurensuche von Kim Jong-uns Schulzeit begibt, stößt noch immer auf eine Mauer des Schweigens. Ist es die legendäre Schweizer Diskretion, oder doch die Angst vor dem zweifelhaften Ruf, einen angehenden Diktator ausgebildet zu haben?

Der junge Kim Jong-un besuchte wohl als Schüler jahrelang die Steinhölzli Schule in Liebefeld bei Bern. Als 2009 darüber die ersten Zeitungen in Japan und Südkorea berichteten, brach ein Sturm über die Schule herein, für die Diplomatenkinder eigentlich nichts Ungewöhnliches sind. Hunderte Journalisten meldeten sich, Kamerateams bauten ihre Stative vor dem Schulhof auf, alle vereint in der Suche nach der ultimativen Sensation. Die für die Schule zuständige Gemeindeverwaltung in Köniz zog die Reißleine und veröffentlichte eine Erklärung, die weitere Fragen abbügeln sollte: »Von August 1998 bis Herbst 2000 besuchte ein Jugendlicher aus Nordkorea die Schule. Er war als Sohn eines Botschaftsangestellten angemeldet. Der Schüler galt als gut integriert, fleißig und ehrgeizig.«[18] Der Junge, so heißt es weiter, habe in einer Klasse für fremdsprachige Kinder begonnen und sei danach in die Regelklasse des sechsten Schuljahrs gewechselt. Später habe er sich abgemeldet. Sollte dieser Junge tatsächlich Kim Jong-un gewesen sein, so hat er damals also sehr wahrscheinlich Deutsch gelernt.

Das ist weder eine Bestätigung noch ein Dementi. Die erhoffte Wirkung der Erklärung blieb wenig überraschend aus, die Journalisten forschten weiter und gruben im privaten Umfeld des »Jugendlichen aus Nordkorea«. Es meldeten sich in der Folgezeit ehemalige Lehrer und Mitschüler zu Wort, die ein mehr oder minder schmeichelhaftes Bild dieses Jungen zeichneten. Die einen beschrieben ihn als Freund, der gern Basketball spielte und Filme mit dem Hongkonger Action-Star Jackie Chan liebte. Eine Mitschülerin beschrieb ihn hingegen als »aggressiven Typen« – »er trat uns in die Schienbeine und spuckte uns sogar an«.[19]

Die Schweizer *Sonntagszeitung* gab 2012 eine biometrische Analyse bei dem französischen Anthropologen Raoul Perrot in Auftrag, der die Gesichter des vermeintlichen Kim

Junior und dem feister gewordenen Diktator miteinander verglich. Sein Ergebnis: Mit einer Wahrscheinlichkeit von mehr als 90 Prozent gehören beide Gesichter zur selben Person. Doch selbst das reichte nicht aus, dass die Behörden bestätigten, was die Spatzen längst von den Dächern pfiffen.

Dabei lässt sich Kims Jugend in der Schweiz mittlerweile recht sicher rekonstruieren. Demnach ging er wohl ab 1996 unter falschem Namen zunächst an eine internationale Privatschule in Bern, um später, 1998, an die besagte Steinhölzli Schule zu wechseln. Allein war er nicht: Sein Bruder Jong-chol und seine Schwester Yo-jong gingen ebenfalls in der Schweiz zur Schule. Der in Malaysia ermordete älteste der Kim-Sprösslinge hat wohl in Genf studiert, die älteste Tochter Kim Sul-song möglicherweise in Paris. Nicht klar ist, wie lange Kim Jong-un insgesamt in der Schweiz lebte, womöglich aber länger als die genannten Jahre.

Kim Jong-un lebte in einer Wohnung in der Kirchstraße 10 in Liebefeld. Das ist keine Villengegend, weit entfernt vom Luxus, den er in Pjöngjang gewohnt war. Um den Jungen kümmerte sich Ko Yong-suk, die Schwester seiner 2004 an Brustkrebs verstorbenen Mutter Ko Yong-hui. Die Tante fungierte als Ersatzmutter, ihr Mann Ri Gang als Ersatzvater für Kim und Chauffeur für einen der wichtigsten Männer des Regimes: Ri Su-yong, gelegentlich bekannt als Ri Tcheul. Ri war in Abwesenheit des Vaters *loco parentis* für den jungen Kim verantwortlich.

Ri Su-yong ist noch heute ein wichtiger Karrierediplomat des Regimes, vermutlich der wichtigste. Er war ein enger Vertrauter von Kim Jong-il und wurde auch der enge Vertraute von Kim Jong-un. Zuerst arbeitete er in Genf, danach beförderte ihn Kim Senior zum Botschafter in der Schweiz. Später machte ihn der Sohn sogar zum Außenminister. 2018 begleitete er ihn nach Singapur und saß als Teil der Delegation mit am Verhandlungstisch – Trump gegenüber. Mittlerweile ist er Direktor der internationalen Abteilung der Staatspartei. In einem System, das die Parteifunktionäre höherstellt als die Regierungsmitarbeiter, heißt das: Er ist wichtiger als der Außenminister. 2019 reiste er gemeinsam mit Kim Jong-un nach Vietnam.

Für den gewöhnlichen Familienalltag sorgte indes das Ehepaar Ko. »Die Kinder luden ihre Freunde ein, wir feierten Geburtstage mit Geschenken«, sagte Ko Yong-suk.[20] Disneyland, Skifahren im Berner Oberland, Entspannen am französischen Strand – Kim Jong-un genoss als Kind die Reisefreiheit, die er seinem Volk heute vorenthält.

Doch die Idylle fernab der ärmlichen Heimat war eines Tages vorbei: 1998 ergriff das Ehepaar Ko die Flucht. Die Schwester, Kim Jong-ils Frau, war da bereits an Krebs erkrankt, Kim Jong-un und seine Geschwister dem Kindesalter entwachsen. Die Pflegemutter konnte sich ausmalen, dass es mit ihren Privilegien bald vorbei sein würde und sie wieder zurück nach Nordkorea gehen müsste. Sie und ihr Mann entschieden, es nicht so weit kommen zu lassen.

An einem Abend bestiegen die beiden nach mehreren Berichten mit ihren eigenen drei Kindern – zwei Söhnen und einer Tochter – ein Taxi. Sie fuhren zur amerikanischen Botschaft, die nur wenige Fahrminuten von ihrer Wohnung in Bern entfernt lag.[21] Der Vater beantragte politisches Asyl, und die Botschaftsmitarbeiter verständigten den Geheimdienst. Über einen amerikanischen Luftwaffenstützpunkt flog die Familie in die Vereinigten Staaten, sie erhielt dort einen neuen Namen und einen erklecklichen Geldbetrag als Startkapital in ein neues Leben. Heute betreibt sie eine Reinigung in einer Kleinstadt nicht weit von New York.

Mit Interviews hält sich die Frau zurück, nur wenige Äußerungen sind überliefert. Über ihren früheren Ziehsohn Kim Jong-un verlor sie dabei nie ein schlechtes Wort. Stattdessen erzählte sie aus dem Alltag in der Schweiz und von Kims Vorlieben: Demnach verbrachte er seine Sommerferien am liebsten in Pjöngjang, wo er ein Basketballteam gegründet habe. Der Sport sei ihm sehr wichtig gewesen, so Ko, fast schon eine Obsession. Manchmal sei er sogar mit dem Ball in der Hand eingeschlafen. Ihr Mann war weniger höflich, er beschrieb den jungen Kim als aufbrausend und dickköpfig.

Kims Mutter Ko Yong-hui sei häufig zu Besuch gekommen, sie habe sich wegen ihrer Krebserkrankung in der Schweiz und in Frankreich behandeln lassen.

Dass Kim Jong-il seine Kinder nach Europa schickte, ist kein Zufall. Die Schweiz unterhält diplomatische Beziehungen mit Nordkorea und vermittelte mehrfach zwischen Washington und Pjöngjang. Nordkorea betreibt eine Botschaft in Bern, während die Schweizer Vertretung in Chinas Hauptstadt Peking auch für Nordkorea akkreditiert ist. Ri Su-yong war dabei wohl für mehr verantwortlich als nur die Kinder Kim Jong-ils. Der Journalist Titus Plattner zitiert einen Agenten des Schweizer Geheimdienstes, der Ri für den seinerzeit »wichtigsten Nordkoreaner in Europa« hielt.[22] Der Vorwurf lautet, der damalige Botschafter habe Vermögen der Kim-Familie auf Schweizer Konten geschafft und bei der Beschaffung von Waffenteilen mitgemischt. Bewiesen ist das allerdings nicht.

Die Zeit in der Schweiz sollte Kim Jong-un für wichtige Aufgaben in Pjöngjang vorbereiten. Viel ist gemutmaßt worden, ob der westliche Einfluss, die liberale Gesellschaft der Schweiz, die Klassenkameraden und Lehrer, ein Fünkchen Demokratie und Liberalität auch in das Diktatorensöhnchen gepflanzt haben könnte. Wäre das möglich?

Es ist nicht ungewöhnlich, dass Diktatorenfamilien ihre Kinder ins westliche Ausland schicken.[23] Der frühere syrische Präsident Hafiz al-Assad ermöglichte seinem Sohn Baschar, dem heutigen Präsidenten des Bürgerkriegslandes, ein Medizinstudium in London. Muammar al-Gaddafis Sohn Saif al-Islam wurde im Westen promoviert, wie Assad in der britischen Hauptstadt, ironischerweise mit dem Thema »Die Rolle der Zivilgesellschaft für die Demokratisierung globaler Regierungsinstitutionen« (wobei es Zweifel daran gibt, ob er den Titel rechtmäßig erlangt hat).

Die Tyrannenkinder übernehmen während ihrer Zeit in der Demokratie zwar westliche Gepflogenheiten, passen sich in ihrer Kleidung an, leben das Leben von Playboys wie Saif al-Islam oder die saudischen Prinzen, wenn sie außer Reichweite ihrer wahhabitischen Sittenwächter sind. Kim Jong-un war für solcherlei Vergnügungen freilich zu jung, für Basketball und die entsprechende Sportkleidung konnte er sich aber offenbar begeistern.

Werte werden dadurch allerdings nicht vermittelt, im Gegenteil: Die Exklusivität, zu einer kleinen Elite zu gehören, die im Ausland leben darf, kann das Gefühl der Überlegenheit gegenüber den einfachen Landsleuten noch steigern – das Gefühl des Auserwähltseins.

Kim Jong-un liebäugelt heute weniger mit der tradierten Schweizer Direktdemokratie als vielmehr mit dem technischen Fortschritt des Landes. Gerade in Asien wird die Schweiz in Sachen Infrastruktur und wirtschaftlicher Leistungsfähigkeit immer wieder als Vorbild genannt. »Durch den Aufenthalt in der westlichen Welt und die dortige Ausbildung erkennen sie die Defizite ihres Heimatlandes in vielen Entwicklungsbereichen«, sagt Günter Meyer, Leiter des Zentrums für Forschung zur Arabischen Welt an der Universität Mainz.

Möglich, dass Kim Jong-un auch deshalb den Fokus auf die wirtschaftliche Entwicklung Nordkoreas legt, weil er im Gegensatz zu seinem Vater über mehrere Jahre mit eigenen Augen gesehen hat, in welchem Wohlstand das Gros der Schweizer im Vergleich zu seinem Volk lebt.

Sollte Kim Jong-un in der Schweiz ein Fünkchen Demokratie aufgenommen haben, so ist ihm dieses nach seiner Rückkehr nach Nordkorea schnell wieder abtrainiert worden. Zumal jeder Gedanke an Wahlen zwangsläufig die Erbfolge und damit auch seine Machtstellung infrage stellt. Psychologen wie der amerikanische Professor Frederick Coolidge aus Colorado Springs sind der Überzeugung, dass typische Charaktermerkmale von Diktatoren, wie Narzissmus oder ein besonders stark ausgeprägtes paranoides Verhalten, genetisch vererbt werden. »Deshalb nutzt westliche Erziehung nur wenig«, sagt er.

Das ist jedoch keinesfalls bewiesen, sicher ist nur: Kim denkt wie seine Vorväter in autoritären Kategorien, er lässt Freiheiten nur dort zu, wo sie ihm nutzen, zum Beispiel auf wirtschaftlichem Gebiet. Begriffe wie Menschenrechte oder individuelle Freiheit sind ihm dagegen fremd, nicht weil ihm dies die Gene einsagen, sondern weil er in einer Gesellschaft sozialisiert worden ist, die keine Demokratie kennt.

Warum sollte er davon lassen? Oder könnte es doch sein, dass er Reformimpulse setzt, die niemand von ihm erwartet hätte?

Die amerikanischen Nachrichtendienste lassen psychologische Profile anfertigen, um das Verhalten ihrer politischen Gegner zu antizipieren. Sie stehen dabei vor demselben Problem wie Journalisten und Wissenschaftler: Kaum jemand hatte Kim Jong-un persönlich getroffen, niemand die Möglichkeit, mit ihm ein langes Gespräch, ja überhaupt ein Gespräch zu führen.

Das unterschied Kim von Diktatoren wie Saddam Hussein. Der Iraker hat sich zwar wahrscheinlich gelegentlich von einem Doppelgänger vertreten lassen. Aber er hat auch persönlich westliche Staatsführer und ihre Delegationen empfangen: Schon 1983 traf sich Saddam mit Ronald Reagans damaligem Sondergesandten für den Irak, dem späteren Verteidigungsminister Donald Rumsfeld, volle 90 Minuten lang. Die Amerikaner, die Saddam als Machtfaktor gegen den Iran aufbauen halfen, wussten in ihren beiden späteren Golfkriegen genau, wen sie bekämpften. Erst recht Rumsfeld, der zum zweiten Mal Verteidigungsminister war, als Saddam endgültig aus einem Erdloch geholt und ins Gefängnis gesteckt wurde.

Bei der Familie Kim gestaltete sich das lange Zeit schwieriger. Kontakte auf oberster Ebene waren rar gesät, nur wenige Gesandte wie Madeleine Albright oder Jimmy Carter lernten einen der Kims persönlich kennen. Welche Chancen solche Treffen bieten, zeigt allerdings der Besuch von Bill Clinton in Pjöngjang. 2009 flog der frühere Präsident mit einer Delegation nach Nordkorea, um Kim Jong-il zu treffen, der gerade seinen Schlaganfall überstanden hatte.

Mit dabei war Clintons Arzt Roger Band, ein Professor für Notfallmedizin. Band stand bei der Begegnung in erster Reihe, um einen Blick auf den Zustand des Diktators zu erhaschen. Er bestätigte danach die Vermutung eines Schlaganfalls und attestierte ihm eine »stabile Verfassung«.[24] Band konzentrierte sich bei seinem Auftrag weniger auf das, was sich Kim und Clinton zu sagen hatten, dafür auf das Wie: Kims Haltung, Gesichtsfarbe, Sprachfluss, Bewegung und Mimik. Da Pjöngjang dem Arzt jedoch erlaubt hatte, Clinton zu begleiten, war dies gleichzeitig auch eine Botschaft des kranken Diktators an die Welt: Seht her, ich bin noch da!

Persönliche Treffen sind also wichtig, um mehr Informationen zu bekommen, zumal Nordkorea aus ihren Führern ein Staatsgeheimnis macht. Kim Jong-un hat bei den Gipfeltreffen mit Moon Jae-in und später Donald Trump angeblich sogar seine eigene Toilette mitgebracht, um ja nichts zu hinterlassen, was auf seine körperliche Konstitution schließen lassen könnte. Er brachte seine eigenen Stifte mit, um Fingerabdrücke zu vermeiden. Was er anfasste, wurde von Mitarbeitern seiner Delegation abgewischt. Für die Profiler der amerikanischen Geheimdienste bleibt Kim deshalb weiterhin eine schwer zu knackende Nuss.

Kenneth Dekleva, Psychiatrie-Professor im texanischen Dallas, erstellte für das amerikanische Außenministerium Psychogramme über Slobodan Milošević und Radovan Karadžić, und auch über Kim Jong-un macht er sich Gedanken. Kim sei »klug, ein Diplomat mit schneller Auffassungsgabe«, einer, der »ein Spieler auf der Weltbühne« sein wolle. Er sei »kein Verrückter«, folge vielmehr einer »inneren Rationalität« und sei durchsetzungsfähig.[25]

Diese Analyse ist plausibel, aber natürlich auch begrenzt. Dekleva stützt sich ausschließlich auf Kims Redemanuskripte, Fernsehauftritte und YouTube-Videos, persönlich getroffen hat auch er ihn nie. Unsere Analysen kranken deshalb nicht an der Beschreibung der Gegenwart, sie kranken an der Tatsache, dass wir alle – Wissenschaftler, Politiker und Journalisten – nicht mit Gewissheit vorhersehen können, ob Kim in jeder Situation dieser inneren Logik folgt. Dafür müssen noch weitere Jahre ins Land gehen, und selbst dann bleibt ein großer Rest Unsicherheit. Die jeweils doch recht kurzen persönlichen Treffen Trumps mit Kim bringen zwar mehr Licht ins Dunkel, bleiben letztlich jedoch Momentaufnahmen.

Nordkorea ist eine Blackbox, was man allein schon daran sieht, dass wohl kein Geheimdienst im Bilde war, als Kim Jong-il im Dezember 2011 plötzlich starb. Die amerikanische Regierung erfuhr es im selben Moment wie die Weltöffentlichkeit. An einem Samstag starb Kim, am Montag war es die Hauptnachricht im nordkoreanischen Staatsfernsehen – und kurz danach verbreitete es sich auf der ganzen Welt. Und die ersten Hinweise auf den jungen Nachfolger verdankten wir nordkoreanischen Überläufern. Sie berichteten von Propagandaliedern, die einen jungen Mann namens Jong-un verherrlichten, und von Anweisungen, ihn in der Staatspropaganda als herausgehobene Führungsfigur zu positionieren.

Nach den Schuljahren in der Schweiz studierte der Diktator im Wartestand auf der Pjöngjanger Kaderschmiede der Kim-Il-sung-Universität. 2010, zwei Jahre nach dem Schlaganfall, präsentierte Kim Jong-il seinen Sohn auf offizieller Staatsbühne bei einem der seltenen Parteitage der PdAK. Kurz vorher hatte er ihn zum General und zum stellvertre-

Abb. 3: Kims Vorväter – sein Vater Kim Jong-il und der Großvater Kim Il-sung – sind die Fixsterne in Nordkoreas Propagandahimmel. Als Quelle der Macht in der Familiendynastie dient vor allem Staatsgründer Kim Il-sung. Seit Kim Jong-ils Tod wird der Vater von Kim Jong-un auf Bildern und bei Denkmälern möglichst nah an den Staatsgründer, Kim Jong-uns Großvater, gerückt, damit Kim Jong-un als Enkel möglichst nah an den Großvater rückt. In Nordkorea wird nichts dem Zufall überlassen.

tenden Vorsitzenden der Zentralen Militärkommission der Partei gemacht. Mitglied des Politbüros war er noch nicht – damit ließ sich der Diktator Zeit. Auch war der Sohn offiziell noch nicht zum Nachfolger ernannt, das inoffizielle Signal aber war eindeutig.

Nordkorea ist ein absoluter Führerstaat. Die Machtrepräsentation zentriert sich ausschließlich auf den amtierenden Diktator, wenig auf die Verwandtschaft, die Kinder, nicht einmal auf den erkorenen Nachfolger. So überrascht es nicht, dass, als ich wenige Tage vor Kim Jong-ils Tod nach Pjöngjang und Kaesŏng fuhr, von Kim Jong-un noch nicht viel zu sehen war. In den Klassenzimmern, die ich besuchte, den Fabriken und öffentlichen Gebäuden, prangten wie üblich die Porträts der beiden älteren Kims, auch die politischen Parolen rekurrierten ausschließlich auf sie. Nach dem Tod Kim Jong-ils mussten die Mitarbeiter der Propagandaabteilungen daher wohl Überstunden einlegen. Sie montierten Kim Jong-un in Windeseile auf Fotos, die ihn fortan in Eintracht mit dem Vater zeigten. Denn die Macht wird legitimiert durch die Vorgänger, vor allem durch die Verbindung zum Staatsgründer. Je weiter weg der Spross in der Erblinie steht, desto mehr Aufwand ist nötig, um eine Beziehung zum Ursprung aller Machtlegitimität, Kim Il-sung, herzustellen.

Gut zu sehen ist das an einem der heiligsten Orte Nordkoreas, dem Mansudae-Hügel in Pjöngjang. Jahrzehntelang stand hier eine einsame Statue von Kim Il-sung, mit ausgestrecktem Arm und weisem Blick. Kurz nach Kim Jong-ils Tod ergänzte das Regime die Statue um ein Abbild des Sohnes. Warum? Wirklich um Kim Jong-il zu ehren? Nicht unbedingt, denn wichtiger ist, den Vater zumindest bildlich neben dem Großvater zu positionieren, damit Kim Jong-un automatisch näher an die Quelle seiner Legitimität, Kim Il-sung, heranrückt.

Wem das zu viel Symbolik ist – willkommen in Nordkorea! Beim Staatsbegräbnis schritt Kim Jong-un rechts vorne neben der schwarzen Limousine, auf dem Dach der dunkle Sarg mit dem Leichnam des Vaters, zugedeckt durch eine Parteifahne. Auch hier war nichts dem Zufall überlassen: Kim Jong-nam, der ältere Bruder, der nach konfuzianischer Tradition eigentlich den Zug hätte anführen müssen, war nicht zu sehen. Stattdessen flankierte die damalige Staatsführung das Auto, in der richtigen Reihenfolge selbstre-

Abb. 4: Start in eine ungewisse Zukunft als neuer Diktator: Unter den Augen seines Großvaters Kim Il-sung führt der junge Kim Jong-un im Dezember 2011 den Trauerzug mit dem Sarg des verstorbenen Vaters Kim Jong-il an. Noch wirkt er eingeschüchtert. Sein Onkel und Mentor Jang Song-thaek, ein Vertrauter des Vaters, läuft direkt hinter ihm – 2013 wird Kim ihn aus dem Weg räumen und hinrichten lassen.

dend: auf der linken Seite die Repräsentanten des Militärs, der frühere Generalstabschef Ri Yong-ho, dahinter der mittlerweile verstorbene ehemalige Verteidigungsminister Kim Yong-chun. Rechts hinter Kim Jong-un ein Mann, der in der Übergangszeit das Zepter in der Hand hielt: Kims Onkel Jang Song-thaek.

Jang sollte 2013 bereuen, seinen machthungrigen Neffen unterschätzt zu haben. Im Rahmen einer »Säuberungswelle« (ein übler Euphemismus für politischen Mord) ließ ihn Kim hinrichten, offiziell wegen Korruption, Bereicherung und konterrevolutionärer Absichten. Dazu wurden ihm moralische Verfehlungen vorgehalten: kapitalistische Lebensart und die Beziehung zu mehreren Frauen.

Die Hinrichtung Jangs war ein spektakulärer Fall im sonst so diskreten Machtgefüge Nordkoreas. Denn Kim ließ seinen Onkel nicht still und leise entfernen, sondern öffentlich bei einer Parteisitzung abführen, nachdem ihn das Politbüro angeklagt hatte. Die Bilder, die die staatliche Nachrichtenagentur verbreitete, zeigen einen in sich zusammengefallenen Mann, der wusste, was ihn erwartet. In einem Schauprozess verurteilte ihn ein Militär-Tribunal zum Tode. Kurz darauf wurde Jang erschossen, auch Angehörige seiner Familie und Mitarbeiter sollen nach Angaben von Überläufern exekutiert worden sein.[26] Kim Jong-un wollte also ganz offensichtlich ein Exempel statuieren. Die Bilder sind denn auch an Deutlichkeit nicht zu überbieten. Den Parteikadern, die in der Nähe Jangs sitzen, ist die Betroffenheit, Demut und Angst in die ernsten Gesichter geschrieben. Sie dürften verstanden haben.

In der Nachkriegsgeschichte Nordkoreas hatte vor allem einer zu ähnlich drastischen Maßnahmen gegriffen. Staatsgründer Kim Il-sung ließ im Laufe der 1950er-Jahre einige seiner parteiinternen Rivalen ermorden. Man darf nicht vergessen, solche öffentlichen Exempel sind ein Risiko für den Machthaber. In Nordkorea wissen die Menschen fast nichts über die Strukturen des Staates. Allein die Nachricht, es könnte jemand einen Putsch geplant haben, stößt deshalb das Tor zu einer anderen Welt auf: Das Regime scheint in diesem Moment labil und angreifbar.

Es muss Kim Jong-un also um seine politische Existenz gegangen sein, zumal Jang Song-thaek ähnlich wie sein Bruder Kim Jong-nam zumindest im Ausland immer wieder als möglicher Nachfolger Kim Jong-ils ins Spiel gebracht worden war. Schon 2004 hatte dieser seinen ehrgeizigen Schwa-

Abb. 5: Nach dem Koreakrieg 1950 bis 1953 bauten die Nordkoreaner das stark zerstörte Pjöngjang in typisch sozialistischer Architektur wieder auf. Das imposante Monument inmitten der Stadt würdigt die Staatspartei, die im Machtgefüge die zentrale Rolle spielt. Die drei Säulen repräsentieren die sozialen Klassen: Der Hammer steht für die Arbeiter, die Sichel für die Bauern, und der Pinsel steht für die Intellektuellen.

ger vorübergehend aus dem inneren Machtzirkel entfernt und unter Hausarrest gestellt. Kim ließ auch den früheren Verteidigungsminister Hyon Yong-chol hinrichten, weil er sich Kim gegenüber angeblich illoyal gezeigt haben und zudem bei einer Veranstaltung eingeschlafen sein soll.

Aber Kim Jong-un verließ sich nicht nur auf stalinistische Terrormethoden. Er gab sich danach zunehmend nahbarer, wollte freundlicher wirken und sein internationales Image aufpolieren. Zugleich baute er nach und nach seine Machtfülle aus, indem er loyale Gefolgsleute ins Machtzentrum holte – allen voran seine Schwester Kim Yo-jong. Das bedeutet in Nordkoreas politischem System natürlich nicht, dass er sämtliche Angelegenheiten allein regelt. Der technokratische Premierminister Kim Jae-ryong, ein ehemaliger Manager im Bergbau und in seiner Rolle sozusagen *Primus inter Pares* im nordkoreanischen Kabinett, regiert das Land seit 2019, die Minister sind zuständig für ihre jeweiligen Aufgabengebiete, Komitees bündeln die Einflussgebiete der allmächtigen Partei und des Militärs. Das Parlament, die Oberste Volksversammlung, ist zwar offiziell das gesetzgebende Organ, seine knapp 700 Abgeordneten segnen aber de facto nur die Entscheidungen ab, die die allmächtige Staatspartei PdAK getroffen hat. Trotz etlicher Spekulationen in den vergangenen Jahren, die Rolle der PdAK ist ungebrochen: Die konstituierende Sitzung des Parlaments im April 2019 war flankiert von Politbürotreffen, die Partei ist und bleibt allgegenwärtig, und ihr Chef ist Kim Jong-un.

Kim zeigte sich immer selbstsicherer. Als ich 2013, gut anderthalb Jahre nach seiner Machtübernahme, abermals ins Land reiste, waren staatliche Reiseleiter dazu übergegangen, mit ihren Gästen die ersten auf Kim Jong-un gemünzten Propagandalieder einzuüben. Zwar waren weder Statuen mit seinem Konterfei gebaut noch Universitäten nach ihm benannt worden, doch vielerorts wurden die Parolen an den Schulen und auf den Feldern erneuert. Sie verherrlichten nun auch den neuen Kim, der endlich im Amt angekommen war. Der Staatssender zeigte das Gesicht des Diktators in gefühlter Dauerschleife, und auf den offiziellen Fotos setzten die Propagandastrategen des Regimes einzig und allein auf den einen neuen starken Mann: Kim Jong-un. Nichts hatte sich im Vergleich zum Vater und Großvater geändert.

Juni 2018, Singapur. Die Mimik verrät Erstaunen, ein wenig

Abb. 6: Nach dem verheerenden Koreakrieg ließ Kim Il-sung schnell Wohnraum bauen, selbst in kleineren Orten entstanden damals zweckmäßige mehrstöckige Komplexe. Viele Häuser sind allerdings mittlerweile in erbarmungswürdigem Zustand. Das Geld für Renovierungen und Sanierungen fehlt häufig, gelegentlich fallen Häuser auf, deren zerborstene Fensterscheiben mit Folien notdürftig geflickt wurden.

wirkt der Diktator eingeschüchtert. Kim trägt einen dunklen Anzug, dazu seine Hornbrille. Ein riesiger Tross an Sicherheitsleuten, Journalisten und Kamerateams sowie Singapurer Ministern umgibt den Stargast aus Nordkorea. Kim, der Diktator aus einem der ärmsten Länder der Welt, flaniert durch die Nacht der glitzernden Millionenmetropole, die zu den reichsten der Welt zählt. Er läuft über die Jubilee-Brücke, eine architektonisch extravagant geschwungene Fußgängerbrücke, über den Fluss hinüber zur Marina Bay. Vor ihm bauen sich die drei 55-stöckigen Türme des Luxushotels Marina Bay Sands auf, die jeweils 190 Meter in den Nachthimmel ragen. Oben thront ein 340 Meter langer Dachgarten inklusive eines rund 150 Meter langen Infinity Pools. Kim ist hin und weg, sein Gesicht rot und etwas fleckig. Er weiß um die Luxusparadiese anderer asiatischer Länder, war kürzlich in Peking, auch kennt er ja die Schweiz. Aber weder die Berner Gemütlichkeit noch die Pekinger Skyline taugen zum Vergleich mit dieser einzigartigen Glitzermetropole.

Der Gegensatz zu Nordkorea, das vom Weltraum betrachtet in Dunkel getaucht ist, könnte nicht größer sein. Pjöngjang ist zwar in den vergangenen Jahren bunter geworden, neue Hochhäuser sorgen für ein moderneres Stadtbild als noch vor zehn Jahren. Aber abseits dieser Straßenzüge dominiert nach wie vor die Farbe Grau. Die Fassaden sind teils wasserfleckig, in den monotonen und abrissreifen Mietbunkern der kleineren Städte fehlen mitunter Fenster, Aufzüge sind zugenagelt, Straßenbeläge mühsam geflickt.

Die Kim-Familie lebt dagegen in ihrer eigenen Welt. Sie besitzt mehr als ein Dutzend Residenzen, wovon ein paar direkt am Rande der Hauptstadt liegen, andere in der Nähe, einige wenige weiter entfernt. Die Hauptresidenz steht im Norden Pjöngjangs – ein streng geheimer Ort.

Der russische Fotograf Valeri Scharifulin, der 2018 Moskaus Außenminister Sergei Lawrow bei einem Staatsbesuch nach Pjöngjang begleitete, durfte Fotos der Residenz schießen.[27] Sie zeigen einen eher unscheinbaren Betonbau, umgeben von einem riesigen Park mit Wasserfontänen, Springbrunnen und Blumenbeeten. Überläufer aus dem engeren Machtzirkel haben bestätigt, dass unter dem Gebäudekomplex eine große Bunkeranlage für Kims Sicherheit sorgen soll. Es wird auch angenommen, dass es Verbindungstunnels gibt, um im Krisenfall den Ort wechseln zu können.

Kim Jong-un hat an den Residenzen, die er von seinen

Vorfahren geerbt hat, Veränderungen vornehmen lassen. In der Küstenstadt Wŏnsan, die er zu einer Tourismusdestination ausbauen lässt,[28] wurde am ehemaligen Militärflughafen eine neue Landebahn gebaut. Die dortige Residenz, wo er als Kind sehr häufig war, scheint zudem mehr eine Art Lustschloss zu sein: Es gibt Anlegestellen für private Yachten; der Basketballstar Dennis Rodman war hier nach eigener Aussage auf Kims Privatinsel zu Gast, die ihn an »Hawaii oder Ibiza« erinnerte. Wobei sie nur für eine Person bestimmt sei, plauderte er aus, Jetskis und Drinks inklusive.[29] 2013 veröffentlichte die staatliche Nachrichtenagentur KCNA ein Foto, das Kim Jong-un bei einer Inspektionsreise zeigt. Im Hintergrund ist eine Yacht zu sehen, Modell 95MY der Luxusmarke Princess, die im britischen Plymouth gebaut wurde. Der Diktator gibt sich zunehmend prätentiöser: Bei Staatsbesuchen fährt er mit sündhaft teuren und vor allem neuwertigen Limousinen der Marken Rolls-Royce, Mercedes oder Lexus vor, allen Sanktionen zum Trotz. Kim Jong-un macht ganz offenbar dort weiter, wo seine Vorväter einst aufhörten.

DIE VÄTER DER NATION

Es ist immer hilfreich, die Geschichte zu Rate zu ziehen, wenn man etwas über die Gegenwart lernen möchte. Im Falle Nordkoreas gilt dies umso mehr: Das Land – die Ideologie und Bunkermentalität seiner Führung – gründet sich auf der Asche, die der Koreakrieg 1950 bis 1953 auf der Halbinsel hinterlassen hat. Nichts ist gegenwärtiger im kollektiven Bewusstsein der Menschen als der Krieg, der schätzungsweise

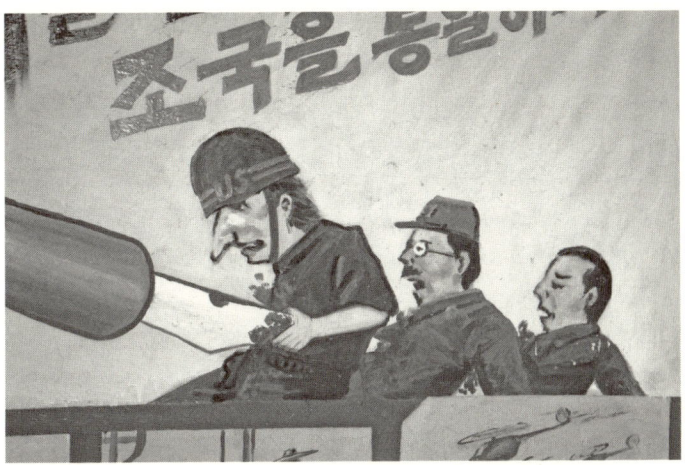

Abb. 7: Der Füller als Schwert in den Körpern der Feinde: Diese martialische Zeichnung, fotografiert in einer Schule, zeigt drei gegnerische Soldaten in der Reihenfolge ihrer Bedeutung für die nordkoreanische Propaganda und in abnehmender Größe. Zunächst einen amerikanischen Soldaten, dahinter einen japanischen, zum Schluss einen südkoreanischen.

zweieinhalb Millionen Nordkoreaner das Leben kostete, jeweils eine Million Südkoreaner und Chinesen sowie rund 40 000 Soldaten aus anderen Ländern, darunter vor allem Amerikaner. Die amerikanische Air Force ließ kaum einen Stein auf dem anderen. Die Zerstörung war auch deshalb so verheerend, weil die Bevölkerung im industrialisierten Norden in Ballungszentren lebte – und dadurch ins Fadenkreuz der Bomberstaffeln geriet.

Im Verhältnis zu den USA pflegt Nordkorea ungebrochen seinen Opferstatus, die Vergangenheit ist noch immer der Fixstern, an dem sich die Strategen in Pjöngjang orientieren. Schon Kleinkinder lernen, den amerikanischen Soldaten zu hassen, auch wenn die antiamerikanische Propaganda seit

2018 etwas abgeschwächt wurde. In einer Schule sah ich eine blutrünstige Zeichnung, die einen amerikanischen, einen japanischen und einen südkoreanischen Soldaten zeigte. Die Männer standen in einer Reihe, ein spitzer Füllfederhalter bohrte sich durch ihre Leiber. Die Lehrer erzählen den Kindern, wie der Staat sie schützt: mit dem Streben nach Souveränität, militärischer Stärke und steter Wachsamkeit vor dem Feind.

Das Regime erinnert permanent daran, dass Korea über Jahrhunderte Spielball der benachbarten Großmächte gewesen ist, vor allem Chinas und Japans. Das prägt das Verhältnis bis heute: Die Menschen fühlen sich China zwar kulturell einigermaßen nah, zumal in den angrenzenden Provinzen viele Koreaner leben, aber der große Nachbar schüchtert auch ein, das Wirtschaftswunder auf der anderen Seite der Grenzflüsse sowie das chinesische Selbstbewusstsein sind den Koreanern durchaus geläufig. Das Geschichtsbewusstsein, natürlich gefärbt, ist lebendig, die Menschen wissen um die reiche Geschichte Koreas, zumal die Halbinsel – nicht nur Nordkorea – als Staat viel älter ist als beispielsweise Deutschland, das seine Einheit erst 1871 mühsam fand.

Die Geburtsstunde Koreas ist umstritten und im Nebel der alten Mythologie versunken: Der Halbgott Tan'gun (oder: Dangun) soll demnach das erste Königreich lange vor Christus gegründet haben – und Pjöngjang gleich mit. Wenn also heute das Regime der Meinung ist, die wahre Hauptstadt Koreas sei Pjöngjang und nicht etwa Seoul, so hat das auch damit zu tun. Gemeinhin gilt aber das Königreich Koryŏ im 10. Jahrhundert nach Christus als erster einheitlicher Staat. Der im Ausland gebräuchliche Name Korea leitet sich davon ab. Die Hauptstadt des Reiches war damals Kaesŏng, die alte

Königstadt. Heute ist sie die fünftgrößte Siedlung in Nord-korea, nur wenige Kilometer von der Grenze nach Südkorea entfernt.

Koryŏ hielt sich eine ganze Zeit wacker, im 13. Jahrhun-dert allerdings rückten Mongolen gegen das Reich vor, das nach mehreren Angriffswellen unter die Herrschaft der ausländischen Truppen fiel. Das Königshaus flüchtete nach Seoul, kapitulierte und regierte das Land unter der Vasallen-herrschaft der Mongolen. Doch das sollte bei Weitem nicht die letzte Vasallenregierung auf der Halbinsel bleiben. Ende des 14. Jahrhunderts gründete sich das Reich Chosŏn, das in kultureller und wirtschaftlicher Hinsicht erblühte, aber weiterhin abhängig von China war. Koreaner rekurrieren heute gerne darauf, dass ihre Landsleute zu der Zeit eigene Akzente setzten, zum Beispiel in Form eines eigenen Alpha-bets. Wer etwas auf sich hielt, sprach und vor allem schrieb zu dieser Zeit allerdings Chinesisch. Dennoch erlebte Korea damals seine eigene kleine Lutherzeit, die ersten in Chine-sisch geschriebenen Klassiker wurden ins Koreanische über-setzt.

Im 16. Jahrhundert drängten die Japaner kraftvoll auf die Bühne. Korea war für sie vor allem als Vorhof oder auch Auf-marschplatz interessant, um sich für die Eroberungsfeldzüge in Richtung China in Stellung zu bringen. Wie schon zuvor die Koryŏ-Dynastie hatte dem das Königreich Chosŏn we-nig entgegenzusetzen. Mit Hilfe chinesischer Truppen ge-lang es später aber, die japanischen Invasoren zurückzudrän-gen. Auch für die Chinesen, die ihre Krieger erst sandten, als die Japaner schon nah an ihre Grenzen rückten, war Korea kaum mehr als ein nützlicher Pufferstaat, ein Kriegsschau-platz, auf dem Auseinandersetzungen ausgefochten wurden, ohne bleibende Schäden auf dem eigenen Territorium zu verursachen.

Das kommt bekannt vor und ist ebenso Teil des kollektiven Bewusstseins der Koreaner, speziell der Nordkoreaner. Wenn das Kim-Regime auf Souveränität pocht, hat das folglich nicht nur mit den Erfahrungen des Koreakriegs zu tun, als das Land zum Schauplatz eines Stellvertreterkriegs wurde, sondern auch mit jenen älteren Erfahrungen aus der Koryŏ- und Chosŏn-Zeit.

Im 17. Jahrhundert geriet Korea in die Einflusssphäre der chinesischen Mandschukaiser, die die alte Ming-Dynastie in Peking hinwegfegten und ihr Qing-Reich gründeten. Die Mandschus regierten das Riesenreich bis zur erzwungenen Abdankung des unglücklichen Kindkaisers Puyi 1912, der zum tragischen Antihelden nicht nur der chinesischen Geschichte, sondern unter dem Titel *Der letzte Kaiser* auch eines Hollywood-Klassikers wurde. In der Mandschu-Zeit mutierte Korea zur Einsiedelei und schloss sich in die engen Grenzen des Reiches ein, Kontakte unterhielt es im Grunde nur mit China. Beobachter nannten Korea damals *hermit kingdom*, ein Schlagwort, das auch heute immer wieder aus der Mottenkiste gekramt wird, wenn vom aktuellen Nordkorea die Rede ist. Korea war damit aber nicht allein: Sowohl China als auch Japan waren zu jener Zeit ebenfalls nicht gerade als Paradiese für Durchreisende bekannt.

Die Japaner entdeckten erst im 19. Jahrhundert eine Art von Willkommenskultur wieder und öffneten sich aus der Einsicht heraus, nur so zum technologisch und wirtschaftlich davongezogenen Westen aufschließen zu können (wobei die expansiven Amerikaner mit ihrer waffenstrotzenden Flotte »nachhalfen«). Die europäischen Großmächte und die erstarkten USA kontrollierten den Handel, und sie überzogen die Welt mit ihrem Lebensstil. Im Zuge der Meiji-Reformen setzte dann auch das Kaiserreich auf Expansion, und Korea geriet in den Blick des japanischen Tennos und seiner Militärs; nicht nur, weil es an China angrenzte, sondern auch, weil es fette ökonomische Beute versprach. 1876 schlossen Japan und Korea einen Freundschaftsvertrag ab, der allerdings so freundschaftlich nicht war, im Gegenteil: Japan begann, aus Korea wirtschaftlich Profit zu schlagen, erhielt teilweise sogar extraterritoriale Rechte und nutzte Vertragshäfen wie Busan im heutigen Südkorea und Wŏnsan in Nordkorea.

Ende des 19. Jahrhunderts brach ein Krieg zwischen China und Japan aus, der sich, einmal mehr, auf koreanischem Boden austobte. Die moderne japanische Armee schlug die chinesischen Truppen mit ihren veralteten Waffen in einer Reihe von Kämpfen in und um die beiden koreanischen Metropolen Pjöngjang und Seoul.

Chinas Machtstellung in Korea war damit vorerst vorbei, dafür übernahmen die Japaner das Ruder, die sich aber erst noch des russischen Einflusses in Korea und der Region entledigen wollten. Am Ende des Russisch-Japanischen Krieges, 1905, zogen die Japaner als Sieger vom Feld. Nach all den Niederlagen und Demütigungen asiatischer Mächte durch europäische und amerikanische Truppen im 19. Jahrhundert stand dieser Sieg über den russischen Zar auch symbolisch für eine kleine Zeitenwende.

Korea wurde offiziell japanisches Protektorat, fünf Jahre später sogar vollständig in Japan eingegliedert. Der letzte koreanische Kaiser (das Königshaus hatte sich erst kurz vorher selbst zur kaiserlichen Dynastie befördert) dankte ab, nannte sich zwar noch König, starb aber später unter Hausarrest. Korea als eigenständiger Staat war damit Geschichte, bis zum Ende des Zweiten Weltkrieges.

Dass Korea endgültig nur noch die Provinz einer Groß-macht war, wirkt bis heute nach. Zum einen war der politi-schen Aufgabe der Autonomie die der wirtschaftlichen vor-ausgegangen. Das muss man im Hinterkopf behalten, wann immer Koreaner und vor allem die Nordkoreaner heute auf ihre wirtschaftliche Selbstständigkeit pochen. Zum anderen haben die Koreaner daraus gelernt, dass Freundschaftsver-träge und Schutzmachtabkommen wie mit China oder spä-ter Japan nicht verlässlich sind und sich sogar gegen sie wen-den können.

Auch das sollte man bedenken, wenn über mögliche Ver-einbarungen zwischen Nordkorea und Amerika verhandelt wird. Kim Jong-un wird sehr genau wissen, wie Korea sei-nerzeit als Spielball der Großmachtinteressen hin- und her-geschoben wurde. Und er weiß, dass solche Abkommen das Papier kaum wert sind, auf dem sie geschrieben stehen. So wurde denn auch die Tatsache, dass Trump 2018 das Atom-abkommen mit Iran aufkündigte, in Pjöngjang sehr auf-merksam registriert.

Die japanische Herrschaft über Korea ist weit mehr als nur ein trockener Eintrag im Geschichtsbuch. Betagte Nordko-reaner haben diese Zeit noch selbst erlebt. Der bereits er-wähnte altgediente Außenpolitiker des Regimes, Kim Jong-nam, wurde 1928 geboren und erlebte seine Kindheit damit als Untertan des japanischen Kaisers Hirohito. 35 Jahre lang beherrschte Japan Korea in jeder Hinsicht. Unternehmen wurden verstaatlicht, die Landwirtschaft modernisiert und neue Straßen und Eisenbahngleise gebaut. Korea profitierte also durchaus von den aggressiven Kolonialherren. Aber zu welchem Preis? Die Japaner verschleppten Koreaner und machten sie zu Zwangsarbeitern, Frauen entführten sie und steckten sie während des Weltkrieges als Zwangsprostituierte in die japanischen Soldatenbordelle. Im Laufe der Zeit trieben sie ihre aggressive Assimilierungspolitik auf die Spitze, die Koreaner mussten sogar ihre Namen durch japanische ersetzen, ihre Kinder hatten in den Schulen Japanisch statt Koreanisch zu sprechen und zu schreiben.

Der vor allem im Norden heute extrem ausgeprägte Nationalismus gründet in dieser Demütigung, auch weil die ehedem antijapanischen Guerillas wie Kim Il-sung die Erinnerung daran wachhielten – und es ihm seine Nachfolger gleichtun. Zugutehalten kann man der koreanischen Variante des Nationalismus immerhin, dass dieser – mit Ausnahme des Koreakrieges – bislang nicht expansiv ist. Am koreanischen Wesen soll die Welt nicht genesen. Wobei man berücksichtigen muss, dass das nordkoreanische Regime auch deshalb nicht (mehr) expansiv ist, weil es dazu heute schlicht zu schwach ist. Eine Garantie für die Zukunft ist das aber nicht.

Die japanischen Besatzer in der ersten Hälfte des 20. Jahrhunderts mussten natürlich mit Gegenwehr rechnen. Lee Bong-chang beispielsweise, ein koreanischer Widerstandskämpfer, verübte 1932 ein Attentat auf den japanischen Kaiser. Er wurde später hingerichtet. Für die nordkoreanische Propaganda war es jedoch Kim Il-sung, der die Japaner quasi im Alleingang aus dem Land verjagte. Oder war es doch ein wenig anders?

Es ist Herbst in Pjöngjang, die Sonne dieses schönen Tages lässt die rötlich gefärbten Blätter der Bäume erstrahlen.

Die Hecken sind penibel rundgeschnitten, mehrere Nordkoreaner in Arbeitskleidung wienern die Zufahrtstraße. Mangyŏngdae heißt der Ort, ein Vorort Pjöngjangs, wo Kim Il-sung 1912 geboren wurde. Heute ist er ein adrett herausgeputzter Wallfahrtsort für Einheimische wie ausländische Touristen. Zu sehen gibt es sein Geburtshaus, ein Freilichtmuseum im traditionellen koreanischen Stil. Hier lebten die Großeltern des Jungen, der damals noch den Namen Kim Song-chu trug. Tontöpfe zur Lagerung der koreanischen Nationalspeise Kimchi sind zu besichtigen, dazu allerlei Kochutensilien. In der Küche fällt die Feuerstelle auf, deren Hitze die übrigen Räume in den kalten koreanischen Wintern erwärmen konnte. Die Reiseleiterin lässt einen eintauchen in die Kindheit des großen Staatshelden, wenn man sie denn so glauben möchte, wie sie sie schildert. Ihre Erzählung geht in etwa so: Kim Il-sung entstammte einer patriotischen Familie. Schon der Großvater und die Großmutter motivierten ihre Kinder und Enkel zum Kampf gegen die Unterdrückung und für die Souveränität. Der Urgroßvater hatte bei der Versenkung des amerikanischen Schiffes *General Sherman*, das 1866 den Fluss Taedong bis nach Pjöngjang gefahren war, an der Spitze der Kämpfer gegen die feindlichen Invasoren gestanden.

Was in Nordkorea über Kim Il-sung erzählt wird, ist oft nicht gänzlich falsch, aber mit Sicherheit grenzenlos übertrieben. Es mag sein, dass seine Vorfahren mutig gewesen sind, entscheidend aber ist die Botschaft, die die Staatspropaganda heute noch hartnäckig wiederholt: Kim Il-sung, der Mann mit der exzellenten genetischen Ausstattung, wird als eine Art Übermensch verehrt. »Überragendes Antlitz«, mit einem »ungewöhnlichen Scharfblick«, »Forschergeist, Edel-

und Großmut«, ein »starker Wille«, ein »offenherziger Charakter«, mit »klarem Urteilsvermögen« und einem »außergewöhnlichen Gedächtnis« – um nur einige Würdigungen in seinem geschichtlichen Arbeitszeugnis aufzuzählen. In seiner von oben abgesegneten Biografie dichten die Autoren: »Das Leben des Revolutionärs [...] war das erhabene Leben eines genialen Denkers, Theoretikers, hervorragenden Politikers, ungewöhnlichen Militärstrategen und großen Mannes des 20. Jahrhunderts.«[30]

Nach offizieller Lesart ging seine Lebensgeschichte folgendermaßen weiter: Als der Vater 1917 von den Japanern verhaftet wurde und der Sohn ihn später im Gefängnis in Pjöngjang besuchte, sah dieser, wie zäh er den hartnäckigen Folterungen durch die Japaner standhielt und seinen »unbeugsamen revolutionären Kampfwillen« behielt. Nach der Freilassung des Vaters ging die Familie nach China, wo Kim Chinesisch lernte. 1923 kehrte er nach Korea zurück, zu Fuß, um sein Vaterland und sein Volk kennenzulernen. Als er abermals die triste Wirklichkeit der japanischen Okkupation erlebte, schwor er sich, wieder nach China zu gehen, »fest entschlossen, nicht eher zurückzukehren, bis Korea unabhängig ist«. Noch vor seinem 20. Lebensjahr entwickelte sich Kim »zu einem Revolutionär, der einen antiimperialistischen souveränen Geist, einen festen Klassenstandpunkt, wissenschaftliches Einsichtsvermögen, einen ungewöhnlichen Scharfblick, hervorragende Führungsfähigkeiten und edle Tugenden verkörperte«.

So geht es in einem fort. Hochinteressant ist die Version der staatlichen Propaganda aber trotzdem: Der starke Fokus auf die einfache Herkunft, die pilgerähnlichen Wege, die er angeblich zu Fuß gegangen ist, die Erkenntnisse, die er in die koreanischen Traditionen im Besonderen und die menschliche Natur im Allgemeinen gewonnen haben will, erinnern an das christliche Messias-Motiv. Vielleicht ist das kein Zufall, denn Kim entstammt einer gläubigen christlich-protestantischen Familie. Das Christentum hatte im Zuge der Industrialisierung und Verstädterung Einfluss gewonnen, vor allem amerikanische Protestanten missionierten in Korea.

Wenn wir die maßlose Überhöhung Kims von all dem mythischen und propagandistischen Ballast befreien, dann bleibt ein Junge, der mit seinen Geschwistern in Pjöngjang unter japanischer Herrschaft und in großer Armut aufwuchs. Tatsächlich emigrierte seine Familie 1920 ins mandschurische China, wo damals wie heute viele Koreaner leben. In der Mandschurei schloss sich Kim marxistischen Gruppen an, geriet kurzzeitig in japanische Haft, radikalisierte sich und verschrieb sich vollends dem Guerillakampf. In den 1930er-Jahren stieg Kim Il-sung zum Anführer einer antijapanischen Einheit auf. Als der Druck der Japaner immer stärker wurde, flohen Kim und seine Leute in die Sowjetunion. Dort fiel er einem von Stalins Armeeführern als Talent auf, er förderte den jungen Koreaner, aus dem ein sowjetischer Offizier wurde. Nachdem die Japaner im Zweiten Weltkrieg kapituliert hatten, schlug Kims Stunde: Die Sowjetunion brauchte fähige Koreaner, um die ehemalige japanische Provinz unter sowjetischem Banner wiederaufzubauen und zu führen. Der Fähigste für diese Aufgabe in den Augen der Sowjets: Kim Il-sung.

Kim führte in der Folgezeit die Kommunisten im Norden Koreas. Der Rest ist dramatische Geschichte: Die beiden Siegermächte USA und Sowjetunion entschieden sich dafür, das seit vielen Jahrhunderten geeinte Korea vorläufig zu teilen – entlang des 38. Breitengrades. Der Norden sollte dem sowjetischen Machtbereich zufallen, der Süden dem amerikanischen. 1948 erklärte Südkorea seine Unabhängigkeit, Nordkorea folgte wenige Tage später. Erster Präsident im kommunistischen Norden wurde Kim Il-sung. Im Süden regierte Rhee Syng-man, ein erbitterter Antikommunist und loyaler Gefolgsmann Washingtons. Die Saat war gesät für die Jahrzehnte unversöhnlicher ideologischer Feindschaft, die noch kommen sollten.

Kim verstand es meisterhaft, aus seinen geringen Möglichkeiten das Maximum herauszuholen. Der gerissene Nationalist versuchte, Stalin und Mao von der Notwendigkeit eines Waffenganges gegen den Süden zu überzeugen. Dabei zog er erstmals die Karte seiner später so charakteristischen Pendeldiplomatie: Stalin ließ er wissen, dass er sich eng an Mao binden wolle, sollte der Kreml einer Invasion nicht zustimmen.[31] Dadurch gelang es ihm, Stalin ein Stück in seine Richtung zu bewegen, auch wenn der Kreml weiterhin recht viel Interpretationsspielraum ließ. In einem sowjetischen Dokument heißt es: »Genosse Stalin bestätigte Kim Il Song, das internationale Umfeld habe sich ausreichend verändert, um zur Vereinigung Koreas eine aktivere Haltung einzunehmen.«[32] Mao hatte 1949 den chinesischen Bürgerkrieg für sich und seine Kommunisten entschieden und die Volksrepublik proklamiert. Mit neuem Selbstbewusstsein und dem Wunsch, im Rennen mit Stalin um die Vorherrschaft im kommunistischen Weltblock mitzuhalten und zugleich den amerikanischen Einfluss in der Region zurückzudrängen, ließ er sich überzeugen, Kim bei einem Krieg den Rücken zu stärken.

Mit dem Wissen, dass Stalin und Mao hinter ihm stehen,

machte Kim Nägel mit Köpfen: Am 25. Juni 1950 überschritten nordkoreanische Truppen den 38. Breitengrad. Kim wollte Fakten schaffen und Korea unter seiner Führung vereinigen. Er glaubte, die Gelegenheit sei auch deshalb günstig, weil die Halbinsel zu dem Zeitpunkt im toten Winkel der Weltpolitik lag. Der Kalte Krieg tobte vornehmlich auf dem Schauplatz Deutschland, Europa war zerrissen in zwei Teile, Berlin Frontstadt. Mit seiner Armee überrannte Kim den Süden, die südkoreanischen Militärs hatten dem Aggressor nichts entgegenzusetzen.

Dabei trat eine weitere Charaktereigenschaft Kims zutage: Er war nicht nur gerissen und klug, sondern zudem maßlos und radikal – und in seiner Hybris verschätzte er sich: Seine Annahme, das kriegsmüde Amerika werde für Südkorea keinen Finger krumm machen, erwies sich als tödlicher Irrtum. Amerika bekämpfte den Kommunismus weltweit und wollte ihn auch in Asien eindämmen, wo gleich zwei Großmächte, die Sowjetunion und China, auf ein Zeichen der Schwäche nur lauerten. Einem radikalen Kommunistenführer wie Kim und seinen Schutzmächten billigte Washington allerdings keinerlei Bodengewinne zu.

Kims Soldaten steuerten auf die Südspitze der koreanischen Halbinsel zu und waren dem Ziel, das Land mit Gewalt zu einen, ganz nah, als die Vereinigten Staaten eingriffen. Der Sicherheitsrat der Vereinten Nationen autorisierte in seiner Resolution 85 einen Gegenangriff unter der Führung der USA. Das war nur möglich geworden, weil der sowjetische Vertreter zu der Zeit das Gremium boykottierte. Der amerikanische General Douglas MacArthur drängte Kims Truppen daraufhin zurück bis an die Grenzlinie am 38. Breitengrad. Hier hätte der Krieg enden können.

Jedoch, es begann ein Krieg im Krieg: Anstatt es dabei zu belassen, überschritt MacArthur die Demarkationslinie nach Nordkorea. Und dieses Mal war es der amerikanische General, der sich verschätzte, weil er glaubte, die Chinesen würden nicht eingreifen. Doch als MacArthurs Truppen nicht mehr weit vor der chinesisch-mandschurischen Grenze standen, schlug Chinas großer Vorsitzender Mao Zedong los. Peking sah sein Territorium bedroht durch das amerikanische Expansionsstreben und schickte sogenannte »Freiwillige« nach Korea. In Wahrheit war das ein abgekartetes Spiel, denn Mao wartete bereits längere Zeit darauf, endlich aktiv eingreifen zu können. So drohte nur wenige Jahre nach dem schrecklichsten Gemetzel der Geschichte ein dritter Weltkrieg.[33]

Doch wer nach Nordkorea reist, muss sich darauf einstellen, dass die Menschen dort etwas anderes über den Koreakrieg gehört haben. Schon Kindern wird die Version eingetrichtert, wonach die Amerikaner Nordkorea angegriffen haben – und nicht die Truppen Kim Il-sungs den Süden. Ich habe es trotzdem mehrfach versucht, den Koreakrieg zu thematisieren. Zugegebenermaßen mehr aus sportlichem Ehrgeiz, um zu sehen, wie weit ich damit komme, zum Beispiel in Hoeryŏng.

Die Stadt liegt im Nordwesten, unweit der Grenze nach China. Es ist der Geburtsort von Kim Il-sungs erster Frau, Kim Jong-suk, die in Nordkorea sehr verehrt wird. Sie ist Kim Jong-ils Mutter. In der Stadt besuche ich das Historische Museum zu ihren Ehren. Es ist dunkel, der Eingang sieht verlassen aus. Plötzlich sehe ich innen einen Kerzenschein. Eine Frau in koreanischer Tracht erscheint hinter dem Fenster, sie öffnet die Tür. Der Strom sei wegen Bauarbeiten abgestellt, sagt sie. Kalt ist es, offenbar wird nicht geheizt. Wozu auch, es ist sonst fast keiner da. In einem großen Saal, der durch die Fenster vom Tageslicht erleuchtet wird, beginnt sie ihren Kurzvortrag über den Koreakrieg, den ich hier im ungefähren Wortlaut wiedergeben möchte[34]: »Kim Il-sung hat alles unternommen, um den Versuch der USA, einen aggressiven Eroberungsfeldzug vom Zaun zu brechen, zu vereiteln. Ohne Erfolg. Die Imperialisten hetzten ihre Clique in Südkorea auf, überraschend den Norden zu überfallen. Unsere Volksarmee stoppte den Feind und ging zum Gegenangriff über, um den Aggressoren im Süden eine deutliche Lektion zu erteilen.«

Die Frau unterschlägt die Hilfe chinesischer Truppen, kein Wort über Kim Il-sungs Rolle als aggressiver Kriegstreiber. Der junge staatliche Fremdenführer, der mich auf dieser Reise begleitet und geschult im Umgang mit Ausländern ist, zeigt mir sein Mitgefühl: Ich könne ja schließlich nichts dafür, dass ich historisch »falsch informiert« sei – ich sei ein Opfer der imperialistischen Propaganda. Dann rauchen wir eine Zigarette und lachen über die Unversöhnlichkeit der Standpunkte.

Doch damit endet die Verständigung in Nordkorea, weitere Diskussionen sind sinnlos. Der Verlauf des Krieges sowie Funde in russischen Archiven, in denen Kims Besuche in Moskau gut dokumentiert sind, geben genügend Hinweise darauf, dass Nordkorea die südkoreanische Armee mit einem schnellen und massiven Angriff schlagen und den Süden besetzen wollte. Dass der südkoreanische Autokrat Rhee ebenfalls gewillt war, Korea unter seiner Führung mit Waffengewalt zu vereinen, soll aber nicht unerwähnt bleiben.

Letztlich war der Krieg ein Desaster – und hat beiden Teilkoreas außer Leid, Elend und einer Vielzahl Kriegsverbrechen nichts gebracht. 1953 wurde nach jahrelangen Verhandlungen ein Waffenstillstandsabkommen geschlossen. Dass Stalin in der Zwischenzeit gestorben war und die neue sowjetische Führung im Vorgriff auf Nikita Chruschtschows spätere Entstalinisierung bald einen anderen Stil pflegte, half dem Prozess. Seitdem ist die koreanische Teilung zementiert und kaum aus ihrem Betongrab herauszulösen.

Staatsgründer Kim Il-sung machte sich nach dem Krieg daran, seine Macht zu konsolidieren und innerparteiliche Gegner aus dem Feld zu räumen. Dokumente in sowjetischen Archiven belegen, dass sich seine Kritiker anfänglich bei den Sowjets beschwerten – über Kims Selbstherrlichkeit, den aufkommenden Personenkult und dessen erbarmungslose Brutalität gegen jeden, der nicht seiner Meinung war. In der Zeit legte er den Grundstein für den beispiellosen Nepotismus, den die Kim-Familie bis heute pflegt, indem sie Familienmitgliedern, Cousins und Cousinen, Schwagern oder, wie bei Kim Jong-un, Schwestern wichtige Posten zuschanzt.[35]

Wer verstehen will, warum die Nordkoreaner, die als Kinder die Bombennächte erleben mussten, noch heute tief traumatisiert sind, sollte mit den Augen und Ohren einer Zeitzeugin in das damalige Land reisen.[36] Die Deutsche Helga Picht, heute weit über 80, dolmetschte die Politelite der DDR, wann immer sich Besuch aus dem befreundeten Nordkorea ankündigte. Kim Il-sung traf sie persönlich, später auch noch einmal kurz Kim Jong-il. Und sie war dicht dran, wenn sich Erich Honecker und Kim Il-sung unter vier Augen unterhielten.

Ihre Leidenschaft, die in dem Spitzenjob in Ost-Berlin und einer Koreanistik-Professur gipfelte, entdeckte sie, als sie für ein einjähriges Dolmetscherpraktikum in das kriegszerstörte Pjöngjang flog. 1955 war das keine bequeme Sache im komfortablen Langstreckenjet, mit einer sowjetischen IL-14 benötigte sie fast drei Tage für die Strecke. Als das Flugzeug zur Landung ansetzte, klebte die damals junge Frau am Fenster: »Überall kleine Seen, das waren mit Regenwasser gefüllte Bombenkrater.« Die Fahrt in die Stadt führte sie durch Trümmerfelder. Menschen mühten sich mit bloßen Händen und verrosteten Schaufeln, die Reste ihrer Häuser und Hütten zusammenzukehren; im Zentrum ragte die Ruine der einst größten Kirche Pjöngjangs in den Himmel. Nur zwei neue intakte Verwaltungsgebäude standen, sie waren sowjetischer Bauart, und ein buntdekoriertes Kino, das die Chinesen nach dem Koreakrieg gebaut hatten. Picht bezog ihr Quartier in der DDR-Botschaft, die in einem provisorischen Holzbau untergebracht war.

Eindrucksvoll schildert sie die Härten des täglichen Lebens: »Aus der braunen Erde ragten Röhren heraus, aus denen ab und an Rauch aufstieg. Hier hatten sich Familien in die Erde gegraben, um eine Bleibe zu bekommen, die vor Regen und dem in Korea eiskalten Winter schützt.«[37] Den Anblick von zerlumpten und dreckigen Kindern werde sie »ihr Leben lang nicht vergessen«, sagt Picht. Ein Land, eine Gesellschaft, völlig am Boden. Pjöngjang war zu 75 Prozent zerstört, die Hafenstadt Hŭngnam gar zu 85 Prozent.[38]

Dabei kam Picht ja selbst aus einem zerstörten Land.

Wer dieses Korea gesehen hat, wirft möglicherweise einen anderen Blick auf das heutige Land, als es jüngere Analysten tun. »Schier unglaubliche Leistungen vollbrachten in diesen Jahrzehnten die Koreaner ihres noch immer gespaltenen Landes«, sagt sie. Tatsächlich nötigt die Leistung der Nordkoreaner beim Wiederaufbau – unter dem Entwicklungsdiktator Kim Il-sung – hohen Respekt ab.

Allerdings sollte deshalb keiner in einen unkritischen Chorgesang verfallen, wie ihn manche Altlinke singen. Kim Il-sung hat zweifellos die Modernisierung Nordkoreas vorangetrieben, aber mit einer brutalen Härte, die politische Morde als zulässiges Mittel betrachtete. Zudem entwickelte er einen Personenkult, der so monströs war und ist, dass selbst die meisten Genossen in den osteuropäischen Bruderländern nur die Köpfe schütteln konnten, mit Ausnahme des Rumänen Ceaușescu, der sich Kim als Vorbild für den eigenen Größenwahn nahm.

Für Kim Il-sung war die Verbindung zum sozialistischen Lager dabei weniger ideologisch als pragmatisch begründet. Die Freundschaft mit der DDR, die ähnliche Nachkriegsgeschichte mit Zerstörung und Teilung verband, nutzte ihm. Vor allem aber kam Kim die technische und wirtschaftliche Hilfe gelegen, die die DDR-Regierung beim Wiederaufbau etwa der zerstörten Hafenstadt Hamhŭng leistete. Eine der Hauptstraßen, die heutige Jŏngsŏng-Straße, war anfänglich nach Wilhelm Pieck benannt, dem früheren DDR-Präsidenten.[39] Schon bald aber wollte das Regime davon nichts mehr wissen: Niemand sollte Kim Il-sung die Show stehlen, schon gar keine Ausländer.

Kim war Kommunist, aber im Herzen vor allem Nationalist. Mit eiserner Härte, die er bei seinen sowjetischen Genossen in Stalins Armee kennengelernt hatte, fegte er parteiinterne Kontrahenten hinweg. Schauprozesse, Hinrichtungen, Verschickungen aufs Land – Kim machte selbst vor den Familien seiner Opfer nicht Halt. Mitte der 1950er-Jahre hatte er es geschafft, er stieg endgültig zum Sonnenkönig der Partei auf. Später ließ er sich zum Generalsekretär und Anfang der siebziger Jahre nach einer Verfassungsänderung zum Staatspräsidenten ernennen – was er de jure und post mortem weiterhin ist.

Die Bedeutung Kim Il-sungs für das heutige Nordkorea kann kaum überschätzt werden. Nicht nur, dass sein Konterfei in jedem Raum, auf den Geldscheinen und in Form riesiger Statuen, von denen es geschätzt 34 000 geben soll, allgegenwärtig ist, der Staatsgründer ist für seine Nachfolger auch die wichtigste Quelle der Legitimität. Assoziationen zu arabischen Herrschern drängen sich auf, die ihre Stammbäume auf den Propheten Mohammed zurückführen, als Quell ihres Machtanspruchs. Zugegebenermaßen hinkt der Vergleich etwas: Denn die Frage der Propheten-Nachfolge entzweit den Islam in Schiiten und Sunniten und unzählige Untergruppen. Von solchem Pluralismus ist das pseudoreligiöse Herrschaftssystem Nordkoreas meilenweit entfernt, spätestens seit Staatsgründer Kim Il-sung das zarte Pflänzchen eines parteiinternen Pluralismus schon früh an der Wurzel packte und für immer herausriss. Es ist vielmehr eine Art kommunistisch-nationalistische Theokratie.

Am 8. Juli 1994 starb Kim Il-sung an einem Herzinfarkt. Nach nordkoreanischen Angaben geschah es in seinem Arbeitszimmer, nachdem er sich »bis tief in die Nacht auf seine Amtsausübung konzentriert hatte«, wie es in einem Nachruf hieß. Einen Tag später verkündete das Staatsfernsehen die Nachricht; die Bilder hysterisch trauernder Menschen, die sich in gruppendynamischer Ekstase in den Straßen, Betrieben und Schulhöfen in den Staub warfen, gingen um die Welt.

Ausländer fragen sich oftmals, ob die extreme Trauer beim Tod Kim Il-sungs und später bei Kim Jong-il echt war. Schauspielerten die Menschen, weil sie die Repression fürchteten? Oder empfanden sie echte Verzweiflung? Eine Antwort darauf fällt nicht leicht. Aber ich persönlich glaube, die Trauer um Kim Il-sung war bei jenen, die sich vor den Kameras gezeigt haben, echt. Der Staatsgründer wird von den meisten Nordkoreanern aufrichtig verehrt. Jene, die nach dem Koreakrieg in der Volksrepublik geboren sind, also die meisten, kennen ihn als ihren über allem stehenden Vater der Nation. Die Älteren kennen ihn zudem als furchtlosen Freiheitskämpfer. Er inszenierte sich als wohlwollender und weiser Urvater, zwar volksnah, aber autoritär. Auch eine Reihe von Ausländer, wie beispielsweise Luise Rinser, ließen sich von seinem Charisma blenden.[40] Die deutsche Schriftstellerin durfte Kim persönlich treffen und beschrieb ihn als weisen Staatsmann, der sich ausschließlich um das Wohl seines Volkes und vor allem der Kinder kümmere. Kaum kritische Worte über die Menschenrechtsverbrechen, über Lager und parteiinterne »Säuberungen«. Auf diesem Ohr war Rinser – wie leider einige andere Nordkorea-Beobachter auch – taub. Wie sollte es da erst den Nordkoreanern ergehen, zumal sie der allumfassenden Propaganda im Gegensatz zu den Ausländern nicht entrinnen können?

Dieser Pfad der Verehrung führt einen unweigerlich zum Mausoleum, wo die beiden verstorbenen Führer aufgebahrt sind. Der Kumsusan-Palast im Nordosten Pjöngjangs, an einem großen Platz gelegen, ist Pilgerort für Schulklassen,

Betriebsgruppen und Teil des Standardprogramms für ausländische Besucher. Man sollte sich feierlich kleiden, die Nordkoreaner tun es sowieso: mit gedeckten Farben, die Männer tragen Anzüge, manche Frauen Kostüme. Der Palast war früher der Amtssitz Kim Il-sungs, sein Sohn ließ ihn zu einem gigantischen Grab umbauen. Wer schon einmal an den Grabstätten Lenins in Moskau oder Titos in Belgrad war, weiß: Die nordkoreanische Variante ist wesentlich monumentaler, überwältigender, perfektionierter. Als Mensch fühlt man sich klein und unbedeutend, selbst als Ausländer, der die Architektur der Macht aus London oder Sankt Petersburg kennt. Wie muss der Kumsusan-Palast dann erst auf Nordkoreaner wirken, die auf dem Land leben und ihr Heimatland niemals verlassen haben?

Bevor man das Allerheiligste betreten darf, muss man einige Hürden überwinden. Auch ich muss zunächst anstehen, vor mir eine Schulklasse, davor eine Gruppe ausländischer Priester, die große hölzerne Kreuze vor der Brust tragen – ein Beispiel für die Überraschungen, denen man im atheistischen und religionsfeindlichen Nordkorea begegnet. Im Inneren bringen einen lange Transportbänder voran. Die Wände sind aus Marmor, von den Decken hängen Kristallleuchter, die Atmosphäre ist gedämpft. Nach wenigen Minuten, die einem ewig vorkommen, betritt man einen Raum mit einem übergroßen Fön. Kein Scherz: Jeder Besucher muss durch eine Reinigungsmaschine hindurch, die einem mit starkem Wind noch den letzten Krümel Straßenstaub von den Kleidern bläst. Frisch gesäubert und mit zerstörter Frisur wartet man vor einer Tür. Mittlerweile ist jede Belustigung, jeder zynische Witz auf den Lippen verdorrt, die Inszenierung und Ernsthaftigkeit hinterlassen nicht nur bei den Nordkoreanern Spuren, auch ich bin beeindruckt und schweige still.

In einem gläsernen Sarkophag liegt der mit russischer Hilfe einbalsamierte Leichnam Kim Il-sungs. Streng drein-schauende Soldaten sichern den Ort und wachen vor allem bei den Ausländern über korrektes Verhalten; lautes Spre-chen oder gar Lachen sind verboten. Man wird angehalten, den Sarkophag zu umrunden, dabei verneigt man sich am Fußende und den Seiten vor dem Leichnam. Ein unange-nehmer Moment, weil man die Blicke der anderen Besucher und die der Bewacher auf sich spürt. Es gibt kein Entrinnen: Wer als Ausländer hierhin geht, sollte die Regeln beachten, zumal in den ergriffenen Mienen der Nordkoreaner nichts anderes als Bewunderung zu lesen ist.

Als Ausländer wird einem zwar nichts Schlimmes gesche-hen, sollte man sich nicht verneigen und dem verstorbenen Kim damit in den Augen der Nordkoreaner seinen Respekt verweigern. Aber man sorgt zweifellos für einen Eklat, der die staatlichen Begleiter seitens ihrer Vorgesetzten erheb-lich unter Druck setzt. Das möchte man ihnen ersparen, ein nicht zu unterschätzender psychologischer Mechanismus, der die meisten Nordkorea-Reisenden diszipliniert. Zudem würde vermutlich das weitere Besuchsprogramm darunter leiden, Ziele könnten also gestrichen werden.

In einem der nächsten Räume sind Erinnerungsstücke ausgestellt: Kim Il-sungs früherer Dienstwagen und der Eisenbahnwaggon, in dem Kim Jong-il am Morgen des 17. Dezember 2011 angeblich während einer Inspektionsreise starb. Sein Leichnam liegt wie der seines Vaters in einem gläsernen Sarkophag. Und auch hier dreht man als Besu-cher seine Runde voller Ehrerbietung, allerdings vor einem

Mann, der für ausländische Beobachter das noch größere Geheimnis ist.

Als Kim Il-sung 1994 starb, kannte das Volk seinen Sohn bereits, der behutsam von seinem Vater aufgebaut worden war und längst mitregierte. Aber er galt als linkisch und als Playboy. Die Staatspropaganda tat deshalb alles, um den Funken der Verehrung Kim Il-sungs auf seinen Sohn überspringen zu lassen: »Das große revolutionäre Gedankengut Kim Il-sungs erstrahlt noch prächtiger in den Ideen Kim Jong-ils, und die Führungstätigkeit Kim Il-sungs wird durch die hervorragende und bewährte Führung Kim Jong-ils ununterbrochen fortgesetzt«, heißt es in einer Biografie Kim Il-sungs.[41]

Kim Jong-il startete also mit einem Vorteil, der gleichzeitig auch ein Nachteil war. Der Vorteil: Er war der direkte Nachfolger des verehrten Staatsgründers und zudem schon jahrelang an der Regierung beteiligt. Der Nachteil: Die Fußstapfen seines Vaters waren übergroß, und sein Sohn konnte in Sachen Charisma Kim Il-sung nicht annähernd das Wasser reichen. So beliebt wie sein Vater wurde er nie.

Das Regime versuchte, dieses Manko auszugleichen, indem es ihn, im übertragenen Sinne, zu Gottes Sohn auf Erden deklarierte. Demnach manifestierte sich die Genialität und Weisheit Kim Il-sungs im Handeln des Sohnes, der wiederum daraus das Beste und noch Bessere machte. Der neue Machthaber wurde als natürlicher Nachfolger inszeniert, der weithin dem Leistungstest und der Kritik entzogen war, er musste sich nicht beweisen. Vater und Sohn verschmolzen somit annähernd zu einer Einheit – was einmal mehr den pseudoreligiösen und pseudochristlichen Charakter des Regimes unterstreicht.

Dazu passt, dass das Leben Kim Jong-ils, vor allem seine Geburt, stark von Legenden umrankt ist. Kim wurde demnach am 16. Februar 1942 an Nordkoreas heiligem Berg Paektu geboren. Der Vulkan, durch dessen Kratersee die Grenze zu China verläuft, spielt in der koreanischen Mythologie eine überragende Rolle: als Gründungsstätte des koreanischen Volkes und des modernen nordkoreanischen Staates, weil von hier aus die Partisanen gegen die japanischen Besatzer kämpften. Hier trafen sich 2018 auch Kim Jong-un und Moon Jae-in mit ihren Ehefrauen, um an den gemeinsamen Ursprung der beiden Koreas zu erinnern.

Die offizielle staatliche Geburtsgeschichte Kim Jong-ils erinnert an die ersten Tage im Leben Jesu von Nazareth: Kim wurde demnach zwar nicht im Stall, aber in einer ähnlich ärmlichen Blockhütte mit Schnee auf dem Dach geboren. Am Nachthimmel erschien ein Stern, der das Schwarz plötzlich hell erleuchtete. In Nordkorea finden sich gelegentlich Bilder und Gemälde der heiligen Partisanenfamilie, wie sie in den schneereichen Bergen des Nordens an der Zukunft des Landes werkeln.

Die Wirklichkeit ist profaner: Kim Jong-il wurde laut russischer Quellen und Augenzeugenberichte 1941 in einem sowjetischen Ausbildungslager geboren, wo der Vater stationiert war. Also ein Jahr früher als behauptet, denn das Regime versucht immer wieder, Geburtsjahre auf ein Jahr mit der Zahl 2 zu verschieben, um den Bezug zu Kim Il-sungs Geburtsjahr 1912 herbeizukonstruieren. Seine Mutter Kim Jong-suk starb 1949, als der Kleine acht Jahre alt war. Um die frühe Kindheit Kim Jong-ils ranken sich allerlei Gerüchte, so soll er ein wildes und durchaus herrschsüchtiges Kind gewesen sein. Aber die Berichte aus erster Hand sind dünn gesät und nicht wirklich aufschlussreich: Dass er als Sohn des späteren Diktators privilegiert aufgewachsen ist, daran bestehen keinerlei Zweifel. Die nordkoreanische Geschichtsschreibung ergeht sich derweil in weiteren Märchen und Mythen: Er soll bereits mit drei Wochen laufen gelernt haben, das Sprechen mit acht.

Mit dem neugegründeten Nordkorea waren die ärmlichen Partisanenzeiten für Kim jedoch schnell vorbei. Die Schul- und Universitätszeit verbrachte er in Pjöngjang. Verbürgt ist sein Aufstieg in der Führungshierarchie Nordkoreas: In der ersten Hälfte der 1970er-Jahre wurde er Mitglied des Politbüros und praktisch als Nachfolger des Vaters eingeführt, offiziell wurde dies 1980 auf einem Parteitag verkündet. Kim befolgte den Rat, wonach sich Kinder übermächtiger Elternteile ihr eigenes »Erfolgsthema« suchen sollten: Er stürzte sich auf Filme, schrieb Drehbücher und Bücher über die Filmkunst, über Journalismus, er verfasste Gedichte und Schriften zur politischen Ideologie. Nach Angaben der nordkoreanischen Nachrichtenagentur KCNA schrieb er Hunderte Bücher – anzunehmen ist allerdings, dass diese zwar unter seinem Namen veröffentlicht, aber nicht annähernd allesamt von ihm persönlich verfasst wurden.

Kim tauchte im Laufe der Zeit immer häufiger im Hintergrund und später auch in wichtiger Funktion bei Kim Il-sungs Vor-Ort-Anleitungen auf. Interessant ist dabei die Rollenverteilung: Kim Il-sung zeigt sich oftmals als zufrieden dreinschauender Patriarch, während der Sohn als der aktive Erneuerer einen Vortrag hält, mit einem Zeigestab neue Projekte erklärt, sich für die Details zuständig zeigt. Er stiehlt dem Patriarchen dabei jedoch nie die Show – die Hierarchie bleibt bis zur Ablöse unangetastet.

Kim Jong-il ließ – im sprichwörtlichen Sinne – die Sonne seines Vaters nach dessen Tod weiterscheinen. Er veranlasste eine dreijährige Trauerzeit, ernannte ihn posthum zum Ewigen Präsidenten und vermied es anfangs, den Personenkult um seinen Vater auf sich selbst zu erweitern. Die jährliche Neujahrsansprache ans Volk ersetzte er durch einen großen geschriebenen Leitartikel. Auch Kim Jong-un zeigte nach dem Tod des Vaters 2011 so viel Fingerspitzengefühl, den Personenkult erst einmal nicht und später nur sehr behutsam auf sich selbst auszuweiten.

Man muss sich in die Denkweise dieses Regimes hineinversetzen, um diese Zurückhaltung zu verstehen: Unter den alten kommunistischen Recken dürfte eine dynastische Erbfolge nicht unumstritten gewesen sein, die gemeinhin eher das Symptom feudaler Gesellschaften ist (und zu Beginn des Staates auch offiziell so gesehen wurde). Kim Jong-il wird sich bewusst gewesen sein, dass er einerseits das überragende Ansehen seines Vaters für sich nutzen musste, andererseits den Bogen nicht überspannen durfte, indem er dieselbe Selbstherrlichkeit und einen ebensolchen Personenkult an den Tag legte. Er ließ also zunächst keine Statuen von sich bauen und überließ dem Toten den Präsidententitel – er selbst übte seine Macht über den Titel des Generalsekretärs aus. So hielt er die Kritiker einer Erbfolge innerhalb des eigenen Regimes in Schach.

Die Zurückhaltung, die im Laufe der Amtszeit freilich spürbar nachließ, war zudem dem Charakter des neuen Diktators geschuldet. Zwar bestätigten sich die Gerüchte, er leide an einem starken Sprachfehler, keineswegs, aber im Umgang mit Staatsgästen verhielt er sich lange Zeit schüchterner als sein Vater.

Das zumindest berichten jene, die ihn aus nächster Nähe erlebten, wie die DDR-Übersetzerin Helga Picht.

1989, die DDR liegt in ihren letzten Zügen, nur weiß das noch keiner, erst recht nicht in Ost-Berlin. Picht begleitet Honeckers Kronprinzen Egon Krenz nach Pjöngjang zu den Weltfestspielen der Jugend. Krenz trifft sich mit Kim Il-sung, Picht übersetzt das Gespräch. Im Hintergrund drückt sich ein kleiner Mann herum, es ist Kim Jong-il. Picht schüttelt ihm die Hand. Doch für sie ist der mächtige Sohn und kommende Staatsführer eine herbe Enttäuschung – ein Mann ohne Eigenschaften, frei von Charisma. Der junge Kim sagt keinen Ton, er lässt seinen Vater sprechen.

Der bereits erwähnte japanische Koch Fujimoto Kenji beschrieb Kim derweil als liebevollen Vater, der für seine Söhne Basketballplätze bauen ließ und zugleich einen extravaganten Geschmack für Luxus entwickelte. Angeblich schickte er Fujimoto um die halbe Welt, um Kaviar und Austern zu besorgen.

Legendär auch die Geschichten um französischen Cognac, den Kim für mehrere Hunderttausend Dollar einfliegen ließ, und angebliche »Freudenmädchen«, die er um sich scharte.[42] Was man davon glauben mag, muss jeder für sich selbst entscheiden. Mittlerweile ist klar, dass der südkoreanische Geheimdienst einige Übertreibungen in Umlauf gebracht hat, um den Machthaber in ein noch schlechteres Licht zu tauchen. Geschichten aus den Schubladen *Sex* und *Crime* verkaufen sich nun mal besonders gut, das ist im Kalten Krieg nicht anders als in einer demokratischen Medienlandschaft.

Aber der japanische Koch ist nur eine Quelle. Lee Youngguk war elf Jahre lang Leibwächter des Kronprinzen Kim Jong-il.[43] Er zeichnet das Bild eines entrückten Diktatorensprosses, der sich in mehreren Villen mit Swimmingpools und Privatwäldern zur Jagd herumtrieb; der sich mit Mädchen in Badelandschaften vergnügte; und Untergebene ins Gefängnis steckte, wenn sie einen Fehler begingen. Lees Geschichte ist deshalb so beeindruckend, weil sie bislang den Überprüfungen standgehalten hat.

Erst nach seiner Zeit in der Despotenparallelwelt erkannte Lee, was das Volk zu ertragen hatte, während Kim mit dem Weinglas in der Hand am Pool lag. Lees von Kindesbeinen anerzogener Glaube an die Führung bröckelte und brach schließlich völlig in sich zusammen. Er nutzte Anfang der neunziger Jahre einen günstigen Moment während eines Aufenthaltes in China und beantragte in der dortigen südkoreanischen Botschaft Asyl. Er schrieb seine Geschichte nieder, so detailliert wie möglich, fiel aber auf einen Mittelsmann herein, der ihn verriet und an Nordkorea verkaufte. So fiel seine zu Papier gebrachte Fluchtgeschichte in die Hände der nordkoreanischen Behörden. Sie steckten ihn ins Yodok-Gefangenenlager nordöstlich von Pjöngjang, wo Lee die Hälfte seines Körpergewichts verlor. Er sah, wie Mitgefangene gefoltert und getötet wurden. Später gelang ihm erneut die Flucht. Von seinen Verwandten hat er seither nichts mehr gehört.

Kim Jong-il sei durchaus zugänglich gewesen, sagt Lee. Manchmal habe er mit seinen Leibwächtern ein paar Worte gewechselt. »Er plauderte mit uns und fragte beispielsweise, ob jemandem kalt sei.« Er beschreibt, wie die Bodyguards um die Gunst des großen Führers buhlten, wie jeder ihm am nächsten sein wollte. Kim habe das genossen, zumal er vom gewöhnlichen Volk weitgehend abgeschirmt gewesen sei. Doch er habe auch ein anderes Gesicht gezeigt, die Angst, etwas falsch zu machen und in Ungnade zu fallen, sei sein steter Begleiter gewesen. Überdies sei er ein sehr launischer Mensch gewesen, berichtet Lee: »Kim war sehr grausam und kannte keinerlei Gnade. Wenn Menschen hinter seinem Rücken redeten oder lachten, dann ließ er sie über Nacht verschwinden. Auch seine Getreuen.«

Als Kim Jong-il die Macht übernahm, schlitterte das Land immer tiefer in die Krise. Nach dem Zusammenbruch des Warschauer Paktes und der Auflösung der Sowjetunion 1991 kamen Nordkorea die Handelspartner abhanden, oder sie verlangten plötzlich Weltmarktpreise, so auch für das überlebenswichtige Erdöl. Bezahlt wurde in Devisen, die schon damals knapp waren.

Als sei das nicht genug gewesen, dezimierten schwere Überschwemmungen und Dürren die landwirtschaftliche Ernte. Lebensmittel wurden knapp, ein teils selbst verschuldetes Problem in Anbetracht gerodeter Flächen und Hänge, die dem fruchtbaren Mutterboden keinen Schutz vor den Wassermassen und damit vor Erosion boten. Zum anderen steckte das Regime weiterhin hohe Summen in die Aufrüstung. Diese Verkettung selbst gemachter Probleme und unverschuldeter Naturkatastrophen sorgte für eine Hungersnot, wie sie das Land in der Neuzeit noch nicht erlebt hatte. Sie kostete mehrere Hunderttausend bis mehrere Millionen Menschen das Leben – die Zahlen differieren stark.[44]

Für diese schwere Zeit reaktivierte das Regime einen Begriff, den es schon früher gebrauchte, den des *beschwerlichen Marschs*. Was einer Untertreibung gleichkommt, denn für Nordkoreas Bevölkerung war die Zeit des Hungerns eine Katastrophe, Mao Zedongs fatalem *Großen Sprung nach vorn* in China durchaus vergleichbar, der zwischen 1958 und dem vorzeitigen Abbruch 1961 viele Millionen Menschen umbrachte. Auch in China verschlimmerten Überschwemmungen die Versorgungslage, doch in beiden Ländern war es vor allem eine menschengemachte Misswirtschaft, die die Nothilfe erschwerte. Das Kim-Regime ließ zwar ausländische Helfer ins Land, aber erst spät und unter Schwierigkeiten. Ein Teil der Hilfslieferungen verschwand in den gierigen Schlünden der Elite, die die Reissäcke weiterverkaufte – und sich das Geld in die eigenen Taschen steckte. Das Regime reagierte hilflos und ließ ein paar der korrupten Funktionäre hinrichten.

Das staatliche System der Lebensmittelverteilung – in Nordkorea galt ursprünglich das Versprechen, dass sich der Bürger materiell um nichts sorgen muss – brach vollends zusammen. Und plötzlich fehlte sogar die ohnehin knapp bemessene Kohle zum Heizen. Vor allem Kinder litten, viele starben. Die Bilder ausgemergelter Säuglinge gingen um die Welt und kurbelten die globale Spendenbereitschaft an.

Was die verdorrten Felder noch hergaben, wurde gegessen, und wenn es nur noch Gras war oder Baumrinde. Doch das reichte hinten und vorne nicht. Zum Überleben mussten kreative Lösungen her. Was tun? Die Nordkoreaner, die in Reichweite zur chinesischen Grenze lebten, schmuggelten säckeweise Reis oder Gemüse über den Fluss Yalu, aber vor allem über den seichteren und schmaleren Grenzfluss Tumen. Das war natürlich nicht erlaubt, aber in der Hochzeit der Hungersnot ließ das Regime die Menschen gewähren – aus Mangel an Alternativen – und änderte sogar die Gesetze.

Die Not setzte eine Entwicklung in Gang, die längst nicht abgeschlossen ist. Plötzlich entdeckten die Menschen die Möglichkeiten, die ihnen der Schwarzhandel über die

Grenze hinweg bot. Die grenznahen Bewohner improvisierten kleine Märkte zwischen ihren Wohnblocks, auf denen es Reis oder Kohl zu kaufen gab, später auch Konsumprodukte wie chinesisches Plastikspielzeug. Ein zartes Pflänzchen einer neuen Marktwirtschaft, mit einer gewichtigen Nebenwirkung: Freies Unternehmertum fördert freies Denken. Vor allem die Frauen, die seltener in den Staatsbetrieben beschäftigt waren oder mangels Arbeit früher freigestellt wurden als ihre Männer, nahmen den Handel in die Hand.

Für Kim Jong-il begannen damit die Jahre, in denen die Außenwelt glaubte, in ihm einen vorsichtigen Reformer zu entdecken. 2000 traf er sich mit dem damaligen südkoreanischen Präsidenten Kim Dae-jung, der später für seine *Sonnenscheinpolitik* den Friedensnobelpreis verliehen bekam. Davon abgesehen, dass diese Annäherungspolitik wohl auch mit dicken Schecks an Nordkorea erkauft worden war: Der Gipfel kühlte den hitzigen Konflikt etwas ab. Der gut gelaunte Diktator präsentierte sich als souveräner Staatsführer, stets mit einem Witzchen auf den Lippen. Am Tisch plauderte er ungezwungen und spottete über westliche Medien, die ihn als zurückgezogen und isoliert bezeichnet hatten – was für ein Unsinn, sagte er sinngemäß: Er sei doch schon in China und Indonesien gewesen und habe zudem etliche geheime Staatsbesuche hinter sich. Kim Dae-jung musste schmunzeln – und lobte hinterher Kims »gesunden Menschenverstand«.

Assoziationen zu den Gipfeln zwischen Kim Jong-un und Moon Jae-in 2018 kommen nicht von ungefähr: Die Treffen waren mit ähnlich hohen Erwartungen belegt, sie brachten zwischenzeitliche Entspannung in ein mörderisches Spiel zwischen Provokationen und Kriegsdrohungen. Und die

Ereignisse verbesserten das weltweite Image des nordkoreanischen Machthabers, vermenschlichten den Bösewicht aus Pjöngjang, indem sie die Illusion schufen, er sei ein gewöhnlicher Staatsführer. Die Bilder von 2000 und 2018 gleichen sich in frappierender Weise: mit ihrer Inszenierung und den Umarmungen, den Blumen schwenkenden nordkoreanischen Claqueuren, den salbungsvollen Wortgirlanden und übersteigerten Erwartungshaltungen.

Und auch damals rundete ein amerikanischer Spitzenpolitiker die Imagekampagne ab: Clintons frühere Außenministerin Madeleine Albright sprach in jenem Jahr über mehrere Stunden persönlich mit Kim Jong-il. Am Ende fragte er sie nach ihrer E-Mail-Adresse und lud sie zu einer Vorführung der *Arirang Mass Games* ins Pjöngjanger Stadion ein (das Massenspektakel hieß zuletzt 2018 *The Glorious Country* und 2019 *The People's Country*). Albright sagte verdutzt zu und verschaffte Kim die Fernsehbilder, die er unbedingt haben wollte. Ihre damaligen Erfahrungen und die Skepsis an der Korea-Kompetenz der aktuellen Trump-Regierung machen Albright heute besonders vorsichtig, was Gipfeltreffen mit Diktatoren angeht. Donald Trump riet sie jedenfalls von einem Treffen mit Kim Jong-un ab.[45]

Dabei brachte der Gipfel von 2000 sogar ein greifbares Ergebnis: In der Nähe der alten Königsstadt Kaesŏng entstand wenige Jahre später eine Sonderwirtschaftszone, eine kapitalistische Insel der Südkoreaner inmitten von Kims sozialistischer Staatswirtschaft.

Doch die Welt wurde einmal mehr bitter enttäuscht, Kim Jong-il ging keineswegs als Reformer in die Geschichtsbücher ein. Seine zaghafte Öffnung folgte keiner Einsicht in die Notwendigkeit neuer Freiheiten. Sie war eher eine bloße

Krisenmaßnahme, um den Notstand in der Versorgung in den Griff zu bekommen und das Militär und die Elite bei Laune zu halten.

Dieses Muster gilt auch heute wieder: Sein Sohn Kim Jong-un zeigt ebenfalls nur ein funktionales und strategisches Interesse an Reformen, immer der Frage folgend: Was nutzt mir das, wie kann ich dadurch meine Macht sichern?

Allerdings reicht es nicht, allein Pjöngjang den schwarzen Peter zuzuschieben. Wenige Monate nach den Angriffen von Islamisten auf das World Trade Center in New York und das Pentagon am 11. September 2001 gab der damalige amerikanische Präsident George W. Bush in einer Rede an die Nation eine zunächst nachvollziehbare Antwort auf die schrecklichen Ereignisse: Krieg gegen den Terror. Bush sagte: »Unser zweites Ziel ist es, Regimes, die den Terrorismus unterstützen, davon abzuhalten, Amerika oder unsere Freunde und Verbündeten mit Massenvernichtungswaffen zu bedrohen.«

Er entschied sich jedoch nicht für die notwendige Differenzierung, sondern für einen Rundumschlag mit der verbalen Keule, der die Wiederannäherung an Nordkorea mit wenigen Worten zerstörte: »Einige dieser Regimes haben sich seit dem 11. September recht ruhig verhalten. Aber wir kennen ihre wahre Natur. Das Regime in Nordkorea rüstet mit Raketen und Massenvernichtungswaffen auf, während es seine Bürger verhungern lässt.«[46]

In Pjöngjang ließ diese Rede alle Alarmglocken schellen. Der Einmarsch amerikanischer Truppen im Irak im März 2003 und der Sturz des Bagdader Despoten Saddam Hussein bestätigten Kim, was er ohnehin schon wusste: Ein wirksames Drohpotenzial, am besten ein atomares, ist die einzige Sicherheitsgarantie gegen mögliche amerikanische Angriffe; vor allem dann, wenn im Weißen Haus, seinen Beraterzimmern und dem Pentagon ausgewiesene Kalte Krieger wie der damalige Vizepräsident Richard »Dick« Cheney oder der Falke Donald Rumsfeld sitzen. Kim Jong-il fuhr die Rüstung weiter hoch, forcierte den Ausbau der konventionellen Waffenarsenale und vor allem des Atom- und Raketenprogramms. 2006 erfolgte der erste Atombombentest, drei Jahre später ein weiterer.

2008 erlitt Kim im Alter von 66 Jahren einen schweren Schlaganfall und verschwand vorerst aus der Öffentlichkeit. Gerüchte um seinen Tod machten die Runde, Beobachter vermuteten Machtkämpfe hinter den Kulissen oder ein Machtvakuum. Monate später tauchte er als kranker und abgemagerter Greis wieder auf, der sich bei einem seiner ersten öffentlichen Auftritte von Stuhllehne zu Stuhllehne tasten musste. In weiser Voraussicht beschleunigte er den an sich behutsamen Aufbau seines Nachfolgers. Im Dezember 2011 starb Kim Jong-il, nach seiner Genesung doch etwas plötzlich und unerwartet, er hatte sich zuvor sichtbar stabilisiert und erholt.

Zu Lebzeiten war Kim Jong-il wesentlich unbeliebter als sein Vater, heute jedoch wird er fast genauso verklärt wie der Staatsgründer. Kim Jong-un braucht seinen toten Vater als Verbindungsglied zu seinem sakrosankten Großvater. Die beiden ersten Kims verschmelzen zusehends zu einer Einheit, zu einer starken Lichtquelle, die den amtierenden Diktator in Glanz setzen soll. Dass sowohl Kim Il-sung als auch Kim Jong-il reale Personen aus Fleisch und Blut waren, die Herzinfarkte und Schlaganfälle bekommen konnten, fällt der beispiellosen Verklärung zum Opfer. Was zählt, ist die Ideologie, in deren Zentrum die beiden Heiligen Geister als Fixsterne den Nachthimmel erleuchten.

AUFSTIEG DER TÖCHTER

Auf den ersten Blick sind Männer und Frauen in Nordkorea gleichberechtigt. Aber der Schein trügt, denn beide Koreas gelten noch immer als patriarchalische Denkwelten, die durch die Lehren des chinesischen Denkers Konfuzius geprägt sind und einem antiquierten Männerbild nachhängen. Speziell im Norden kommt die Vorstellung hinzu, dass das Individuum nur als Teil der Gemeinschaft Erfüllung findet – und sich deshalb in ein hierarchisches System einzugliedern hat. Und das ist männlich geprägt.

Die alten chinesischen Quellen, aus denen sich der Konfuzianismus speist, entwerfen ein patriarchalisches Weltbild. Die Keimzelle Familie fungiert auch für den Staat als Rollenmodell: In Familie und Staat führt an der Spitze der Vater, er sorgt für Gerechtigkeit und Schutz. Ihm folgt der älteste Sohn nach, die jüngeren männlichen Nachkommen stehen darunter. Frauen und Mädchen sind am Schluss der Loyalitätskette geduldet. Sie haben dem Vater beziehungsweise Ehemann gegenüber Gehorsam zu zeigen. Ist eine Frau verwitwet, rückt der älteste Sohn an die Position des Patriarchen, die Mutter ist ihm gegenüber zu Gehorsam verpflichtet.

Das Patriarchat ist freilich keine exklusive Angelegenheit der Chinesen oder Koreaner. Ähnliche Strömungen hat der konservative Islam ausgebildet, das Christentum kennt ebenfalls eine deutliche Besserstellung von Männern. In vielen Regionen der Welt überschneidet sich das religiös begründete Kastensystem entlang der Geschlechtergrenzen mit dem lokalen Gewohnheitsrecht, wie lange Zeit noch im nordalbanischen Kanun. Wie in Albanien kollidieren solche althergebrachten Vorstellungen allerdings auch in Nordkorea mit der Emanzipation der Frau, die in der Befreiungsideologie des Marxismus eine wichtigere Rolle spielt als in bürgerlichen Philosophien. In der DDR war die Frauenerwerbsquote höher als in der BRD, die Betreuungsmöglichkeiten wurden massiv ausgebaut, um die Vereinbarkeit von Familie und Beruf zu verbessern. Frauen sollten erwerbstätig sein, weil ihre Arbeitskraft im Sozialismus – stärker noch als im Kapitalismus – ökonomische Notwendigkeit war. Zugleich sollte die Kindererziehung Sache des Staates sein und ein Stück weit aus den Familien herausgebrochen werden. Ähnlich ist es in Nordkorea, wo Frauen aktiv am Arbeitsprozess beteiligt sind; sie dienen auch in der Armee.

Wer sich aber die Führungsriegen anschaut, bekommt ein anderes Bild vermittelt. Ähnlich wie in der DDR ist das Politbüro fast eine reine Männerriege – Kims Schwester Kim Yo-jong war zwischenzeitlich stellvertretendes Mitglied. Der Anteil der Frauen im nordkoreanischen Parlament, der Obersten Volksversammlung, liegt mit leichten Schwankungen nach Angaben der Weltbank unterhalb der 20-Prozent-Marke – der Staat ist nach wie vor Männersache.[47] Lange Zeit beschränkte sich die Rolle der Frau auf ihre Mutterfunktion. Kim Jong-suk, die erste Frau Kim Il-sungs und Mutter von Kim Jong-il, wird zudem als Heldin der Partisanenbewegung gefeiert – hierbei ist sie aber eher die Ausnahme.

Kim Jong-un setzt derweil einige zaghafte Akzente: 2012

Abb. 8: Zwei Jahre nach seiner Amtsübernahme hat Kim Jong-un seinen Stil gefunden. Mit seiner Frau Ri Sol-ju, die später offiziell von der Staatspropaganda als »First Lady« bezeichnet wird, besucht er 2013 einen Freizeitpark. Dass hinter der Fassade des freundlichen Staatsführers ein knallharter Machtpolitiker steckt, der auch vor politischen Morden nicht zurückschreckt, erfahren in der Folgezeit etliche seiner Führungsleute und sogar sein Bruder Kim Jong-nam.

tauchte beispielsweise die angeblich vom Diktator selbst gegründete Frauenband Moranbong auf der Bildfläche auf, deren Mitglieder sich mit Kurzhaarfrisuren und in westlicher Kleidung zeitgemäßer geben. Nun wäre es allerdings mehr als naiv, Miniröcke mit Emanzipation gleichzusetzen – aber entscheidend ist: Die Chefin der Band, Hyon Song-wol, bekleidet wichtige Posten in der Staatspartei und war 2018 Teil der Delegation zur Vorbereitung der Olympischen Winterspiele im südkoreanischen Pyeongchang.[48] Im Vorfeld des Gipfeltreffens mit Trump 2019 in Hanoi saßen zudem Vize-Außenministerin Choe Son-hui sowie Kim Song-hye, die für Wiedervereinigungsfragen zuständig ist, mit an den

Verhandlungstischen. Beide sind unter Kim Jong-un besonders präsent, auch wenn sie bereits unter dem Vater Kim Jong-il in wichtigen Funktionen dienten.

Eine andere Sängerin – sie sang in der Musikgruppe Unhasu Orchester – stieg sogar zur »First Lady« auf: Ri Sol-ju ist wahrscheinlich seit 2009 (spätestens aber seit 2012) die Ehefrau von Kim Jong-un. Ihr neuer Titel war sogar der staatlichen Nachrichtenagentur KCNA 2018 eine offizielle Mitteilung wert, was insofern bemerkenswert ist, da familiäre Angelegenheiten in der Öffentlichkeit ja eigentlich tabu sind. Für die Verkündung dieses in Nordkorea unüblichen Titels wurde eigens die legendäre Nachrichtensprecherin Ri Chun-hee reaktiviert, wie meist bei bedeutenden Ereignissen.[49]

»Genossin Ri Sol-ju«, wie sie in Nordkoreas Medien genannt wird, ist häufig an der Seite Kims zu sehen. 2018 begleitete sie ihn bei mehreren wichtigen Gelegenheiten: zunächst nach Peking, als Kim sich mit Chinas Staatspräsident Xi Jinping traf. Danach zum Berg Paektu gemeinsam mit dem südkoreanischen Präsidentenpaar.

Ri gilt als charmant und den Menschen zugewandt, sie ist attraktiv und in vielerlei Beziehung das Gegenteil solcher grauen und herrschsüchtigen Diktatorengattinen wie Elena Ceaușescu oder Nexhmije Hoxha. Das strikt als Führerstaat regierte Nordkorea wird mit seinem »Präsidentenpaar« ein wenig gewöhnlicher – zumindest in dieser Beziehung. Man kann das als Charmeoffensive interpretieren in einer Welt, in denen Ehepaare wie die Obamas, die Clintons und die Trumps Einzug in die Klatschblätter gehalten haben.

Ein offizielles Amt aber – so wie damals Margot Honecker als Volksbildungsministerin der DDR – übt Ri nicht aus. Politische Äußerungen von ihr sind nicht bekannt, sie ist im Vergleich eher eine Melania Trump als eine Michelle Obama, sie ist zurückhaltend, abwartend, sie stellt sich meist in die zweite statt in die erste Reihe.

Kims Schwester Kim Yo-jong hingegen ist eher das nordkoreanische Äquivalent zu Ivanka Trump. Wie Kim ging sie in der Schweiz zur Schule, und unter ihrem Bruder rückte sie in den engsten Machtzirkel Nordkoreas auf: Sie saß zwischenzeitlich nicht nur im erweiterten Kreis des Politbüros, Kim Jong-un verschaffte ihr zudem 2019 ein Mandat im Parlament, der Obersten Volksversammlung. 2018 reiste sie als Teil der ranghoch besetzten Delegation zu den Olympischen Winterspielen in das südkoreanische Pyeongchang – und betrat damit als erstes Familienmitglied das Land südlich des 38. Breitengrades. Seitdem weicht sie ihrem Bruder kaum von der Seite, ist seine engste Vertraute und reichte ihm in Singapur sogar das Papier mit der gemeinsamen Gipfelerklärung zur Unterschrift. Sie wirkt stets so kühl und kontrolliert, wie nur jemand wirken kann, dem es nicht um eine Charmeoffensive geht, sondern darum, die Fäden im Hintergrund zu ziehen. Sie bekleidet einflussreiche Posten und gilt als eine Frau, die in einem Umfeld voller Schmeichler ihren Bruder auch mal kritisieren darf. Bei der Neujahrsansprache 2018/2019 begleitete sie ihren Bruder, sie lachte und feixte im Hintergrund und zeigte eine Lockerheit, die in der nordkoreanischen Machtrepräsentation für Mitarbeiter eigentlich nicht vorgesehen ist. In ihrer Gegenwart wirkt Kim gelöst, auf gemeinsamen Bildern sieht man sie häufig lachen – was bemerkenswert ist, denn meist verkrampft sich die Entourage, wenn der Meister spricht. Kim Yo-jong schreibt einen Teil seiner Reden und feilt am Personenkult und der Propaganda. Kim Jong-un ist also in gewisser Weise auf sie angewiesen.

Und obwohl Nordkoreas Staatsführung bislang ein exklusiver Männerklub war – und man von drei Kindern Kim Jong-uns ausgeht, die allesamt noch klein sind –, scheint das Undenkbare denkbar: Kim Yo-jong gilt als wahrscheinliche Nachfolgerin für den Fall, dass ihr Bruder plötzlich stürbe oder durch eine Krankheit an der Amtsausübung gehindert würde. So flogen die beiden zum Gipfel mit Trump angeblich in getrennten Flugzeugen, damit nach einem Absturz zumindest einer am Leben bliebe – sozusagen als genetische Ausfallreserve.[50] Ob es bei dieser herausragenden Rolle der Schwester bleibt, ist abzuwarten: Nach dem verkorksten Hanoi-Gipfel 2019 war sie in der Öffentlichkeit zwischenzeitlich seltener zu sehen.

Die dynastische Erbfolge ist bereits jetzt vorerst gesichert, egal wie sich Kims Kinder entwickeln. Dank der kleinen Schwester Kim Yo-jong bleibt Nordkorea Familiensache. Die Frage ist nur, ob die Männerriege im Hintergrund da noch ein Wörtchen mitzureden hat – oder Kims ältere Schwester Kim Sul-song, die früher eine wichtige Rolle im Staatsapparat spielte und heute kaum noch zu sehen ist.

WIE DIE MENSCHEN LEBEN

Eigentlich dürfte dieses Nordkorea nicht mehr existieren, ginge es nach der Vielzahl an verfrühten Nachrufen auf das Kim-Regime. Nach den Erfahrungen mit anderen repressiven Staaten der Welt scheint es für viele Beobachter schier ein Ding der Unmöglichkeit zu sein, dass sich ausgerechnet das System der Familie Kim so lange hält. Der entrückte rumänische Diktator Nicolae Ceaușescu wurde 1989 von Volk und Militär hinweggefegt, die Albaner stürzten ihr kommunistisches Regime 1990, ein beispielloser Massenexodus der Bevölkerung begann in den Jahren nach dem Ende von Diktator Enver Hoxha und seinem Nachfolger Ramiz Alia.

Es gibt noch eine Reihe weiterer Beispiele, die allesamt zu einer ähnlichen Schlussfolgerung führen: Staaten, die sich selbst isolieren und in denen sich weder die Bürger noch die Wirtschaft frei entfalten können, ersticken irgendwann an ihren inneren Widersprüchen. Ihre selbstgesteckten Ziele stehen oftmals in eklatantem Widerspruch zur realen Lage, weshalb sich an einem bestimmten Punkt des Überdrusses die Dinge in Bewegung setzen: entweder durch eine Revolution von unten, einen Putsch von oben – oder eine schrittweise Öffnung. Kuba öffnet sich seit einigen Jahren, Myanmar wandelt sich, Vietnam ist nicht mehr wiederzuerkennen.

Doch die Zeiten, als der amerikanische Politikwissenschaftler und Hegelianer Francis Fukuyama das *Ende der Geschichte* (wenn auch mit Fragezeichen) ausrief, weil die Demokratie vermeintlich über den Staatskommunismus gesiegt und sich damit unsterblich gemacht hatte, sind vorbei.[1] Nicht nur, dass das durchkapitalisierte China weiterhin – je nach Standpunkt – erfolgreich von einer einzigen kommunistischen Staatspartei regiert wird, selbst das, gemessen am Wohlstand, wenig erfolgreiche Nordkorea überlebt alle Abgesänge. Das ist insofern bemerkenswert, als es im Gegensatz zu China weithin ohne planvolle Reformen auskommt und sich eher im Rahmen eines wenig imposanten Improvisationstheaters wandelt.

Wie kann es sein, dass sich dieses Regime derart erfolgreich an die Macht klammert? Ein Regime, das seine Bevölkerung bis weit in die Privatsphäre hinein überwacht, und das in einem Land, das schwerste Krisen durchleben musste, die die meisten anderen Regime wohl längst in den unvermeidlichen Kollaps getrieben hätten.

Eine Auswahl dieser Herausforderungen: Durch die Hungersnot in den 1990er-Jahren verloren die Städte und Landstriche im Nordosten teils jeden fünften ihrer Bewohner. Zwei Mal musste das Zepter der Macht übergeben werden, nachdem der amtierende Diktator das Zeitliche gesegnet hatte. Zwei Mal stand damit ein Neuling vor den Scherben des Vorgängers; und jedes Mal stellte sich zudem die Frage, ob Militär und Partei abermals einen weiteren Kim-Sprössling an der Macht akzeptieren würden, dessen Legitimation immer fragwürdiger wurde. Sogenannte »Säuberungswellen« zeugen von internen Machtkämpfen während der Konsolidierungsphasen der neuen starken Männer in Pjöngjang.

Mit dem Ende der Sowjetunion und dem Zusammenbruch der sozialistischen Staatenwelt kamen Nordkorea zudem die Verbündeten und Handelspartner abhanden. Und trotz aller Bemühungen um politische Entspannung steht das Regime in permanenter ideologischer und militärischer Konfrontation mit dem mächtigsten Land der Welt, den USA.

Was imprägniert also das nordkoreanische Regime gegen den im Grunde längst fälligen Kollaps?

Es ist die politische Ideologie, die sich aus verschiedenen Versatzstückchen zusammensetzt – und somit ein extrem haltbares Amalgam gebildet hat, das nicht leicht zu knacken ist. Man kann auch von einer politischen Religion sprechen, die dem Regime das nötige Rüstzeug an die Hand gibt. Der zur Zeit des Nationalsozialismus aus Deutschland beziehungsweise Österreich nach Amerika emigrierte Philosoph Eric Voegelin wies allgemein darauf hin, dass sich Diktaturen nicht allein durch politische Programmatik, das Militär oder die Partei erklären lassen, sondern eher durch das Maß, in dem sie die Religiosität ihrer Menschen ansprechen. Wie das? Indem die Staatsführer ihre Macht und ihr System religiös aufladen: In Nordkorea, dem eigentlich knochentrockenen atheistischen Staat, heißt Gott weder Gott noch Jahwe, nicht Allah, und auch nicht Buddha oder Vishnu, sondern Kim Il-sung – und in seiner Nachfolge Kim Jong-il und Kim Jong-un. Die Kim-Familie überlagert in der Selbstdarstellung des Regimes alle anderen Institutionen, sie ist Dreh- und Angelpunkt einer politischen Religion mit dem (verstorbenen) Charismatiker im Zentrum. Die Unfehlbarkeit und Allwissenheit des Führers ist nach Voegelin ein weiteres Markenzeichen einer solchen politischen Religion – und das ist besonders charakteristisch für Nordkorea.[2]

DIE IDEOLOGIE DER KIMS

Wie jede Religion, die sich erfolgreich etablieren will, muss sich auch die nordkoreanische Variante an lokale Gegebenheiten anpassen. Staatsgründer Kim Il-sung kreierte eine eigenständige ideologische Mischung, die die Wertegrundlage für die konkrete Machtpolitik bildet – bis heute. Als Fundament schöpft sie aus dem Marxismus-Leninismus. Hinzu kommen allerdings weitere Zutaten wie ein rassistisch gefärbter Faschismus, ein patriarchaler Führerkult und eine Ideologie der Eigenständigkeit und staatlichen Souveränität, die Kim Il-sung *chuch'e* nannte. Zusammen bildet dieses eigentümliche Gemisch einen festen Klebstoff, der allerdings je nach Interessenlage neu angemischt wird. Kim Il-sung selbst hat mehrfach das Verhältnis der Zutaten neu arrangiert, seine Nachfolger ebenfalls. Trotzdem bleibt die Ideologie in der Substanz erhalten – und für die Menschen im Alltagsleben greifbar und fast alles bestimmend, wie ich mehrfach erleben durfte.

Ch'ŏngjin, die Hauptstadt in der Provinz Nord-Hamgyŏng. Pjöngjang ist zwar nur rund 700 Kilometer entfernt, aber gefühlt befindet man sich auf einem anderen Planeten. Zu sagen, in Ch'ŏngjin tickten die Uhren anders, wäre eine Untertreibung – im Vergleich ist die Zeit dort eher stehen geblieben. Mehr als 300 000 Menschen leben in dieser verwitterten Industriestadt, an deren Rand das bekannte Stahlwerk Kim Ch'aek vor sich hin gammelt. Einst war die Stadt mit ihrem Hafen ein wichtiger Umschlagplatz für Waren, aber der Rost nagt an den Kränen und Schiffsdocks. Als ich am Abend die Stadt über die staubige Landstraße erreiche, sind die Vororte in tiefe Schwärze gefallen. Schnurgerade schneidet die Hauptstraße durch die Stadt, wenigstens hier sind die Häuser teilweise beleuchtet, einige Bäume in das Licht grüner Spots getaucht.

Das Hotel, in dem ich unterkomme, war früher bestimmt einmal komfortabel. Die Bäder sind groß, die Zimmer mit eigenen Fluren und bequemen Betten ausgestattet. Alles ist geräumig, das Treppenhaus, die Gänge, der Speisesaal. Aber davon abgesehen, dass sich das ohnehin schwache Licht der Glühbirne nur mühsam durch den verstaubten Lampenschirm kämpft, funktioniert hier fast nichts. Aus dem Wasserhahn tröpfelt nur eine gelbliche Flüssigkeit. An der Rezeption erklärt mir eine junge Frau mit großer Selbstverständlichkeit, dass das Wasser »gerade nicht funktioniert«, bald schon aber wieder laufen werde. Das allerdings passiert bis zum Abend nicht. Zwischen 19 und 20 Uhr wird es schließlich angestellt, geistesgegenwärtig verwandle ich die Badewanne in einen Speichersee. Denn mit abgestelltem Wasser funktioniert natürlich auch die Toilettenspülung nicht. Zur Sicherheit stellt ein Mitarbeiter noch einen Eimer mit warmem Wasser vor die Tür – zum Waschen.

Die Luft im Zimmer erinnert mich an Tropenaufenthalte in Sri Lanka oder Kambodscha – sie ist stickig und feucht, wenn auch nicht so warm. Die vergilbten Tapeten wellen sich, darunter gräbt sich Schimmel an die Oberfläche. Der Tag war anstrengend, ich bin müde – und ziemlich schlafbedürftig. Andernfalls hätte ich hier kein Auge zugetan.

Dass ich am nächsten Morgen früh wach bin, hat nicht nur mit den klimatischen Bedingungen im Raum zu tun. Ab halb sechs kurven Kleinlastwagen durch die Straßen, die einen großen Lautsprecher auf das Dach montiert haben. Die Beschallung ist schrill, der Klang der eines altertümlichen Megafons. Eine Stimme ermahnt die Menschen, aufzustehen und sich für die Arbeit vorzubereiten. Dazu die Erinnerung, wofür sie das tun, tagein, tagaus: nicht für sich selbst, sondern für die Gemeinschaft und die Stärke des Landes. Schon am Morgen soll jeder wissen, dass selbst der lapidarste Arbeitstag Teil eines größeren Ganzen ist, und dass jeder als Rädchen im Getriebe zum Aufstieg der Nation beiträgt.

Unweigerlich fühlt man sich abermals in die wahrgewordene Dystopie 1984 versetzt. Doch Nordkorea hat nicht von George Orwell gelernt, sondern von der Sowjetunion – und China. Sowohl Stalin als auch Mao setzten diese Art propagandistischer Dauerberieselung ein, um die Menschen ideologisch zu trimmen und ihren Alltag zu durchdringen. Das geschieht nicht nur im Alltag der Arbeitnehmer, sondern schon im Kindesalter.

Ich fahre weiter nach Hoeryŏng, der letzten größeren Stadt vor der chinesischen Grenze. Die Fahrt ist Teil meines Besuchsprogrammes. Auch hier begleiten mich zwei Reiseleiter und ein Busfahrer, die in denselben Hotels wie ich übernachten. Sie weichen mir nicht von der Seite, nur abends genieße ich die Freiheit, mich im Hotel frei bewegen zu dürfen. Ein paar Mal gelingt es mir, mit einem der Reiseleiter allein zu sprechen, bei einer Zigarette vor der Tür. Ein rarer Moment, denn ihm behagt das nicht, dabei tauschen wir nur Belanglosigkeiten aus. Allein in die Stadt gehen darf ich nicht, manchmal lugen aber Kinder und Jugendliche interessiert von der Straße in den Innenhof des Hotels hinein, um einen Blick auf mich zu erhaschen. Anders als in Pjöngjang sind hier nur selten Ausländer unterwegs.

In Hoeryŏng besuche ich eine Schule, natürlich eine für

Ausländer herausgeputzte Vorzeigeschule. Sie soll mir vorführen, wie sehr der Staat für seine Kinder sorgt. Und tatsächlich: Die Möbel sind neu, die Tapeten wurden vor nicht allzu langer Zeit frisch gestrichen, und es sind zumindest in einem Raum Heizkörper installiert – angeblich auf Geheiß von Kim Jong-il persönlich, der einmal zu Besuch gewesen war. Es ist der Propagandaraum der Schule: An einer Wand hängen Fotos ehemaliger Schüler, die es im Militär weit gebracht haben. Daneben Szenen aus dem Koreakrieg, gezeichnet von Jugendlichen. Es sind blutige Szenen mit brutalen Soldaten, die offenbar Amerikaner sein sollen. Mit dem Gewehr im Anschlag bedrohen sie nordkoreanische Zivilisten, Frauen und Kinder, die zusammengekauert in einer Ecke hocken und ihre Häscher mit vor Angst geweiteten Augen anstarren. Handwerklich gut gemacht, inhaltlich wenig subtil: »Wir bringen unseren Kindern schon im Kindergarten bei, dass wir die Amerikaner hassen«, erläutert der Reiseführer, der mit mir den Rundgang unternimmt. Dann stutzt er und ergänzt: »Also, wir hassen die amerikanische Regierung, nicht die Amerikaner.« So viel Differenzierung muss sein.

Feindbilder sind selten nuanciert. Meist sind sie schwarzweiß und kompromisslos, das war im lautstarken Antikommunismus der amerikanischen McCarthy-Ära nach dem Zweiten Weltkrieg kaum anders. Nordkoreas Propaganda erinnert aber mitunter vor allem an die unsäglichen Methoden der deutschen Nationalsozialisten, die ihre Gegner entmenschlichten, um sie zu bekämpfen. Das Feindbild des nordkoreanischen Regimes, der unverhohlene Antiamerikanismus, ist sozusagen Staatsräson. Es mag Nordkoreaner geben, die das anders sehen, aber die offizielle Lesart duldet in dieser wie in anderen Fragen keinen Pluralismus.

Kim Il-sung trieb seine kommunistischen Guerillatruppen, mit denen er später seinen neuen nordkoreanischen Staat gründete, schon in den Anfangstagen jeglichen Pluralismus aus, und das teils gewaltsam. Das wirkt bis heute: Das Einparteiensystem ist wie ein Monolith, der alle Blicke auf sich zieht, auch weil er alle Blicke auf sich zu ziehen hat. Um den Monolith herum gruppieren sich andere Brocken, die das Gestein im Zentrum stabilisieren und Risse stopfen. Sie sind mit dem Stein in der Mitte eng verbunden und bilden eine gemeinsame Formation, sie überlagern sich. Und am Ende weiß man nicht mehr, welcher ursprünglich der erste Stein war.

Ein wichtiges Element ist der Staatssozialismus. Nordkorea ist eine Planwirtschaft, in der es offiziell kein Privateigentum an Produktionsmitteln gibt. Wenn jemand eine Wohnung »erwerben« möchte, besorgt er sich gegen Geld eine Art Wohnrecht, kauft die Immobilie aber nicht. Die Unternehmen sind Staatsunternehmen, wobei dies die Realität nicht mehr exakt widerspiegelt, seit sich eine inoffizielle Marktwirtschaft herauskristallisiert hat. Ursprünglich verstand sich das Regime als marxistisch-leninistisch, seit einigen Jahren sind die Porträts von Marx und Lenin jedoch aus dem öffentlichen Raum verschwunden, so auch von einer Fassade am zentralen Pjöngjanger Kim-Il-sung-Platz. Staatsideologie ist heute die bereits angesprochene *chuch'e*, ein Begriff größtmöglicher Schwammigkeit, der häufig mit *Autarkie*, *Autonomie*, *Selbstständigkeit* oder *Subjekt* ins Deutsche übertragen wird.

Die Logik des Systems hat sich dadurch allerdings nicht grundlegend geändert: Nicht der maßvolle Eigennutz – wie in der sozialen Marktwirtschaft – bestimmt das Wirtschaftsleben, sondern die kollektive Produktivität. Das kann vereinfachend auf die gesamte Politik übertragen werden – das Individuum zählt vornehmlich als Teil der Gemeinschaft, nicht als Persönlichkeit, die ihre Würde aus sich selbst heraus bezieht. Die Arbeiterklasse als ehedem entrechteter Bevölkerungsteil soll in der Logik der Sozialisten endlich an den Profiten beteiligt werden, denn schließlich sorgt sie ja auch mit ihrer Arbeit für die Produktion. Kim Il-sung verstaatlichte nach dem Zweiten Weltkrieg private Betriebe und trieb eine Bodenreform voran, um die Landbesitzer zu enteignen. Davon hat sich die Wirtschaft nie erholt.

Aber die nordkoreanische Variante des Sozialismus ist zumindest auf dem Papier erstaunlich integrativ. Die Fahne der mächtigsten Organisation, der Partei der Arbeit (PdAK), zieren Hammer, Sichel und Pinsel, stellvertretend für Arbeiter, Bauern und Intellektuelle. Die Intellektuellen werden also miteinbezogen – obwohl sie jedem diktatorischen Regime gefährlich werden können. Pol Pot in Kambodscha verfolgte die Intelligenzija in seinem Land daher besonders unerbittlich, andere Diktatoren standen ihm in nichts nach.

An der Spitze der Partei steht der Machthaber, der Kopf der Gesellschaft, der nach nordkoreanischer Lesart alles weiß, alles kennt – und zu allem kompetent Auskunft geben kann. Kim Jong-un ist aktuell der Vorsitzende des Komitees für Staatsangelegenheiten der Demokratischen Volksrepublik Nordkorea, wie sich das Land offiziell (in deutscher Übersetzung) nennt. Ewiger und damit symbolischer Vorsitzender ist sein Vater Kim Jong-il. Das Staatskomitee führt die Machtstränge von Partei und Militär zusammen und ist oberstes Entscheidungsgremium – die Verfassung erlaubt es ihm, die Beschlüsse anderer Institutionen aufzuheben. Ohne die Partei läuft hier aber nichts, sie ist und bleibt das Machtzentrum. Das Parlament hat hingegen wenig Einfluss – sein Präsident ist zwar formell Staatsoberhaupt, verfügt aber über protokollarische Angelegenheiten hinaus über keinerlei Macht. Seit 2019 übt Kims Stellvertreter, Choe Ryong-hae, dieses Amt aus.

Dieser kurze Abriss des Machtgefüges zeigt einmal mehr: Kim Jong-un, seine Familie und enge Vertraute wie der bereits erwähnte frühere Außenminister, Ri Su-yong, der ebenfalls im Komitee für Staatsangelegenheiten sitzt, bestimmen die Geschicke. Aber auch Ri würde nicht den Fehler begehen, Kim Jong-uns herausgehobene Stellung als Erbe Kim Il-sungs infrage zu stellen. Diese Hierarchie wird in allen Darstellungen politischer Machtrepräsentation klar und eindeutig eingehalten: Kim als Koch, der Rest als Kellner. Andere Mächtige, wie Kims Onkel Jang Song-thaek, bezahlten für ihren Ehrgeiz mit ihrem Leben.

Nirgendwo wird dies deutlicher als bei der Mutter aller Machtrepräsentation, den Vor-Ort-Anleitungen.[3] Diese für westliche Beobachter höchst skurrilen Veranstaltungen muss man sich in ungefähr so vorstellen: Kim Jong-un steht inmitten einer Produktionshalle in einem staatseigenen Betrieb oder am Fließband, vor einer Wursttheke in einem der neueren Supermärkte, im Klassenraum einer Schule oder im Stall einer landwirtschaftlichen Kooperative. Mal lobt er, was die Fabrik für tolle Produkte hervorbringt, entscheidender aber ist der Tadel. Wie es besser laufen kann, weiß der Machthaber stets am besten. Er weiß, dass Trockenfisch noch besser gelingt, wenn die Lagerhallen gründlicher abgedichtet sind oder die Menge an Salz angepasst wird. Er weiß, dass Kinder besser lernen, wenn sie im Winter in geheizten Schulräumen pauken, oder dass der Hausfrau in neuen Appartements die Arbeit leichter von der Hand geht, wenn die Küche mehr Arbeitsfläche bietet. Um Kim herum steht seine Entourage, die jedes Wort mitschreibt – und dafür Sorge trägt, dass die Anweisungen detailgetreu befolgt werden.

Auch in Nordkorea weiß man natürlich, dass Fachleute per Definition kompetenter sind als ein generalistischer Staatsführer. Aber die Kims inszenieren sich seit Jahrzehnten als Familie von detailverliebten Allroundexperten, über deren Vor-Ort-Anleitungen umfassend in den Medien berichtet wird – in öffentlichen Gebäuden, Hotels, Schulen und Betrieben sind Schaukästen mit Fotos zu bewundern. Oftmals werden auch Stücke der Bewunderung ausgestellt, wie ein Füller, den Kim Il-sung einst beim Eintrag ins Gästebuch der Fabrik verwendete, oder ein Stuhl, auf dem Kim Jong-il einst Platz nahm.

Klingt bizarr und vielleicht sogar lachhaft? Ja, wenn man die Vor-Ort-Anleitungen nur als Lokaltermine eines im Zweifelsfall in Sachen Fischtrocknung oder Schnapsherstellung inkompetenten Politikers abtut. Aber es geht um mehr: Es geht um die ikonografische Darstellung der Vater-Sohn-Beziehung zwischen Kim und seinem Volk. Der Diktator soll als omnipräsenter Kümmerer dargestellt werden, als ultrakompetenter Wunderfachmann, der mit Weitsicht die größtmöglichen Linien zieht und zugleich jederzeit Herr aller Einzelheiten ist. Das kennt man ansatzweise auch von Russlands Präsidenten Wladimir Putin, der sich stets als Weltführer und regionaler Betreuer zugleich inszeniert. Aber eben nur ansatzweise, auch hier ist Nordkorea extremer und wie üblich konsequenter.

Zudem werden – en passant – Bezüge zu den Vorfahren hergestellt. Möglicherweise hatte Kim Il-sung bereits den Betrieb besucht, worauf sich Kim Jong-un in seiner kurzen Ansprache natürlich bezieht. Er rückt sich damit in eine Tradition, die ihm Legitimität verleiht, andererseits erneuert er diesen Anspruch aus eigener Kraft, indem er die Anweisungen seiner Vorgänger aufgreift und neu interpretiert, mitunter sogar optimiert.

Bei den Vor-Ort-Anleitungen ist besonders offensichtlich, dass die Staatsspitze ihren eigenen Fähigkeiten misstraut, die Dinge zu delegieren. Was in föderalen oder subsidiären Systemen gewollt ist – vor Ort wird entschieden, was gemacht wird –, wird in Nordkorea offiziell misstrauisch beäugt. Auch wenn die Realität einmal mehr anders aussieht, aber davon wird später noch die Rede sein.

Letztlich sind die Vor-Ort-Anleitungen dazu da, neue Schwerpunkte in der Politik zu implementieren. So steigerte Kim Jong-il in den späten 1990er-Jahren die Zahl seiner Vor-Ort-Anleitungen in Wirtschaftsbetrieben deutlich, als das Land durch eine dramatische Wirtschaftskrise ging. Kim Jong-un legte den Fokus noch einmal stark auf die Wirtschaft, speziell auf neue Infrastrukturprojekte und Tourismusgebiete. Kim, der dem Volk bei mehreren Gelegenheiten versprochen hat, den Lebensstandard zu heben, setzt damit Schwerpunkte, die sich deutlich von der sonstigen Kriegs- und Rüstungsrhetorik unterscheiden. Speziell mit den Tourismus- und Freizeitanlagen, die Nordkorea seit Kims Amtsantritt aus dem Boden stampft, rückt ein bislang vernachlässigter Aspekt in den Mittelpunkt: neben dem Brot (die Wirtschaft) nun auch die Spiele (die Freizeitgestaltung der Bevölkerung).

Die Vor-Ort-Anleitungen sind nur ein Auswuchs des beispiellosen Personenkultes. China, die Sowjetunion, Kuba –
sie alle kannten und kennen einen mehr oder minder starken
Personenkult. Chinas Staatspräsident Xi Jinping baut ihn
derzeit wieder aus, wer weiß, ob er in dieser Hinsicht dem
Großen Vorsitzenden Mao nacheifert. Militärdiktaturen wie
Syrien unter Baschar al-Assad, der Irak zu Saddam Husseins
Zeiten oder Libyen unter Muammar al-Gaddafi sind oder
waren ebenfalls durch einen starken Kult um den Staatsführer geprägt. Was Nordkorea allerdings seit den Zeiten Kim
Il-sungs treibt, ist bar jeder Vorstellungskraft – und sorgte
deshalb schon früh selbst im sozialistischen Bruderlager für
massive Kritik und eine gehörige Portion Spott.

Bislang weigert sich Nordkorea, den sowjetischen oder
chinesischen Weg der Loslösung vom Personenkult einzu-
schlagen. Als Nikita Chruschtschow Stalin an der Spitze der
Sowjetunion folgte, räumte er einen Teil von Stalins Hinterlassenschaften ab, kritisierte 1956 in seiner berühmt gewordenen Rede auf dem XX. Parteitag der KPdSU den Kult um
Stalin. China hat Ähnliches hinter sich: Zwar prangt noch
immer Mao Zedongs Konterfei an der Verbotenen Stadt an
Pekings Tian'anmen-Platz, gilt Mao noch immer als Ikone
und geistiger Vater des modernen China und wird verehrt,
geliebt, gefürchtet – aber sein Erbe ist längst nicht mehr unumstritten. Weder die Staatspartei noch die Intellektuellen
in China bestreiten, dass Mao Millionen Menschen auf dem
Gewissen hat. Deng Xiaopings griffige Formel, wonach
Mao 70 Prozent Gutes und 30 Prozent Schlechtes verursacht
habe, gilt noch immer. Das lässt Raum für Interpretationen,
hält die Lehren des roten Helden aus der aktuellen Politik
heraus – erlaubt aber weiterhin die Verehrung des Gründers

des kommunistischen Chinas. So einfach kann man sich übler Hinterlassenschaften entledigen, ohne mit dem geistigen Vater des Systems zu brechen.

Und in Nordkorea? Kein Kim-Il-sung-Porträt wurde entfernt, kein Denkmal eingemottet. Auch die großen Statuen, die Kim Il-sung oftmals in Kombination mit seinem Sohn Kim Jong-il zeigen, sind noch immer überall im Land zu besichtigen. Selbst in den entlegensten und ärmlichsten Regionen, wo die Straßen nicht geteert sind und die Menschen in bescheidenen Behausungen leben, stößt man immer wieder auf penibel getrimmte Rasenstücke, die jedem Golfplatz Ehre machen würden. Die Führer sind im Land des chronischen Strommangels stets durch leistungsstarke Scheinwerfer in Szene gesetzt. Was in Deutschland der Zoo oder das Haus der Geschichte, ist in Nordkorea das Kim Il-sung-Denkmal, es ist Pilgerstätte für Schulklassen und Betriebsausflüge. In Pjöngjang bin ich einmal mitten in eine Hochzeitsgesellschaft geraten, die sich den Segen für das Brautpaar natürlich nicht in der Kirche, dafür aber bei einer Statue des Ewigen Präsidenten höchstpersönlich abholte. Wieder einmal zeigt sich dadurch die fast religiöse Verehrung von Kim Il-sung.

Wer meint, dem entfliehen zu können, der irrt. In jeder Wohnung haben die Porträts der beiden verstorbenen Kims zu hängen, das ist gesetzlich vorgeschrieben. Nordkoreaner tragen ihre Konterfeis als Anstecker, mit dem Lineal gezogene Straßenzüge öffnen den Blick auf die beiden großen Porträts am Bahnhof oder an der Versammlungshalle. Die Namen der beiden ersten Kims fallen bei jedem Museumsgang mit ehrerbietender Stimme im Halbminutentakt, und selbstverständlich flimmern die drei Kims fast ohne Unterlass über die Bildschirme des staatlichen Fernsehsenders KCTV.

Für besonders gewichtige Ereignisse, wie Atombomben- oder Raketentests, die unmittelbar mit Kim Jong-un in Verbindung gebracht werden, reaktivieren die Senderverantwortlichen die Nachrichtensprecherin Ri Chun-hee, die eigentlich längst in Rente, aber nicht zuletzt wegen ihres ausgeprägten Pathos so etwas wie Nordkoreas Chefstaatsschauspielerin ist. Sie passt ihre Stimmmodulation den jeweiligen Ereignissen an und verleiht ihr etwas Euphorisches oder auch tief Erschüttertes. Ihr war es deshalb vorbehalten, den Tod Kim Il-sungs zu verkünden, ebenso wie den Tod des Sohnes. Sie kürte auch Kim Jong-uns Ehefrau Ri Sol-ju offiziell zur »First Lady«, natürlich in einem Tonfall, vergleichbar mit jenem altehrwürdiger Schauspieler deutscher Theaterbühnen, die in einem der ersten Tonfilme mitspielen durften. Alles ein bisschen zu viel – in Mimik, Gestik und Stimme.[4] Erst 2018 schickte Kim Jong-un sie angeblich endgültig in Rente – 2019 tauchte sie für die Berichterstattung über den Gipfel in Hanoi allerdings wieder im Fernsehen auf.

Alles ein bisschen viel, ein bisschen sehr viel – dieser Eindruck beschlich mich häufig, sobald mal wieder von Kim Il-sung oder einem seiner Nachfolger die Rede war. Die Großartigkeiten ihrer weisen Führerschaft verfolgen einen sogar beim Wandern im Ch'ilbogebirge, wo riesenhafte Lettern mit verherrlichenden Parolen in die Felswände gemeißelt sind. Oder beim Besuch von Schulklassen, die immer und immer wieder die angeblichen Heldentaten des Staatsgründers repetieren. In Ch'ŏngjin schaute ich mir eine Blumenausstellung an, in der, soweit ich mich erinnere, keine

Abb. 9: Der Personenkult treibt in Nordkorea seltsame Blüten: Unter einem Porträt der beiden ersten Diktatoren stehen bei dieser Ausstellung Blumen, die ihre Namen tragen – in der Mitte die »Kimilsungia«, eine Orchideenzüchtung, umrahmt von Begonien namens »Kimjongilia«. Eine »Kimjongunia« wird es mit es größerer Wahrscheinlichkeit auch eines Tages geben, zumindest dann, wenn Kim Jong-un nicht mit dem traditionellen Personenkult seiner Vorväter bricht.

anderen Sorten gezeigt wurden als die *Kimilsungia*, eine Orchideenhybride, und die *Kimjongilia*, eine rote Begonie. Der Personenkult kennt in Nordkorea keine Grenzen.

Man sollte sich darüber nicht lustig machen und so tun, als seien die Nordkoreaner ein besonderes Menschenvolk, das letzte, das für diese Art der Gehirnwäsche empfänglich ist. Die Mechanismen der Massenpsychologie wirken kulturübergreifend, dazu müssen wir nur in unsere eigene nationalsozialistische Geschichte schauen – oder sie am eigenen Leib erfahren.

Denn während meiner Nordkorea-Reisen habe ich erlebt,

wie sehr sich der Personenkult in das eigene Bewusstsein gräbt. Freilich, als westlicher Journalist, geprägt durch mehr oder minder rationale Debatten, wähnt man sich gefeit vor derlei Beeinflussung. Diese Überheblichkeit geht einem jedoch in Nordkorea Stück für Stück verloren – und man spürt, wie anfällig die menschliche Psyche für Manipulationen aller Art ist.

Am ersten Tag sind die Eindrücke noch frisch, der Jetlag ebenso, die Distanz zum Land ist groß. Doch man ist ja nicht zum Badeurlaub in Nordkorea, das kulturelle und politische Programm ist vollgepackt und eng getaktet. In Museen, an Denkmälern, ja selbst bei den Transfers von einem Highlight zum nächsten, hört man in Dauerschleife von den großen Errungenschaften des Kim-Regimes, die Reiseführer im Kleinbus malen Kim Il-sungs Leben in den schillerndsten Farben, so viel Weisheit, so viel Güte, man mag es kaum glauben.

Der zweite Tag: Schon nach dem frühen Frühstück geht es weiter, doch die Gefühlslage hat sich geändert. Man ist ob der immer gleichen Platte peinlich berührt, am liebsten würde man widersprechen, kritische Fragen stellen – in die Diskussion einsteigen. Man weiß jedoch: Das ist allenfalls rudimentär möglich, also stellt sich der erste Frust ein.

In der Zwischenzeit hat man viel über die schwierige Geschichte Nordkoreas gehört, die Aufbauleistungen der Menschen, die brutalen Bombardements der Amerikaner. Man spürt, wie sich langsam, aber zielsicher die Nachsicht einstellt, der Empathieknopf dauergedrückt wird. Man entwickelt Ansätze von Verständnis für die Unerbittlichkeit des Entwicklungsdiktators Kim Il-sung, die man als notwendige Härte in einer Ausnahmesituation interpretieren könnte. Die Ratio verbietet solche Gedanken weiterhin, die Emotionen aber beginnen ihr erschreckendes Eigenleben zu führen.

Spätestens am vierten Tag, das garantiere ich, kann man die Wirkung dieser osmotischen Propaganda nicht mehr von sich weisen, fühlt man in sich ein Gefühl aufsteigen, das sagt: Möglicherweise ist etwas dran an der Herrlichkeit Kim Il-sungs. Auch deshalb bin ich jedes Mal froh, wenn ich Nordkorea wieder verlassen kann – um die alte Distanz und den klaren Kopf zurückzubekommen, die ich an der Grenze offenbar abgegeben hatte. Selbst Mitarbeiter von ausländischen Organisationen oder der deutschen Botschaft in Pjöngjang fliegen regelmäßig nach Peking, um in die alltägliche Normalität zurückzukehren, die Nordkorea niemals bietet. Es ist wie die Sauerstoffflasche in einem der Hochlager am Mount Everest, die das Auftanken und Regenerieren unterstützt. Im Falle Nordkoreas helfen gewöhnliches Einkaufengehen in Chinas bunten und trubeligen Einkaufszentren, der selbstbestimmte Besuch eines Restaurants oder eigenständige Spaziergänge ohne behördliche Voranmeldung und staatliche Aufpasser.

Dass die Nordkoreaner diese Chance in der Regel nicht haben, dürfte erklären, weshalb uns keine nennenswerte Oppositionsbewegung im Land bekannt ist. Wer sich dieser Propaganda niemals entziehen kann, sie von Kindesbeinen an ertragen muss, hat praktisch keine Möglichkeit, ein kritisches Bewusstsein zu entwickeln.

Im Übrigen kann man diesen Effekt auch bei Fachleuten beobachten, die sich schon lange Zeit mit Nordkorea beschäftigen, immer wieder ins Land fahren und vielleicht sogar eine Zeit lang dort gelebt haben. Einige legen eine unkritische Naivität an den Tag, die einem angesichts der gut dokumentierten Menschenrechtsverletzungen die Schamesröte ins Gesicht treiben: Sie unterschlagen diese Aspekte oder untertreiben sie bis zur Unkenntlichkeit. Sie entwickeln eine Empathie für Nordkorea, die weit über das Wohlwollen hinausgeht, das man immer benötigt, wenn man sich für eine bestimmte Gesellschaft interessiert. Das gilt für Wissenschaftler, Schriftsteller, Journalisten (wie die bereits erwähnte Luise Rinser) und Politiker, die von ihrem wütenden Antiamerikanismus in die Arme der Kim-Sympathie getrieben werden. Das sind zum Glück aber nur wenige.

Habe Mut, Dich Deines eigenen Verstandes zu bedienen. Was Immanuel Kant schon lange wusste, ist in Nordkorea nicht leicht zu befolgen, sobald man sich im Dickicht der staatlichen Propaganda verfangen hat. Der Machthaber ist der Kopf der Gesellschaft, und ohne Kopf ist der Körper nichts anderes als totes Fleisch.

Wie in jeder Religion mit umfassendem Wahrheitsanspruch sind genug Reliquien der Ehrerbietung vorhanden: In einer Fabrik wurde ich eines Tages in einen Raum geführt, in dem ein Schreibtisch stand. Nichts Besonderes, ein altes Ding aus Holz, mit allerlei Kratz- und Gebrauchsspuren. Wie mir ein strahlender Mitarbeiter erklärte, hatte vor Jahren Kim Jong-il genau an diesem Tisch gesessen, als er die Fabrik bei einer seiner Vor-Ort-Anleitungen besuchte. Der Schreibtisch war mit einer Absperrung versehen, so wie die Möbelstücke in einem mittelalterlichen europäischen Schloss, durch das sich die Touristenmassen drücken. War ich ergriffen? Nein, dazu reichte meine Zeit in Nordkorea dann wohl doch nicht aus.

Der Personenkult ist gigantisch – und wäre ein wichtiger Ansatz für einen echten Reformer an der Spitze. Wie Chruschtschow in der Sowjetunion oder Deng Xiaoping in China wäre Kim Jong-un gut beraten, mit der an sich unsozialistischen Überhöhung einzelner Persönlichkeiten aufzuräumen. Der Unterschied zu den genannten Beispielen liegt allerdings, wie gesagt, in der dynastischen Erbfolge – Kim Jong-un forciert deshalb die Verehrung seiner Vorväter, statt sich ihrer zu entledigen. Das zeigt, dass Kim das Risiko scheut, das System substanziell zu verändern. Wenn es ihm ernst mit Reformen wäre, dann käme er nicht umhin, diesen irrationalen Kult zu beschneiden. Es wäre ein positives Signal für potenzielle Investoren, ein Beweis für seinen Pragmatismus – zum Preis der Zurückdrängung einer Ideologie, die nicht in die Zeit passt.

Es bliebe Kim ja unbenommen, seinen beliebten und gefürchteten Großvater weiterhin als nationale Ikone zu vermarkten. Sein Profilbild, es könnte auch in Zukunft die Geldscheine zieren, so wie Mao Zedong die chinesische Währung. Dort hat es aber immerhin bereits eine Sonderedition ohne Mao-Kopf gegeben, eine analoge Entwicklung würde zeigen, dass sich Nordkorea der Zukunft statt der Vergangenheit zuwendet. Vielleicht findet sich eines Tages eine gesichtswahrende Formel der vorsichtigen Distanzierung, vielleicht sinngemäß so etwas: Kim Il-sung war zu seiner Zeit der richtige Mann am richtigen Ort, aber die Gegenwart stellt andere Fragen und benötigt deshalb auch andere Antworten. Das wäre eine pragmatische, sehr chinesisch klingende Lösung.

Den Mut dafür bringt Kim Jong-un nicht auf, wobei man zu seiner Entlastung anführen muss: Kim Il-sung hat es seinen Nachfolgern extrem erschwert, sich von ihm zu lösen.

Der Marxismus ist ja eigentlich eine Ideologie mit internationalem Gültigkeitsanspruch – und gedacht für einen grenzüberschreitenden Klassenkampf. Er ist daher im Grunde leicht zu trennen von einzelnen Persönlichkeiten. Aber der Staatsgründer ging in den 1950er-Jahren daran, aus der internationalen Ideologie eine originär nordkoreanische Variante zu kreieren. Eine Ableitung, die es ihm erlaubte, zum einen die sowjetaffine Opposition in seiner eigenen Partei auszuschalten, und zum anderen seinen strengen Nationalismus und die Vorstellungen eines Führerstaates in die staatssozialistische Ideologie einzuweben. Das Ergebnis ist *chuch'e*, Nordkoreas offizielle Staatsideologie. Was ist *chuch'e*? Eine geniale Ideologie oder eine »Philosophie, die keiner versteht«, wie ein Journalist schrieb?[5]

Da ihr Urheber Kim Il-sung ein begabter Machtpolitiker war, jedoch nicht gerade als großer Theoretiker in Erscheinung trat, neige ich einer Antwort dazwischen zu: Machtpolitisch war *chuch'e* vor allem zu Zeiten des Kalten Krieges nützlich, um sich vom sowjetischen und chinesischen Kommunismus abzugrenzen – und gleichzeitig beide gegeneinander auszuspielen. So konnte sich Kim Il-sung gegen sowjetische und chinesische Versuche der Vereinnahmung wehren, andererseits gelang es ihm, die Sowjets und Chinesen wechselseitig als Unterstützer zu gewinnen. Aber ich bezweifle, dass der durchschnittliche Nordkoreaner über das Wort hinaus viel mit der Bedeutung des Begriffs anzufangen weiß. Versuchen wir eine Annäherung.

Wer in Pjöngjang auf Sightseeingtour geht, kommt mit großer Sicherheit auch zum *chuch'e*-Turm. Er steht am Ufer des Taedong-Flusses inmitten der Hauptstadt, gleich gegenüber dem zentralen Kim-Il-sung-Platz. 1982, anlässlich des

70. Geburtstages des Staatsgründers, wurde der 170 Meter hohe Turm fertiggestellt, auf dessen Spitze eine Flamme oder Fackel thront. Die Fackel ist ein in Nordkorea häufig verwendetes Symbol für die Ideologie, unter anderem bildet sie das Logo des Staatsfernsehens, sie ist also in jeder Hinsicht zentral.

Kim Jong-il führte 1997, drei Jahre nach dem Tod seines Vaters, die neue Zeitrechnung *chuch'e* ein, die mit dem Geburtsjahr Kim Il-sungs 1912 beginnt. Das Jahr 2019 ist demnach *chuch'e* 108. Die Zeitrechnung wird zwar offiziell verwendet, im Alltag gilt sie aber als nicht sonderlich praktikabel, da die Umrechnung in unseren Gregorianischen Kalender kompliziert ist. Nordkoreaner geben ihre Daten deshalb häufig in beiden Varianten an.

Kim Il-sung hat den Begriff laut nordkoreanischer Geschichtsschreibung erstmals im Dezember 1955 bei einer Parteiversammlung verwendet, propagiert wird die Ideologie allerdings erst seit den 1960er-Jahren. Die Wurzeln liegen ironischerweise in Japan: Hier haben die Nationalisten schon früh über einen eigenständigen Weg philosophiert und sich gegen die Tendenz gestellt, alle Errungenschaften des Westens zu glorifizieren und blindlings zu übernehmen – davon erzählt die nordkoreanische Geschichtsschreibung offiziell allerdings nichts.

Grundidee von *chuch'e* ist also die Eigenständigkeit und Autarkie. Als Kim miterlebte, wie sich das große Vorbild Sowjetunion unter Chruschtschow entstalinisierte und einen weniger konfrontativen Weg der friedlichen Koexistenz mit dem kapitalistischen Westen einschlug, wurde der ohnehin notorisch misstrauische Staatsgründer noch misstrauischer. Einerseits war ihm daran gelegen, die Bande zum

Ostblock nicht abreißen zu lassen, andererseits sollte ein eigener Weg her, der in Nordkorea als Weiterentwicklung des Marxismus-Leninismus verkauft wurde, aber der Lehre in einigen Punkten widersprach.

Mit der Ideologie der anderen sozialistischen Staaten verbindet *chuch'e*, dass die »Volksmassen« – die einfachen Arbeiter und Handwerker, aber auch die Intellektuellen – die Revolution von unten vorantreiben sollen. Zum Spielball einer internationalen sozialistischen Bewegung unter sowjetischer und chinesischer Führung wollte man aber nicht werden. 1955 sagte Kim Il-sung: »Ganz gleich, ob wir die Geschichte der kommunistischen Partei Chinas oder die allgemeinen Prinzipien des Marxismus-Leninismus studieren – alles dient letztlich dazu, unsere (koreanische) Revolution zu verwirklichen.« Es ging ihm also vor allem darum, das Nationalbewusstsein zu stärken, andererseits bediente er sich der ideologischen Versatzstücke der Marxisten, um die »Volksmassen« zu mobilisieren. Der Koreanistin Helga Picht sagte einmal ein nordkoreanischer Politiker: »Die koreanische Nation war lange Zeit lediglich Objekt im Konkurrenzkampf der Großmächte.«[6] Dabei neigten nicht wenige koreanische Politiker, sowohl Kommunisten als auch Nationalisten, dazu, sich an einer dieser Großmächte zu orientieren, um mit ihrer Hilfe die politische, ökonomische und kulturelle Entwicklung der koreanischen Nation zu fördern. Das aber habe dem Volk nichts als Spaltung, Bürgerkrieg und menschliches Leid gebracht. »Deshalb dürfen die Koreaner in Zukunft niemandem mehr blind hinterherlaufen.«

Subjekt ist deshalb vielleicht die treffendste Übertragung des Begriffs – so wird die aktive und selbstbestimmte Rolle betont. *Selbstbestimmung* wiederum kennen wir häufig in

Verbindung mit *national*. Nationale Selbstbestimmung allerdings, obwohl in der Sache durchaus zutreffend, erregte damals mehr als heute in Nordkorea Widerspruch, denn der Nationalismus als Ideologie der verhassten Kapitalisten war verpönt. Und so versuchten Kim Il-sungs Leute, die Quadratur des Kreises hinzubekommen, wie Picht aus ihren Begegnungen mit Nordkoreanern schildert, die ihr Folgendes mit auf den Weg gaben: *chuch'e* oder auch *Juche* stehe »absolut nicht im Widerspruch zu den Grundprinzipien des proletarischen Internationalismus. Im Gegenteil: Nur wenn jede einzelne Nation ihr Juche entfalte und die eigene Wirtschaftskraft und politische Autorität stärke, könne sie dem Geiste des proletarischen Internationalismus treu bleiben und zur Festigung der sozialistischen Gesellschaftsordnung im internationalen Rahmen beitragen«.

Nationalistisch und trotzdem internationalistisch? Nordkorea versuchte tatsächlich, *chuch'e* zu exportieren. In sozialistischen Ländern, aber auch in der westdeutschen Bundesrepublik, entstanden im Umfeld von K-Gruppen Zirkeln, die es sich zur Aufgabe machten, Kim Il-sungs Kopfgeburt zu studieren. Das war jedoch selbst zu den Hochzeiten des Kommunismus nicht ansatzweise so erfolgreich wie die berühmte rote *Mao-Bibel* oder andere antiimperialistische Revolutionen, wie jene Hồ Chí Minhs in Vietnam. Die Wirkung blieb auf Nordkorea begrenzt.

Was sicherlich mit den Widersprüchen dieser merkwürdigen Philosophie zu tun hat: Wie passt die angebliche Selbstbestimmung der Volksmassen, der Mensch als Maß aller Dinge, zusammen mit der Idee eines strengen Führerstaates, der dem Einzelnen praktisch keine Rechte einräumt? Kim lieferte eine einfache Antwort, die typische

Diktatorenantwort: Dass der Volkswille nur unter der Führung eines herausragenden Mannes an der Spitze als Herr
der Revolution zur Geltung kommen könne. In dieser Beziehung machte Kim Il-sung keiner etwas vor – er zwang die
Ungereimtheiten unter einen Hut, irgendwie zumindest.

Solche argumentativen Schleifen kennt man auch aus
anderen Diktaturen: Auch die DDR-Staatspartei SED sah
sich als Hüterin des Volkswillens – die Demokratie, also die
Herrschaft des Volkes, steckte ja schon im Namen der Republik. Wie ja auch im offiziellen Namen Nordkoreas. Mit
einer Demokratie mit freien Wahlen und Parteienpluralis-
mus hat das freilich nichts zu tun.

Dass neben so viel Sendungsbewusstsein kein Platz mehr
für Religion ist, verwundert nicht. Praktisch gibt es keine
Religionsfreiheit in Nordkorea – im »Weltverfolgungsindex«
der christlichen Organisation Open Doors belegt Nordkorea
den ersten Rang der unfreiesten Länder.[7] In der Vergangenheit wurden immer wieder christliche Priester eingesperrt,
auch als Tourist sollte man seine Bibel besser zu Hause lassen. Wer jedoch nicht missioniert, hat als Christ nichts zu
befürchten – das gilt aber wohlgemerkt nur für ausländische
Besucher.

Dabei findet Religion durchaus statt, zumindest hat es auf
den ersten Blick den Anschein. Ich habe beispielsweise einmal einen buddhistischen Tempel besucht, der im nordöst-
lichen Ch'ilbogebirge auch Ausländern zugänglich ist. Der
Weg dorthin ist beschwerlich, aber er lohnt sich: schöne
Aussichten über bewaldete Berghänge, schroffe Felsen, nicht
weit davon erstreckt sich die Küste. Inmitten des grünen
Waldes wartete damals ein buddhistischer Mönch in langer
Robe. Er stand vor der großen Halle des Kaesim-Tempels,

der im 9. Jahrhundert erbaut worden ist. Eine große Bronze-glocke aus dem 18. Jahrhundert, viele Buddha-Figuren und Drachen-Skulpturen bieten hervorragende Fotomotive – und erzählen von einer reichen Geschichte.

Trotzdem ist dieser Ort tragisch. Ob der Mönch ein echter Mönch war, sei dahingestellt. Der Kaesim-Tempel allerdings ist heute nichts anderes mehr als eine leere Hülle, in der Religiosität vorgeführt, aber nicht gelebt wird. Außer dem Mönch, den chinesische Touristen eifrig fotografierten, gab es keinerlei Anzeichen für religiöses Leben. Die Touristen warfen Geld in einen Opferstock, nordkoreanische Besucher waren nicht zu sehen. Folklore, nichts als Schauspiel. Zwar bildet Nordkorea sogar Buddhisten aus, aber man kann davon ausgehen, dass die Religion nur in sehr engen Grenzen geduldet wird – nämlich als Vehikel für die Staatspropaganda und *chuch'e*-Ideologie.

Das gilt auch für die christlichen Kirchen. 2006 ließ Kim Jong-il in Pjöngjang sogar eine russisch-orthodoxe Kirche errichten – angeblich, weil ihn die Kerzen und Ikonen bei einem seiner Staatsbesuche in Russland nachhaltig beeindruckt hatten.[8] Dabei ist Nordkoreas Vergangenheit, wie bereits beschrieben, christlich geprägt, auch Kim Il-sungs Eltern waren ja Christen. Doch was ist davon geblieben? Fast nichts, zumal Beobachter die Existenz einer Untergrundkirche für eher unwahrscheinlich halten. Kim Young-il, Gründer der südkoreanischen Menschenrechtsorganisation People for Successful Corean Reunification und selbst nordkoreanischer Flüchtling, ist sich sicher: »Alles, was beinhaltet, dass es etwas Höheres als den jeweiligen Führer geben könnte oder was außerhalb der staatlichen Ideologie Sinn stiften könnte, wird rigoros verfolgt und ausgelöscht. Physisch ausgelöscht.«[9] Was nicht heißt, dass man in Pjöngjang nicht auch ausländischen Christen in Priestergewand über den Weg laufen kann. Nordkorea bleibt eben ein Land voller Widersprüche.

Widersprüchlich nicht nur deshalb, weil Nordkorea nationalistisch und sozialistisch ist – sondern auch viel von einem faschistischen Führerstaat hat. Der Faschismus-Begriff ist meiner Ansicht nach keine exklusive Angelegenheit für die Betrachtung von Benito Mussolinis Italien.[10] Ich halte mich dabei eher an die frühere amerikanische Außenministerin Madeleine Albright, die in ihrem Buch *Faschismus – Eine Warnung* eine breitere Definition vorschlägt: Faschismus sei demnach ein Sammelbegriff für Regime, die Demokratie, Wahlen und die Mühen, viele verschiedene Meinungen zu einem guten Kompromiss zusammenzubringen, verachteten.[11]

Bekanntermaßen entwickelte sich diese Politikverachtung in der deutschen Weimarer Republik ebenso wie in Italien und anderen Staaten mit autoritärer Führung. Nordkoreas Regime agiert ebenso antiliberal, von einem Führerkult geprägt, durchmilitarisiert – alle Politik ist auf ein Ziel hin ausgerichtet, der Stärkung dieses Staates nach innen und außen. Wie in anderen Systemen eines autoritären Korporatismus sind alle zivilgesellschaftlichen Gruppen in eine Art Zwangsmitgliedschaft mit dem Staat eingebunden. Eigenständige Verbände existieren nicht, alle gesellschaftlichen Gruppen arbeiten auf ein vom Regime definiertes Gemeinwohl hin. Anhänger solcher Ideen lehnen alles ab, was der Liberalismus propagiert – zum Beispiel die Trennung zwischen privater und öffentlich-politischer Sphäre.[12] Abweichler werden nicht toleriert.

Wie unter Mussolini und vor allem Hitler erfreuen sich in Nordkorea rassische Ideen der ethnischen Homogenität einer gewissen Beliebtheit, nordkoreanische Politiker und Generäle kritisieren den Süden immer wieder dafür, dass dort binationale Ehen geschlossen werden, sich Südkoreaner also selbstverständlich mit Europäern oder Afrikanern vermählen können, wenn sie wollen. Die Idee einer *Blutnation* unter Einbezug Südkoreas, auch wenn dieser Begriff nicht gebraucht wird, ist in Nordkorea Teil der Staatspropaganda. Wie es bei solchen »völkischen Beobachtern« leider gang und gäbe ist, wittern sie bei jeglicher Art Austausch eine »Verunreinigung« oder »Vermischung«. In Deutschland taucht ja beispielsweise das nationalsozialistische Schlagwort »Umvolkung« wieder in den Mündern rechtsradikaler und neurechter Propagandisten im Umfeld der AfD und anderer Gruppen auf. Auf vergleichbare Art wurde in Nordkorea der frühere amerikanische Präsident Barack Obama beleidigt. Als das Verhältnis mit Amerika wieder einmal auf einen der regelmäßigen Tiefpunkte gefallen war, ließ sich die nordkoreanische Staatspropaganda zu rassistischen Ausfällen hinreißen, bezeichnete den ersten schwarzen Präsidenten im Weißen Haus als »Affe in einem afrikanischen Zoo«.[13] Die Staatsmedien zitierten Arbeiter in einer Fabrik, die sich angeblich vor Obamas Aussehen und dessen »abstehenden und haarigen Ohren« ekelten.

Dabei wird die komplette Themenpalette unverbesserlicher Rechtsradikaler bespielt – so wurde etwa der Australier Michael Kirby, der für die Vereinten Nationen eine Kommission zur Feststellung nordkoreanischer Menschenrechtsverletzungen leitete, wegen seiner Homosexualität verunglimpft.[14]

Dass Vielfalt und die Akzeptanz unterschiedlicher Lebensentwürfe in Nordkorea keinen Platz haben, passt zur monolithischen Herrschaftsstruktur. Toleranz als Vorstufe zur Akzeptanz wird nur ausländischen Touristen in ihren abgeschlossenen Habitaten der Hotels zugestanden – oder Entwicklungshelfern und Wirtschaftsexperten, die für eine gewisse Zeit im Land arbeiten und unterrichten dürfen. Damit der »Virus« der Vielfalt jedoch nicht auf den nordkoreanischen »Volkskörper« übergeht, werden Ausländer – selbst die, die sich längere Zeit im Land aufhalten – nach allen Regeln der Kunst von der Bevölkerung ferngehalten.

Diese Isolation steht einer wirtschaftlichen Entwicklung allerdings im Wege. Besonders deutlich tritt dieser Konflikt unter der Herrschaft von Kim Jong-un auf, denn der junge Machthaber setzt auf die wirtschaftliche Erholung. Zu Beginn seiner Amtszeit propagierte Kim eine Politik, die er *byungjin* nannte – ein Parallelweg aus wirtschaftlichem und militärischem Aufschwung. Im März 2013 unterstrich der junge Machthaber seine Strategie und betonte die militärische und atomare Stärke seines Landes, was er in der Zeit danach durch mehrere Raketentests unter Beweis stellte.

Seit 2012/2013 bezeichnet sich Nordkorea offiziell als Atommacht. Seit dem letzten Raketentest im November 2017 sieht Kim sein Land offenbar als ausreichend gewappnet für mögliche Präventivkriege oder Regimewechselversuche vonseiten der Amerikaner. Zeit also für Kim Jong-un, den Schwerpunkt zu verlagern und *byungjin* zu beerdigen – und verstärkt auf die wirtschaftliche Erholung zu setzen. Allerdings drohte das Regime im November 2018, *byungjin* wiederzubeleben, sollte der Friedensprozess mit Amerika scheitern.[15] Auch das ist typisch nordkoreanisch, abgelegte

Ideologiestücke können bei Bedarf schnell wieder aus dem Hut gezaubert werden.

Solche Strategiewechsel sind aber auch in Nordkorea nicht ohne Risiko, denn sie stellen die Privilegien und Einflussbereiche der Parteiführer, Wirtschaftseliten und Militärkader infrage. Kim Jong-il bekam dies zu spüren, als er Anfang der 2000er-Jahre Wirtschaftsreformen anstieß, die intern auf Kritik stießen, bis er sie teilweise zurücknahm. Das muss sich klarmachen, wer die Abrüstung von atomaren und konventionellen Waffen zu blauäugig herbeisehnt. Die Atombomben sind die Pfunde in der Hand der Militärs, eine Armada von Atomwissenschaftlern und Militärexperten wacht darüber, dass ihr Regime die aus ihrer Sicht wichtigste Waffe nicht aus der Hand gibt. Was sicherlich nicht so schnell passieren wird.

Davon bekommen die gewöhnlichen Nordkoreaner wenig mit. Für sie zählt: Kim Jong-uns Schlagworte wie *byungjin* dienen der Massenmobilisierung, sie zeigen die politische Richtung an – wie Regierungserklärungen oder Reden an die Nation. Nur gewichtiger, wie die Geschichte zeigt.

Schon Kim Il-sung hatte seine Wirtschaft auf Trab bringen wollen, unter anderem mit der *ch'ŏllima*-Bewegung, dem nordkoreanischen Pendant zu Maos *Großem Sprung nach vorn*. Kim Jong-il wiederum fokussierte sich in seiner Amtszeit stark auf die *sŏn'gun*-Politik, die militärische Rüstung, auch deshalb, weil sie ihm ermöglichte, die Militärs nach dem Zusammenbruch der sozialistischen Wirtschaft ruhigzustellen, indem er ihnen den Zugriff auf die knappen Ressourcen ermöglichte – übersetzt bedeutete *sŏn'gun* so viel wie *Militär zuerst*. Jahrelang tauchte der Begriff immer wieder in Reden und Artikeln auf, bevor er 2009 sogar in die Verfassung aufgenommen wurde. Die über alles stehende

Zivilreligion aber bleibt *chuch'e* – egal, ob gerade das Militär oder die Wirtschaft Konjunktur hat. Das zeigt: *chuch'e* ist ein dehnbarer und inhaltsleerer Begriff, der wenig mehr aussagt als Selbstständigkeit oder Autarkie.

Wer durch Nordkorea reist, bemerkt an jeder Ecke Menschen in Uniformen. Egal, welches Museum oder Denkmal man besucht, ja selbst an den Stränden sind Nordkoreaner in Uniformen allgegenwärtig, noch auf den holprigsten Straßen quälen sich Militärlastwagen die Berge hoch. Die Koreanische Volksarmee nimmt einen überragenden Platz in der Gesellschaft ein: Die Wehrdienstzeit von Männern kann bis zu sieben oder zehn Jahren dauern, seit einigen Jahren dienen die Frauen ebenso, wenn auch im Schnitt kürzer, wohl um die vier Jahre. Studierende müssen mitunter weniger Zeit in den Kasernen verbringen, und es gibt genügend Berichte über Angehörige der Elite, die sich vom Wehrdienst ganz oder teilweise freikaufen. In den Schulen, den Behörden und Unternehmen werden regelmäßig Wehrübungen abgehalten, verdiente Soldaten werden in ihren Betrieben oder Schulen auf Fotowänden geehrt. Das Land lebt in einem chronischen Belagerungszustand, wie in einer Festung, bereit, jederzeit die schmale Zugbrücke ins Ausland hochzuziehen. An den Schießscharten stehen ohnehin Tag und Nacht Soldaten mit dem Gewehr im Anschlag.

Warum also musste Kim Jong-il die Militär-zuerst-Politik noch in einen öffentlichkeitswirksamen Begriff packen, wenn das Militär ohnehin allgegenwärtig ist? Die Antwort ist typisch nordkoreanisch: Für Kim Jong-il war es wichtig, eine eigene, wenn auch höchst schwammige Philosophie zu entwickeln, die seine Amtszeit charakterisiert, sozusagen als Markenkern. Zudem: *Sŏn'gun* war der nächste Schritt zur Abkehr vom Marxismus-Leninismus. Indem Kim die Bedeutung seiner Volksarmee für die Revolution stärkte, koppelte er sein Land weiter von den anderen sozialistischen Staaten ab. Ein Militärstaat muss sich nicht länger mit der ohnehin dahinsiechenden sozialistischen Internationale aufhalten, er kann unverhohlen nationalistisch sein. Das hatte einen hübschen Nebeneffekt: Ein Militärstaat muss in ökonomischer Hinsicht keinerlei Rücksicht auf den Sozialismus nehmen. Wenn die Arbeiterklasse an Bedeutung verliert und sich stattdessen eine kapitalistisch denkende und handelnde Mittelschicht bildet – bitte, warum denn nicht? Man ist ja kein sozialistischer Staat mehr, die ehemals verhasste Bourgeoisie taugt nicht mehr zum Feindbild. Vor lauter Nebeneffekten ist das eigentliche Ziel nicht zu vergessen: Die finanziellen Mittel konnten dadurch noch stärker als ohnehin schon in die Rüstung und Verteidigung gesteckt werden. Das passte in die Zeit, nachdem George W. Bush Nordkorea als Teil der *Achse des Bösen* bezeichnet hatte.

Die atomare Aufrüstung war natürlich teuer, aber eine konventionelle Armee, zumal eine fast hoffnungslos veraltete, frisst noch mehr Geld. Nordkorea beschäftigt mehr als eine Million Soldaten und leistet sich damit eine der stärksten Armeen der Welt, erst recht bezogen auf die gerade einmal 25 Millionen Einwohner. Darüber hinaus sollen 20 bis 25 Prozent der Bevölkerung als Reservisten Gewehr bei Fuß stehen. Bis zu einem Viertel des Bruttoinlandsprodukts fließt in die Rüstung und Instandhaltung der meist noch aus der Sowjetunion stammenden Waffen, Panzer, Schiffe und Flugzeuge. Das amerikanische Department of State schätzt, dass Nordkorea im Jahr rund 24 Prozent seines Budgets nur fürs Militär ausgibt.[16] Zum Vergleich: Der deutsche Verteidigungshaus-

Abb. 10: Der Stolz des Regimes: Immer wieder präsentieren die Machthaber ihr reich bestücktes Waffenarsenal auf Pjöngjangs Prachtmeile, wie hier 2018. Kim Jong-un steckt – wie seine Vorväter – die Ressourcen mit Vorliebe in die Hauptstadt und die sündhaft teuren Waffen- und Raketenprogramme. Die Atomwaffen schützen ihn und sein Regime vor ausländischen Interventionen und sorgen für die gewünschte internationale Aufmerksamkeit.

halt 2019 liegt bei rund 43,2 Milliarden Euro, das ist ein Anteil am Bundeshaushalt von 12,1 Prozent.[17] Der Unterschied ist allerdings etwas zu relativieren, da die Wirtschaft Nordkorea insgesamt viel leistungsschwächer ist als die deutsche.

Nordkorea lässt sich das offizielle Militär und die paramilitärischen Einheiten wie die der Rotgardisten also einiges kosten. Es verfügt über 3000 bis 4000 Panzer, mehr als 600 Kampfflugzeuge, dazu Raketensysteme, mehr als 20 000 Artilleriesysteme, Marineschiffe – und rund 70 U-Boote. Fotos, auf denen Kim Jong-un an Deck eines U-Bootes zu sehen ist, grimmig und entschlossen, hinter ihm zwei hohe Militärs der Marine, sind weltweit bekannt geworden. Sie haben etwas unfreiwillig Komisches, denn auch dieses Boot ist hoffnungslos veraltet: Kims U-Boote stammen in der Mehrzahl noch aus den 1960er- und 1970er-Jahren. Allerdings produziert das Land seit den 1990er-Jahren Mini-U-Boote in Eigenregie. Die Flugzeuge stammen, wie gesagt, häufig noch aus sowjetischen Zeiten. Insgesamt verfügt das Regime über rund 180 Waffenfabriken.[18]

Für Nordkorea wird es immer schwieriger, das aufwendige Militär instand zu halten – und Ersatzteile und neue Waffen zu besorgen. Ideologisch gesehen benötigt das Regime dazu das Feindbild USA, welches das Volk zu außergewöhnlichen Leistungen mobilisiert. Ökonomisch gesehen ist es dagegen wichtiger, die Sanktionen loszuwerden. Denn alle Mobilisierungsversuche laufen ins Leere, wenn die nötigen Mittel ausgehen. Für Kim Jong-un ist dies die Gretchenfrage seiner Amtszeit.

HERRSCHAFT UND GEWALT

Der Sanktionsring liegt eng am Hals und schnürt dem Regime zunehmend die Luft ab. Dass Kim Jong-un überhaupt wieder Hoffnung hegt, seine Probleme in den Griff zu bekommen, hat viel mit Donald Trump zu tun. Der amerikanische Präsident betreibt seit dem ersten Gipfeltreffen 2018 – gehen wir davon aus: unwissentlich – nordkoreanische Staatspropaganda. Nach dem Gipfel in Singapur flötete Trump in den höchsten Tönen, nannte Kim einen »sehr talentierten Mann«, eine »große Persönlichkeit«, einen »sehr mächtigen Mann«, der zudem »sein Land liebt«. Im September 2018 gipfelte das auf einer Veranstaltung der Republikaner in West Virginia in einer Liebeserklärung der ganz besonderen Art: »Ich war knallhart, er auch, und zwischen uns ging es hin und her«, sagte Trump. »Und dann haben wir uns verliebt, okay? Nein, wirklich!« Kim habe ihm »wunderschöne Briefe« geschrieben, »großartige Briefe«. Ein knappes Jahr später, kurz vor dem zweiten Gipfeltreffen, nannte Trump Kim einen »Freund«. Bei der Begrüßung wenige Stunden später sagte er, es sei ihm »eine Ehre, mit dem Vorsitzenden Kim zusammen zu sein«. Und selbst Mitte 2019, als Kim wieder Raketentests angeordnet hatte, ließ Trump auf seinen »Freund« nichts kommen. Man kann davon ausgehen, dass sich tatsächlich so etwas wie Sympathie zwischen Kim und Trump entwickelt hat. Bei Trumps Vorliebe für autoritär regierende Männer verwundert das kaum. Und Kim ist empfänglich für Zuneigung aus Washington – die gab es noch nie für einen nordkoreanischen Diktator.

Wenn es nicht wahr wäre, man würde es nicht glauben. Stammten die Formulierungen nicht aus dem Munde des amerikanischen Präsidenten, man müsste sie ignorieren und als Nonsens eines Unzurechnungsfähigen abtun. Das aber funktioniert nicht, da Trump nun mal der mächtigste Staatschef der Welt ist – seine Lobeshymnen haben demnach etwas Tragisches. Sie sind nichts anderes als die Bankrotterklärung eines Politikers, der meint, einen globalen Konflikt wie einen Immobiliendeal abwickeln zu können. Gelegentlich hört man die Anmerkung, dass es geradewegs die Strategie Trumps sei, Kim als gleichbedeutenden Staatsführer zu präsentieren, um ihn zu einer Abrüstungsvereinbarung zu drängen. Doch das kleine Nordkorea ist nicht die Sowjetunion, und Kim ist nicht Michail Gorbatschow. Das Regime in Pjöngjang hat nicht die Bedeutung einer Amerika ebenbürtigen globalen Supermacht. Manchmal scheint es, als ob Trump Pjöngjang mit Peking verwechselt.

Trump geht Kim auf den Leim, indem er sich in dessen Strategie atomarer Abschreckung einweben lässt. Kim ist es gelungen, sein Atomprogramm als gigantisches Ablenkungsmanöver einzusetzen. Meldungen über Menschenrechtsverletzungen, die Lager und willkürliche Verhaftungen schaffen es kaum noch in unsere Nachrichten. Das liegt nicht nur an der atomaren Ablenkung, sondern daran, dass Nordkorea so gut wie keine Journalisten ins Land lässt. Auch die Fachleute von Stiftungen und Nichtregierungsorganisationen dürfen kaum ins Land, und wenn, dann sind sie gut beraten, die Gewalt nicht zu thematisieren, soll der Gesprächsfaden mit den Offiziellen in Nordkorea nicht abreißen.

Das alles wäre kein Problem, würde die atomare Entspannung zugleich zu einer Verbesserung der Menschenrechtslage führen. Aber dafür gibt es keinerlei Hinweise, im Gegenteil: In Zeiten, da die Nordkoreaner nicht mehr vollends abzukoppeln sind von den technischen Neuerungen der digitalen Welt, von Internet und Smartphones, wird der Staat noch nervöser und paranoider. In den Lagern und Gefängnissen sind nach verschiedenen Schätzungen weiterhin rund 80 000 bis 120 000 Menschen eingesperrt.[19] Das Regime betreibt dazu ein zweigliedriges Lagersystem aus *kyo-hwa-so* genannten Umerziehungslagern, in denen die Gefangenen auf ihre Freilassung hoffen dürfen, und den berüchtigten *kwan-li-so*-Lagern für politische Häftlinge, aus denen es so gut wie kein Entrinnen gibt. Bis auf Menschenrechtsgruppen und die Vereinten Nationen interessiert das die Welt in ihrem Atomprogrammfieber derzeit kaum. Das ist ein Skandal.

Provinz Nord-Hamgyŏng, zwischen Hoeryŏng und Ch'ŏngjin. Seit ich in dem verwitterten Städtchen Namyang nordkoreanisches Staatsgebiet betreten habe, rumpele ich über die schlechten Straßen. Die Provinz liegt im Nordosten Nordkoreas, eingepfercht zwischen den beiden Riesen China und Russland. Ich bin weit weg von Pjöngjang mit seinen neuen Häusern und den bunt angestrahlten Fassaden. Autos sind hier kaum zu sehen, dabei scheinen alle irgendwie unterwegs zu sein. Zu Fuß, manche mit dem Rad. Ab und an fährt ein Militärlaster vorbei, schon von Weitem zu erkennen an der Rauchwolke, die aus dem Holzvergaser nach oben steigt. Die Spritsituation hat sich zwar verbessert in den vergangenen Jahren, aber noch immer ist Treibstoff ein knappes Gut.

Mein nordkoreanischer Reisebegleiter, der permanent darauf achtet, dass ich ja keine Fotos aus dem Bus heraus schieße, erzählt mir vom Aufbau nach dem Koreakrieg und der großartigen Rolle, die Kim Il-sung bei der Mobilisierung der Arbeiter mit seinem vorbildhaften Tun gespielt habe. Ich höre nur mit einem Ohr hin, schaue stattdessen fasziniert auf die Felder und die armseligen Dörfchen am Wegesrand. Ab und an sehe ich Arbeitsbrigaden, die Löcher in der Schotterpiste stopfen. Frauen und Männer mit Spitzhacken und einfachen Schaufeln, ohne schwereres Gerät. Sie picken eher demotiviert im Schotter herum. In Nordkorea gibt es keine Straßenbaumeistereien, Flickarbeiten haben die Bewohner in Einwohnergruppen, sogenannten *inminban*, selbst auszuführen. Die Dörfer und lokalen Verwaltungen sind für die Organisation zuständig, und die Grenzsteine zeigen an, wo das Zuständigkeitsgebiet beginnt und endet.

Es ist ein seltsames und mulmiges Gefühl, das mich hier

beschleicht. Durch Satellitenaufnahmen und Berichte Geflüchteter ist bekannt, dass hier oben mindestens eines der gefürchteten Lager für politische Gefangene existiert. Ich weiß, eines davon kann nur wenige Kilometer von meinem Aufenthaltsort entfernt sein. Ich überlege, ob ich meinen Reiseführer danach fragen soll, nehme dann aber sofort Abstand davon. Es hätte keinen Sinn, und würde nur dazu führen, dass der Gesprächsfaden hier und jetzt abreißt. Das alte Dilemma im Umgang mit Diktaturen, selbst hier im Kleinen. Vielleicht, so überlege ich, wäre es auch nicht fair, weil der Reiseleiter möglicherweise wirklich nichts weiß von den Lagern. Das nordkoreanische Regime dementiert schließlich nach wie vor deren Existenz, die man getrost mit Stalins Gulag oder den Konzentrationslagern der Nazis (nicht aber den Vernichtungslagern wie Auschwitz-Birkenau) vergleichen kann.

Seit Jahren dringen immer wieder Berichte von Geflüchteten durch, die Zwangsarbeit, Hunger, Willkür der Wärter, Folterstrafen und Hinrichtungen schildern. Ein Foto und einige wenige Filmaufnahmen haben es in die internationale Presse geschafft: Zu sehen sind Personen in grauer Häftlingskleidung – wegen der Kälte haben sie teilweise Tücher um den Kopf gebunden –, die einen schweren Eimer, vielleicht mit Kohle oder Suppe gefüllt, an einer Stange tragen. Es liegt Schnee, ein paar Baracken sind zu sehen, und allgegenwärtig: Stacheldraht.[20] Man fühlt sich automatisch an Kriegsschilderungen aus Deutschland oder Polen erinnert, an die schrecklichen Kulissen eines Weltkriegsfilms. So weit die Füße eben tragen.

Ahn Myong-chol war ein Täter, er war viele Jahre als Wärter in Konzentrationslagern tätig, auch in Hoeryŏng, an dem ich mutmaßlich vorbeigefahren bin. Als 17-Jähriger begann er seinen Dienst im Lager. Zuvor hatte er die militärische Grundausbildung hinter sich gebracht, gefolgt von einem monatelangen Spezialtraining für den Wächterjob. Er war hart zu sich selbst und zu anderen, schilderte er später.[21] Die Häftlinge beschrieb er als Haut und Knochen, als kleine, durch die Schwerstarbeit in Steinbrüchen gebückte Menschen. Wer als Wärter Fluchtversuche vereiteln konnte, erhielt eine Belohnung. »Mein Vorgesetzter zwang einige Häftlinge, den Stacheldraht hochzuklettern, damit er sie dabei töten konnte«, erzählte Ahn. Alte oder Junge, ganz egal. Wegen der Sippenhaft wurden oft sogar ganze Familien eingesperrt.

Solche Schilderungen füllen mittlerweile ganze Bücherregale, und doch unterscheidet sich Ahns von vielen anderen, durch die Fülle an Details – und die Täterperspektive. Er flüchtete später über den Grenzfluss nach China, lebt heute in Südkorea und engagiert sich für eine Menschenrechtsorganisation.

Im Februar 2014 legte eine Untersuchungskommission unter Vorsitz von Michael Kirby den bis dato umfänglichsten Bericht über das Grauen der nordkoreanischen Lager vor.[22] Monatelang hatten die Kommissionsmitglieder mehr als 300 Zeugen zu ihren Erlebnissen befragt, rund 80 öffentlich, die anderen hinter verschlossenen Türen. Spätestens seitdem gilt als gesichert, dass Nordkorea über ein umfangreiches Lagerhaftsystem verfügt – auch wenn weder Journalisten noch Menschenrechtsexperten diese besuchen und inspizieren durften. Die Vielzahl der geschilderten Leidenswege lässt an den Grausamkeiten des Systems keinen Zweifel mehr zu.

Es ist ein erschütterndes Zeugnis: Mord, Inhaftierung, Vergewaltigung, Versklavung – die volle Bandbreite menschlicher Unmenschlichkeiten. Dazu kommen Berichte über Personen, die einfach »verschwinden«, ganze Bevölkerungsgruppen, die zwangsumgesiedelt werden. Der geschilderte Horror ließ keinen der UN-Experten kalt: Auch der nüchterne Jurist Kirby gab in einem emotionalen Statement zu Protokoll, dass ihn die Geschichten der Geflüchteten erschüttert hätten. Viele fühlten sich an die Bilder aus Weltkriegsdokumentationen erinnert, aus Zeiten, die längst überwunden schienen.

Eine Zusammenfassung des Kirby-Berichts ging 2014 nach Pjöngjang. Das Regime reagierte erwartungsgemäß ablehnend und bezeichnete ihn als »Ansammlung von Lügen«. Die Aussagen der gehörten Zeugen würden aus »dem Munde menschlichen Abschaums« stammen.[23] Kirby schrieb mehrfach an Kim Jong-un persönlich mit der Warnung, ein Staatsführer, der Beihilfe zu Verbrechen gegen die Menschlichkeit leiste, indem er nichts dagegen tue, mache sich nach internationalem Recht strafbar. Natürlich erhielt Kirby nie eine Antwort.

Das Regime in Pjöngjang versuchte immer wieder, Zeugen unglaubwürdig zu machen – und tatsächlich gab es dazu auch Anlässe, weil manche übertrieben oder Einzelheiten herbeikonstruierten, die sich im Nachhinein als falsch herausstellten.[24] Die mediale Sensationsgier sowie die wenig hilfreiche Praxis, nordkoreanische Flüchtlinge – oder wie sie auch genannt werden: Überläufer – für Interviews zu bezahlen, hat eine gewisse Story-Industrie geschaffen, die problematisch ist. Daraus saugen Kritiker nordkoreanischer Flüchtlingsgeschichten immer wieder ihren Nektar, nicht zuletzt das Regime selbst.

Zu Unrecht. Denn selbst wenn einige Details relativiert werden oder einige wenige Aussagen unzuverlässig sind: In der Masse, auch in der Masse der übereinstimmenden Schilderungen – obwohl sich diese Zeitzeugen nicht kennen und sie sich nicht abgesprochen haben können – sind die Berichte glaubwürdig. Es passiert trotzdem nichts bis wenig. Nicht nur Trump drängt Menschenrechtsthemen als lästiges Beiwerk an den Rand. In Verhandlungen mit Nordkorea werden sie systematisch ausgeklammert, um den Friedensprozess nicht zu gefährden. Die Logik dahinter ist ja nicht von der Hand zu weisen: Vielleicht, so die Hoffnung, könne so mehr erreicht werden. Denn normalisierte sich Nordkorea, würde mittelfristig gar zu einem gewöhnlichen Staat werden, könnte sich auch die Menschenrechtssituation verbessern. So sagte etwa der frühere DDR-Regierungschef Hans Modrow, der 2018 auf Einladung des Kim-Regimes nach Pjöngjang gereist war, im Interview mit *FAZ.NET:* »Ich halte es im Moment für falsch, das groß zu thematisieren. Dadurch würde der Friedensprozess torpediert und alles, wofür sich Moon Jae-in derzeit einsetzt.«[25]

Ich persönlich halte diese Auffassung für blauäugig. Die Verbesserung der Menschenrechtssituation muss zu einer Bedingung für Zugeständnisse im Friedensprozess gemacht werden. Trumps weitgehender Kuschelkurs wiegt das Regime hingegen in dieser Frage in Sicherheit. Michael Kirby mahnte 2018 noch einmal eindringlich, im Friedensprozess die Menschenrechte nicht zu vergessen. Denn solange Kim ein Interesse an wirtschaftlicher Hilfe hat, wird er auch auf diesem Ohr zuhören.

Der Diktator ist natürlich im Bilde, was die Menschenrechtssituation in seinem Land angeht. Das System der Lager wurde von seinem Großvater installiert, der Vater betrieb es weiter. 1992 berichteten zwei Überläufer aus ihrem Leben im größten Lager Yodŏk: Sie schilderten die Sicherungsmaßnahmen und Elektrozäune, Wachtürme stünden in Abständen von jeweils wenigen Hundert Metern, rund 15 Häftlinge versuchten im Jahr zu fliehen. Auf gescheiterte Fluchtversuche stand damals die Todesstrafe, zur Abschreckung vor den Augen der Mitgefangenen.

Nach allem, was wir wissen, hat die Repression nicht nachgelassen. Allerdings versucht das Regime, das Grauen zu verschleiern. So wurden in den vergangenen Jahren Lager zusammengeführt, andere geschlossen. Die Sippenhaft ist mittlerweile etwas gelockert, Hinrichtungen finden seltener öffentlich statt, um keine Rebellion anzustacheln. Vor allem solche Lager, die in der Nähe der Grenze zu China lagen, wurden geschlossen – oder ins Landesinnere verlegt. Zu groß die Gefahr, dass Insassen ins Ausland flüchten und dort von ihren Erlebnissen berichten. Derzeit gibt es vier oder fünf Lager für politische Gefangene und 15 bis 20 Lager zur Umerziehung. Die Lager für die politischen Häftlinge gelten als härter, die Insassen müssen in der Regel viel längere Strafen absitzen oder werden, wie in den »total kontrollierten Lagerzonen«, niemals entlassen.

Durch Satellitenaufnahmen weiß man, wo sie liegen: meist in unwegsamem Gelände, in Tälern, hinter Bergen, fernab von Dörfern oder Städten. Oftmals sind es keine klassisch umzäunten Lager, sondern eher Ansammlungen von Barackenbehausungen, lose miteinander verbunden, aber außen streng bewacht.

Angebliche Verbrechen gegen den Staat und die Nation dienen als Vorwand, Regimekritiker hinter Gitter zu bringen. Es reicht aus, Zweifel an der Führungskompetenz von Kim Jong-un zu äußern, vielleicht unter Alkoholeinfluss etwas lauter als beabsichtigt, und dabei denunziert zu werden. Zwölf-Stunden-Tage in Zwangsarbeit, schlechte Ernährung, Kälte und Krankheiten – die Zustände in den Lagern gelten nach wie vor als prekär und gleichbleibend schlecht.

Wie viele Menschen seit der Errichtung der Lager unter den quälenden Bedingungen gestorben sind, weiß man nicht genau, Schätzungen zufolge könnten es um die 500 000 sein.[26] Dass Kim Jong-un die Grenzkontrollen verstärkt und zudem die Lager noch besser versteckt hat, zeigt, wie sehr er sich bemüht, sein international ramponiertes Image aufzupolieren. Er weiß, was ein einzelnes Foto einer Folterszene oder einer Hinrichtung, aus Nordkorea ins Ausland geschmuggelt und veröffentlicht, in Amerika und erst recht in Südkorea auslösen könnte, gerade in Zeiten schneller sozialer Medien. Weder der gute Wille Moon Jae-ins noch die Ignoranz Donald Trumps dürften den Friedensprozess dann noch retten können.

Dabei ist der Schutz der Menschenrechte – man lese und staune – in der nordkoreanischen Verfassung verankert. Selbst wenn es keine Präzisierungen in einzelnen Gesetzen gibt, ist das doch mindestens bemerkenswert. Die westliche Definition von Menschenrechten wird in Pjöngjang aber in Zweifel gezogen, zumal sich das Kim-Regime in der Frage auf China stützen kann, das zunehmend von jenem Konsens abrückt, der in der Menschenrechtscharta der Vereinten Nationen unverbindlich dargelegt ist. Kritisieren die Vereinigten Staaten die nordkoreanischen Menschenrechtsverletzungen, so folgt meistens eine Retourkutsche in Form einer Pauschalkritik an Menschenrechtsverletzungen, die

die USA begangen haben – die Toten in Korea, Vietnam oder beim Einmarsch amerikanischer Truppen in den Irak 2003. Die Logik dahinter klingt für nordkoreanische Ohren und auch für die altlinker Antiamerikanisten plausibel, zumal man Nordkorea in der Tat im Gegensatz zu den Vereinigten Staaten kaum expansive Gelüste unterstellen kann. Westlichen Staaten wirft Pjöngjang zudem häufig eine Doppelmoral vor – und kritisiert soziale Ungleichheiten, sichtbar durch Obdachlosigkeit und Flaschen sammelnde Rentner in Europas und Amerikas Großstädten. All das – so der wenig subtile Subtext – existiere in Nordkorea nicht, was in Anbetracht der Armut und der dem Sozialismus gänzlich widersprechenden Ungleichheit eine blanke Lüge ist. Eine Lüge, die allerdings in Teilen des isolierten Volkes Anklang findet, weil die jahrzehntelange Propaganda ihre Wirkung zeigt, die meisten Nordkoreaner niemals ihr Land verlassen haben, und jene, die reisen dürfen, vor allem nach China und nicht in westliche Demokratien fahren.

Es ist nicht nur wichtig, die Verbrechen für die Gegenwart aufzuarbeiten, sondern auch für den Tag X, sollte das nordkoreanische Regime kollabieren. Könnte Kim eines Tages vor den Internationalen Strafgerichtshof nach Den Haag kommen? Davon abgesehen, dass niemand mit einem schnellen Ende des Regimes rechnen sollte, hat die Akzeptanz der internationalen Strafverfolgung gelitten, und daran sind nicht zuletzt die USA schuld. Die Vereinigten Staaten lehnen den Internationalen Strafgerichtshof nach wie vor ab, wollen ihm nicht beitreten und akzeptieren keine Urteile gegen amerikanische Staatsbürger. Trumps Sicherheitsberater John Bolton, seit jeher Hardliner und Falke, drohte 2018 sogar Staaten, die den Gerichtshof unterstützen, mit einer

Kürzung von Entwicklungshilfe.[27] Peking und Moskau verhalten sich nicht kooperativer: Da sowohl China als auch Russland und die USA die entscheidenden Akteure in der Region sind, ist von einer wichtigen Rolle der Den Haager Richter und Ankläger also nicht auszugehen.

Was bleibt? Die Koreaner könnten ein eigenes Verfahren entwickeln, so wie es in Südafrika nach dem Ende des Apartheid-Regimes oder in Kambodscha nach der Schreckensherrschaft der Roten Khmer geschehen ist. Die südafrikanische Wahrheits- und Versöhnungskommission könnte Vorbild sein, zahlreiche Morde und andere Verbrechen wurden aufgeklärt – und die Schilderungen einer breiten Öffentlichkeit vorgeführt. Dass viele Täter Amnestie genossen und straffrei blieben, sorgte allerdings für viel Kritik.

Nicht weniger kritisiert wird Kambodschas Strafverfolgung seiner Rote-Khmer-Führer. »Bruder Nummer eins« Pol Pot wurde 1997 in einem Schauprozess von ehemaligen Mitstreitern zu lebenslanger Haft »verurteilt«, mit einer fairen Rechtsprechung hatte das nichts zu tun. Kambodschas Langzeitregierungschef Hun Sen, selbst ein ehemaliger Guerillakämpfer der Roten Khmer, zögerte einen ordentlichen Prozess lange hinaus. Schließlich einigte man sich auf ein hybrides Konstrukt aus nationalem und internationalem Gericht unter der Schirmherrschaft der Vereinten Nationen mit Sitz in der Hauptstadt Phnom Penh. Trotz aller Kritik konnte so zumindest der sadistische Chef des Foltergefängnisses Tuol Sleng, Kaing Guek Eav alias »Duch«, lebenslänglich verurteilt werden. Pol Pots Stellvertreter und grausamer Chefideologe Nuon Chea und andere Führungsleute wurden ebenfalls verurteilt, zuletzt noch einmal 2018, in hochbetagtem Alter. Eine späte, allerdings sehr späte Gerechtigkeit.

Ein innerkoreanisches Gericht, das mit Unterstützung der UN und verschiedener Geldgeber einen Prozess nach internationalem Recht organisieren könnte, wäre die beste Lösung. Aber dafür ist es noch zu früh. Die Vorbereitungen laufen allerdings schon auf Hochtouren.

Seoul, im Herbst 2018. In einem quirligen Viertel, inmitten von Möbel- und Elektronikläden, kleinen Garküchen und Cafés, arbeiten die Helfer der Menschenrechtsorganisation Database Center for North Korean Human Rights am Gedächtnis nordkoreanischer Gräueltaten. In den Büros der Organisation stapeln sich Papiere und Aktenordner, die Einrichtung ist wenig repräsentativ, sie wirkt etwas zusammengewürfelt. Hier wird nichts zur Schau gestellt, hier wird an Koreas Zukunft gearbeitet.

Die Menschenrechtsorganisation, die 2003 gegründet wurde, belässt es nicht bei Appellen für mehr Menschlichkeit, sondern sammelt handfeste Daten, die eines Tages vor Gericht eine wichtige Rolle spielen könnten. Bislang sind knapp 71 500 Fälle registriert.[28] Grundlage sind Befragungen nordkoreanischer Flüchtlinge. Menschenrechte – und ihre Verletzungen – werden kategorisiert, zum Beispiel Verstöße gegen das Recht auf körperliche Unversehrtheit, das Recht, eine Familie zu gründen, frei zu reisen und sich seinen Wohn- und Arbeitsplatz selbstständig zu wählen.

Die meisten geschilderten Verbrechen haben die Flüchtlinge am eigenen Leib erlebt, andere kennen sie vom Hörensagen, von ehemaligen Nachbarn oder Arbeitskollegen. Um sicherzugehen, dass die Berichte wahr sind und nicht der kruden Fantasie von Wichtigtuern entspringen, werden die Fälle bewertet. Erzählt jemand von einer Massenhinrichtung, die er gesehen haben will, so wird die Schilderung mit anderen

Zeugenaussagen verglichen. Wenn 30 oder 40 Zeitzeugen unabhängig voneinander vom gleichen Massengrab berichten, wird diesen Aussagen besonderer Wert beigemessen. Dabei geht es um mehr als Rache: Lee Jai-chun, der Direktor der Organisation, betont, wie wichtig gerade diese mühsame Arbeit für die Versöhnung der beiden Koreas und ihrer Menschen im Falle einer Wiedervereinigung sein würde.

Was die Sache allerdings erschwert: Nordkorea hat mit China einen mächtigen Komplizen. Staatspräsident Xi Jinping hält wie seine Vorgänger eine schützende Hand über das nordkoreanische Regime, weil er den unkontrollierten Zusammenbruch fürchtet. Nirgendwo wird das deutlicher als bei den Fluchtmöglichkeiten der Nordkoreaner. Die Grenze nach Süden ist vermint, eine Flucht auf direktem Wege nach Südkorea damit so gut wie unmöglich. Wenn, dann gelingt es fast nur dort stationierten Soldaten, die Demarkationslinie zu überwinden. Die Grenze nach Russland ist nur sehr kurz und zudem weit entfernt von den meisten Siedlungsräumen Nordkoreas.

Was bleibt, ist China. Die Grenze zum großen Nachbarn beträgt knappe 1500 Kilometer. Als natürliche Barrieren sind nur die Flüsse Yalu und Tumen zu überwinden, wobei der Tumen schmaler ist und das Wasser seichter. Die volle Länge ist schlecht zu überwachen, selbst seitdem Kim Jong-un die Zahl der Grenzposten erhöht hat – und auch die Chinesen verstärkt auf Patrouille gehen. Gut bewacht sind nur die wenigen Brücken, dazwischen ist unwegsames Niemandsland; die meisten Flüchtlinge waten durchs Wasser und tauchen, sofern sie nicht gleich geschnappt werden, in China unter.

Eine der Hauptfluchtrouten führt in die Region rund um Tumen. Die chinesische Provinzstadt am gleichnamigen

Grenzfluss liegt im Länderdreieck zwischen China, Russland und Nordkorea. Für chinesische Verhältnisse eine Kleinstadt, keine besonders ansehnliche. Als ich dort nach der Bahnfahrt von Peking aussteige, nieselt es, und die Stadt erscheint noch grauer als sonst. Die Anreise erfolgt durch die Provinz Jilin, genauer: durch den Autonomen Bezirk Yanbian, wo eine große koreanische Minderheit lebt, ihr Anteil an der Bevölkerung liegt bei rund einem Drittel. In der Stadt Yanji beispielsweise gibt es nicht nur nordkoreanische Restaurants, sondern auch Hotels und Geschäfte.

Tumen ist im Wandel, da China hier, im lange vernachlässigten Nordosten, enorm investiert hat. Mit der neuen Straßenverbindung setzte ein Bauboom ein, mit modernen Glasfassaden und einer belebteren Gastronomie. Wie in den anderen Grenzstädten – Dandong etwa – schaufelt China damit die Gräben zwischen dem eigenen Wirtschaftsaufschwung der vergangenen Jahrzehnte und dem rückständigen Nordkorea immer tiefer. Darunter leidet das Verständnis füreinander: Der chinesische Grenzbeamte nickt nur abschätzig nach Nordkorea hinüber und sagt in gebrochenem Englisch: »Die sind verrückt da drüben.«

Das Grenzgebäude steht klotzig am Ende der Brücke, die in den nordkoreanischen Ort Namyang führt. Eine andere Welt: Schon von Weitem ist das Porträt Kim Il-sungs am maroden Bahnhof zu sehen. Drumherum gruppieren sich Wohnkasernen, teils mit kaputten Fenstern. Man geht über die 500 Meter lange Brücke Nordkorea entgegen, ein gelber Streifen markiert die Grenze. Der Boden am anderen Ufer ist schlammig, die Straßen in schlechtem Zustand, die Hänge hinter dem Ort gerodet. Die Region wird häufig von Fluten heimgesucht, einige Häuser wurden nach der letzten neu errichtet.

Am Ende der Brücke wartet ein Grenzposten, der sich den Pass zeigen lässt. Dann schickt er mich in das Zollhäuschen, das überraschend sauber ist. Ein Arzt in weißem Kittel hält mir ein Fieberthermometer ins Ohr – Krankheiten möchte man sich hier nicht importieren. Mein Köfferchen muss ich abgeben, die Grenzer durchsuchen es in einem anderen Raum. Akribisch durchsucht werde auch ich, inklusive meines Portemonnaies, das ich öffnen und ausschütten muss. Meine beiden Kameras und die mitgebrachten Speicherkarten werden notiert, dann darf ich ins Land.

Die Einreise über Tumen ist die spannendste. Der Grenzübergang ist erst seit einigen Jahren für westliche Ausländer geöffnet – und dementsprechend weniger erfahren oder auch abgestumpft sind die Grenzbeamten. Ihre Kontrollen wirken weniger routiniert, dafür aber umso gründlicher. Sie suchen zwischen den Euromünzen im Portemonnaie nach verborgenen Speicherkarten für meine Kamera, damit ich Fotos später nicht verstecken kann. Bei der Ausreise wird sich ein weiterer Grenzer meine Kamera näher anschauen und die aus Sicht des Regimes unliebsamen Fotos löschen – zum Beispiel solche, die Armut zeigen oder halb abgeschnittene Führerporträts.

Nach Ansicht der Behörden ist die Gegend hier eigentlich wenig geeignet für neugierige Augen und Ohren. Nord-Hamgyŏng, die am weitesten von Pjöngjang entfernte Provinz, ist mit ihren rund zwei Millionen Einwohnern die ärmste und am ärgsten gebeutelte Region Nordkoreas. Die Hungersnot in den 1990er-Jahren grassierte hier besonders dramatisch. In der Hauptstadt Ch'ŏngjin starben damals bis zu 20 Prozent der Einwohner an Unterernährung. Der früher dichte Baumbestand wurde aus Brennstoffmangel dezimiert, die Hügel sind häufig karg, die Umgebung wirkt leblos. Die Unzufriedenheit der Bevölkerung scheint hier hoch zu sein, zumal die privilegierten Familien in Pjöngjang leben, nicht aber in dieser Verbannungsregion. Die meisten Flüchtlinge, die es bis nach Südkorea schaffen, kommen – wenig überraschend – aus Nord-Hamgyŏng.

Das hat natürlich mit der Nähe zu China zu tun. Die gängigsten Fluchtrouten von Ch'ŏngjin führen über die Grenzorte Musan oder Hoeryŏng. Um die 30 000 Flüchtlinge aus Nordkorea leben mittlerweile in Südkorea, dem Land, in das es die meisten der Sprache und Kultur wegen hin verschlägt. Für den gefährlichen Schleichweg an Dörfern vorbei, durch Gebüsch und kleine Wälder bis zur Grenze, bezahlen die meisten einen Schlepper. Doch wer die chinesische Grenze überquert hat, ist noch längst nicht gerettet: China gewährt nordkoreanischen Flüchtlingen kein politisches Asyl, sondern betrachtet sie als Wirtschaftsmigranten auf der Suche nach einem besseren Job. Wie gewöhnliche illegale Immigranten setzen die Behörden sie fest, nehmen sie in Abschiebehaft und schicken sie bei nächster Gelegenheit nach Nordkorea zurück.

Andere schaffen es, in der durch viele Koreaner geprägten chinesischen Provinz unterzutauchen. Die spezielle nordkoreanische Sprachfärbung frei von Anglizismen fällt hier nicht weiter auf. Doch wer illegal bleibt, lebt in Angst. Manche verstecken sich Monate oder gar Jahre in China, bevor sie mit der Hilfe südkoreanischer oder amerikanischer Menschenrechtsaktivisten entkommen.

Die gängige Route führt über Thailand oder Laos nach Seoul, andere fliehen über die Mongolei. Immer wieder versuchen Nordkoreaner, sich in der chinesischen Stadt Shenyang in das japanische oder auch deutsche Konsulat zu retten. Hilfestellung leisten Menschenrechtsgruppen und christliche Vereine mit Sitz in China oder Südkorea, die im Zweifelsfall über Bestechungsgelder und Kontakte verfügen, um die nötigen Papiere zu besorgen. Auch wenn der Schleppermarkt dadurch finanziert wird: Die Tatsache, dass China weiterhin mit Nordkorea kollaboriert, lässt keine anderen Wege zu.

Seit Kim Jong-un die Macht übernommen hat, ist die Zahl der Flüchtlinge nach Südkorea signifikant gesunken. Nach Angaben des südkoreanischen Wiedervereinigungsministeriums flüchteten 2007 2554 Männer und Frauen in den Süden, 2017 waren es »nur noch« 1127, 2018 nach vorläufigem Stand 1137.[29] Wohlgemerkt, das sind nur jene, die es bis in den Süden geschafft haben. Wie viele auf ihrer Flucht an der Grenze oder in China aufgegriffen und zurückgeschickt worden sind, ist nicht bekannt.

Eine Begründung für die gesunkenen Zahlen: Die Versorgungslage hat sich zwischenzeitlich gebessert. Obwohl das Nahrungsmittelangebot für die meisten Nordkoreaner noch immer dürftig ist, ist die schlimmste Hungerkrise überstanden. Allerdings gibt es Rückschläge: 2019 reduzierte das Regime die Tagesrationen im öffentlichen Lebensmittelverteilungssystem nach Angaben der Welthungerhilfe von 360 bis 430 Gramm auf 300 Gramm Getreide, Mais und Kartoffeln für Offizielle und Arbeiter. Kinder und Senioren sollen bis auf Weiteres die früheren Rationen bekommen, wobei auch diese nur 50 bis 70 Prozent der optimalen Tagesration von mehr als 550 Gramm ausmachen.[30] Inwieweit die Verschlechterung der Lebensmittelversorgung zu ansteigenden Fluchtzahlen führt, bleibt abzuwarten. Denkbar ist es aber. Die vereinten Nationen rechnen mit einer neuen Hungersnot.

Es gibt noch andere gewichtige Gründe: Zum einen sind die Preise für Schleuser in den vergangenen Jahren massiv gestiegen. Ein Fluchtversuch kostet heute um die 5000 oder 6000, manchmal sogar bis zu 10 000 Dollar, erläutert die Bulgarin Teodora Gyupchanova, die für die Organisation Database Center for North Korean Human Rights arbeitet. Zum anderen hat Kim Jong-un die Grenzkontrollen verstärkt, während China seinerseits offensiver als in der Vergangenheit nach Nordkoreanern sucht. Der gestiegene Fahndungsdruck setzt den Flüchtlingen stärker zu – und treibt sie zur schnelleren Durchreise an, um China möglichst schnell hinter sich zu lassen.

In der Gesamtabwägung dürfte das Risiko einer Flucht deshalb heute größer sein als früher, zumal die Geldmittel oft nicht ausreichen. Dennoch nehmen es weiterhin viele auf sich, darunter besonders viele Frauen: Die Menschenrechtsorganisation Human Rights Watch hat Frauen interviewt, die Erschütterndes berichten, unter anderem von sexueller Ausbeutung und mangelnder Strafverfolgung, wenn ein nordkoreanischer Behördenmitarbeiter etwa bei der Bewilligung einer Marktlizenz kein Geld, sondern eine »sexuelle Dienstleistung« einfordert.[31] Die Täter sollen ranghohe Parteifunktionäre, Gefängniswärter oder Sicherheitsleute sein.

Frauen sind deshalb besonders gefährdet, weil sie oftmals auf den halblegalen Märkten arbeiten. Eine ehemalige Händlerin, die 2014 flüchten konnte, schildert ihre Erlebnisse: »An den Tagen, an denen sie sich danach fühlten, konnten Marktwächter oder Polizisten mich bitten, ihnen in einen leeren Raum außerhalb des Marktgeländes oder an einen anderen Ort zu folgen, den sie sich ausgesucht hatten.« Dort sei sie mehrfach sexuell missbraucht worden. Die Frauen haben kaum eine Wahl – weil sie als Haupternährerinnen ihrer Familien auf das Geld ihrer Marktverkäufe angewiesen sind.

Pjöngjang verwahrte sich gegen den Bericht, nannte die Schilderungen »absurd«, sie seien »Teil einer politischen Intrige«. In einem wütenden Leitartikel in der Staatszeitung *Rodong Sinmun* schrieben Pjöngjangs Chefagitatoren, dass die Vorwürfe allesamt auf dem »Dreck« des »menschlichen Abschaums« basierten, auf denen, die aus dem Land gelaufen seien, nachdem sie »unentschuldbare Verbrechen« begangen hätten – gemeint sind die Flüchtlinge.[32]

Was Nordkoreas Offizielle für Verbrechen halten, sind in Wahrheit nachvollziehbare Gründe: Menschen sehen in Nordkorea keine Perspektive für ihre Kinder, oder sie stehen wegen eines Vergehens oder eines früheren Fluchtversuchs unter Beobachtung der Behörden. Sie haben kein Geld, um sich bei kleineren Vergehen wie dem Verkauf auf Märkten ohne Genehmigung bei den korrupten Sicherheitsleuten freizukaufen. Wer Geld hat, am besten ausländische Devisen, kann sich im angeblich egalitären Nordkorea fast alles besorgen, inklusive eines Quäntchens Freiheit. Wer dagegen mittellos ist, ist ausgeliefert – für viele bleibt dann nur die Flucht.[33] 30,8 Prozent der befragten geflüchteten Nordkoreaner geben in einer Umfrage an, dem Land vor Hunger und Armut den Rücken gekehrt zu haben. 20,3 Prozent aus Antipathie gegen das Kim-Regime, knapp 10 Prozent auf der Suche nach politischer und sozialer Freiheit oder nahen Verwandten, die bereits in Südkorea leben.[34]

Die Umfrage zeigt aber auch: Die Geflüchteten sind nicht immer die Ärmsten der Armen, sondern entstammen gelegentlich der mittleren Schicht. Für sie mag der Überlebenskampf im nordkoreanischen Alltag leichter sein, weil sie ein wenig Geld in der Tasche haben, aber sie können eben auch eher einen Schleuser bezahlen. Eine Flucht muss man sich leisten können.

ALLTAG IN DER DIKTATUR

Was macht das Leben so schwer in Nordkorea? Für Außenstehende sind Einblicke hinter die zugezogenen Vorhänge nicht einfach zu erhaschen. Journalisten bekommen nur selten Visa, eine freie Berichterstattung gibt es nicht. Interviews mit einfachen Bürgern, Sozialreportagen, Dokumentationen – all das ist in Nordkorea undenkbar. Und so kennen wir alle die mit verwackelter und versteckter Kamera gefilmten Alltagsszenen in Nordkorea, viele davon auf YouTube verewigt, die meist nur wenig mehr zeigen als Nordkoreaner, die über einen Gehweg schlendern, ihr Fahrrad schieben oder auf die U-Bahn in Pjöngjang warten.[35] Der Erkenntnisgewinn ist meistens überschaubar.

Das hat damit zu tun, dass ausnahmslos alle Ausländer in Nordkorea am Gängelband ihrer Aufpasser durchs Land reisen. Journalisten benötigen in der Regel für ein Visum eine staatliche Einladung, Touristen bekommen es meist problemlos im Rahmen ihrer Buchung: Reisen sind also möglich, aber eben nur in organisierten Gruppen. In der Regel wird man von zwei staatlichen Reiseführern begleitet, dazu kommt ein Busfahrer. An den Sehenswürdigkeiten, den Museen und Denkmälern, stoßen häufig lokale Reiseführer hinzu, die über das nötige Fachwissen verfügen. Persönliche Gespräche darüber hinaus sind nicht vorgesehen.

Euphemistisch könnte man die zwei Begleiter ausschließlich als Reiseleiter bezeichnen. Aber sie sind zugleich Aufpasser, die sich auch gegenseitig beäugen. Bei meinen Reisen durch Nordkorea in Kleingruppen war die Aufgabenverteilung stets dieselbe: Einer der beiden Reiseführer ist der freundliche, zugewandte Hauptansprechpartner. Er oder sie hält die Ansprachen im Bus oder Auto, erklärt, was man sieht, sorgt für Unterhaltung. Die zweite Person hält sich mehr im Hintergrund und macht einen etwas mürrischen Eindruck, ihre Augen sind dort, wo die Augen des anderen gerade nicht sein können.

Als ich vor einigen Jahren im wunderbar-traditionellen Folk-Hotel in Kaesŏng, einem abgeschirmten Areal, zum Ausgang ging, um einen Blick in die belebte Innenstadt außerhalb der Mauern zu erhaschen, folgte mir ein Reiseleiter sofort und pfiff mich zurück. Nicht unfreundlich, aber bestimmt. Zu einem anderen Zeitpunkt sei ein Ausgang möglich. Psychologisch ist das sehr geschickt: In jeder Sekunde spürt man, dass hier zwei Reiseführer durchaus um das Wohl des Besuchers bemüht sind, doch die beiden Offiziellen stehen auch ihrerseits unter enormem Druck. Zu spüren ist das, sobald etwas schiefgeht, eine Person verloren geht oder der Bus einen Motorschaden hat, sodass die Fahrgäste plötzlich an einem Ort, an dem sie gar nicht verweilen sollten, mehr oder minder unkontrolliert über die Straße streifen und wild Passanten fotografieren. Dann geraten die Reiseführer in Stress, telefonieren mit ihren Vorgesetzten und versuchen zu improvisieren in einem System, in dem der Spielraum für Improvisation extrem gering ist. Als Gast in diesem Land spürt man das sehr schnell, und es diszipliniert allein deshalb, weil man seinen Reiseleitern solches Ungemach ersparen möchte.

Dass sie als Duo auftreten, hat damit zu tun, dass sie sich gegenseitig kontrollieren. Meine Versuche, mit einem der beiden bei einer Zigarette abends vor der Hoteltür privat zu sprechen, waren nur bedingt erfolgreich. Auch beim Essen separieren sie sich meist.

Das Konzept dahinter ist so alt wie die Erfindung der Diktatur: Die nordkoreanische Regierung möchte Ausländern nur das zeigen, was ihrer Ansicht nach zeigenswert ist – nur das Schöne. Die Armut, zerstörte Häuser, Holzvergaser auf Lkw statt moderne Motoren – all das verträgt sich nicht mit dem Selbstbild einer politisch-militärischen Macht wie Nordkorea. In der Sowjetunion unter Stalin und in China unter Mao war es nicht anders.

Bei den chinesischen Touristen, die heutzutage nach Nordkorea kommen, funktioniert das System einigermaßen gut, weil sie ohnehin gewöhnt sind, in Gruppen ohne Individualprogramm zu reisen. Viele von ihnen sind auch überhaupt nicht interessiert an der bäuerlichen Armut Nordkoreas, die sie oder ihre Vorfahren im eigenen Land noch vor nicht allzu langer Zeit selbst erlebt haben. Was viele chinesische Touristen erleben möchten, sind Vergnügungen, interessante Städte – und eine gute Gastronomie.

Das Beispiel China zeigt, wie sich ein ehedem stalinistisch regiertes Land öffnen kann. Vor Jahren sprach ich darüber mit einem Mitarbeiter der Stadtverwaltung von Ningbo, einer Stadt südlich von Shanghai, der mir freimütig erzählte, wie er Jahre zuvor ausländischen Journalisten nur die schönen Seiten des Ortes gezeigt habe.[36] Dann ergänzte er, heute würde er Ausländern auch die Schattenseiten zeigen, um danach die – natürlich – positiven Anstrengungen der Regierung zu thematisieren, die Missstände zu beseitigen. Mit einem erstaunlichen Ergebnis, wie er lachend hinzufügte: Die Presse sei gleich besser geworden. Das hatte dieser Chinese schon 2007 erkannt.

So weit ist man in Nordkorea nicht. Wer nach Missständen fragt, bekommt ausweichende Antworten. Allerdings ist die Armut durchaus ein Thema. Auf Nachfrage sagte mir einmal ein Mitarbeiter der nordkoreanischen Botschaft in Berlin, dass sie vor allem eine Folge der massiven Sanktionen sei. Das ist allerdings in der Pauschalität nichts anderes als eine Verklärung, indem die Schuld ans Ausland weitergegeben wird. Dabei sind die Gründe vielmehr im Inneren zu suchen.

Wer wirklich etwas über Land und Leute lernen möchte, ist daher auf mehrere Quellen angewiesen. Eigene Reisen sind unverzichtbar, selbst wenn man dort hauptsächlich nur die Dinge zu sehen bekommt, die für einen bestimmt sind. Bei offiziellen Terminen trifft man auf Funktionäre, die im Umgang mit Ausländern geschult sind. Begegnungen mit »einfachen« Nordkoreanern sind dagegen rar gesät. Aber sie sind dennoch möglich: in Restaurants, manchmal auf der Straße, in Museen. Ein verstohlener Blick, ein paar ausgetauschte Nettigkeiten. Es sind die kleinen Dinge, die sich im Laufe der Zeit wie ein Puzzle zu einem Gesamtbild ergänzen.

Ein solcher Glückstag ist der 27. Juli. An diesem Tag feiern die Nordkoreaner den *Sieg im Großen Vaterländischen Befreiungskrieg*, so nennen sie den Koreakrieg. Ich bin in Kyŏngsŏng, einer kleinen Stadt an der Ostküste. Es ist wie überall auf der Welt: Die Menschen haben frei und genießen diese seltenen Stunden. An einem Bootsanleger kommt mir eine stark alkoholisierte Frau entgegen, der Mann an ihrer

Seite zieht sie peinlich berührt zur Seite. Auf dem großen zentralen Platz tanzen Männer, Frauen und Kinder zu traditioneller koreanischer Musik, die aus mitgebrachten batteriebetriebenen Radios schallt. Die Frauen tragen hier Tracht, die Männer Anzüge – über ihnen die wachsamen Augen Kim Il-sungs, der von einem großen Porträt hinabblickt. In den Seitenstraßen abseits des Hauptplatzes geht es legerer zu. Manche Männer stehen in Unterhemd und Jogginghose am Straßenrand, beobachten ihre spielenden Kinder, rauchen dabei Zigaretten. Ein paar Frauen tanzen zu Musik.

Nach einem Besuch des örtlichen Spa – wenn man die Betonwannen und die verrosteten Armaturen so nennen mag – ergibt sich eine Wartezeit, bis der Kleinbus für die Weiterfahrt startbereit ist. Ich sitze auf einer Mauer, interessiert lugen die Einwohner um die Ecke. Es sind wie so häufig die Kinder, die keine Scheu haben. Sie kommen zu mir, wir machen Fotos – und schauen sie gleich auf dem kleinen Bildschirm der Spiegelreflexkamera an. Jetzt verlieren auch die Erwachsenen ihre Hemmungen: Sie rücken näher, einer holt Badmintonschläger aus dem Haus, ein anderer eine Frisbeescheibe. Nach kurzer Zeit spielen wir alle zusammen auf der Straße, es wird gelacht – man könnte glatt vergessen, in Nordkorea zu sein. Die beiden Reiseleiter wirken nervös. Doch als sie sehen, dass keiner der westlichen Besucher ausbüxt, entspannen sie sich langsam.[37]

Solche Momente helfen, Nordkorea von all den Mythen zu entkleiden. Die Menschen dort haben natürlich ähnliche Bedürfnisse wie jene in Europa, die Umstände ihrer Erziehung, ihr Wissen über die Welt und ihre Beziehung zum Staat sind jedoch andere. Auch Mitarbeiter von Stiftungen und Botschaften kommen nur sehr begrenzt mit Einheimischen zusammen. Ihre Büros und Wohnungen liegen in Ausländervierteln in Pjöngjang, oder sie operieren von Seoul aus, Exkursionen aufs Land müssen genehmigt und begleitet werden. Für ihre Arbeit ist es daher unerlässlich, erst eine Art Vertrauensverhältnis zu den örtlichen Behörden oder, auf höherer Stufe, mit den Ministerien und vor allem der allgegenwärtigen Staatspartei PdAK aufzubauen. Das funktioniert über Einladungen zum Essen und über Gegeneinladungen, regelmäßige Kontakte und eingehaltene Abmachungen – darin unterscheidet sich Nordkorea nicht vom Rest der Welt. Das Quäntchen Unwägbarkeit ist jedoch steter Begleiter: Geplante Exkursionen können schon mal ersatzlos gestrichen werden – und man erfährt niemals, warum.

Dasselbe gilt für Journalistenreisen, die mitunter ohne Angaben von Gründen abgesagt werden. Nicht immer liegen dafür handfeste politische Motive vor, sie können auch ganz profan sein: Beim großen Journalisten- und Delegationsandrang zum 70. Jahrestag der Volksrepublik im Jahr 2018 zum Beispiel standen die Behörden offenbar am Rande der Überforderung. Vergessen wir nicht: Für jede Kleingruppe braucht es mehrere Reiseleiter, jeder Programmpunkt muss abgestimmt und genehmigt werden.

Wenn man Nordkoreaner fragt, warum man sich nicht frei bewegen darf, erntet man in der Regel folgende Antwort: Nordkorea befinde sich im Kriegszustand. Es gebe keinen Friedensvertrag, deshalb seien noch ein paar besondere Regeln gültig. Das ist verständlich, solange es um militärisch sensible Orte geht – die ja in vielen Staaten tabu für Ausländer sind. Doch auf die Frage, warum ich nicht einmal allein einkaufen gehen oder spazieren darf, bekomme ich meist eine Antwort zu hören, die mich ratlos zurücklässt: Mit einem Reiseführer sehe und erfahre man ja viel mehr, als wenn man allein herumirrte. Ich könne doch froh sein, an die Hand genommen zu werden.

Wäre es nur die Besorgnis um meine Sicherheit, könnte man es noch irgendwie nachvollziehen. In Wahrheit aber geht es natürlich um etwas anderes: Nordkorea ist ein großes *Tal der Ahnungslosen*, um einen sarkastischen Begriff zweckzuentfremden, der einmal ausschließlich auf DDR-Bürger gemünzt war, die kein Westfernsehen empfangen konnten. Damit es so bleibt, isoliert der Staat seine Bürger – und wacht über sie mit Argusaugen: Nicht autorisierte Gespräche mit Ausländern können einem Nordkoreaner unliebsame Fragen einhandeln, und davor fürchten sich viele. Wer auf einem Bahnsteig zu einer der Verkäuferinnen geht, die Zigaretten oder Süßigkeiten feilbieten, sieht: Sie wird, so es ihr möglich ist, mit dem kleinen Rollwagen das Weite suchen – um gar nicht erst in die Verlegenheit eines Kontaktes zu kommen. Auch dafür hat der Reiseleiter eine Erklärung parat: Als Ausländer bezahlt man in Nordkorea mit Euro oder dem chinesischen Renminbi, und die Verkäuferin habe dafür kein Wechselgeld. Die Landeswährung Won sollen Ausländer tunlichst nicht in die Hand bekommen, weil sie mit dem Wechselgeld zurück in der Heimat ohnehin nichts anfangen könnten und Nordkorea die harten Devisen aus den Taschen der Ausländer dringend benötigt.

Doch seit einigen Jahren wandelt sich das Bild. Viele Nordkoreaner, zumal jene in Pjöngjang, verlieren ihre Scheu. Durch die Hauptstadt kann man mittlerweile laufen, ohne angestarrt zu werden – die Menschen dort sind Ausländer gewohnt. Experten, die eine Zeitlang im Land arbeiten, be-

Abb. 11: Bald nach seiner Machtübernahme 2011 setzte Kim Jong-un erste ästhetische Akzente: Ein Gewächs seiner Amtszeit ist die Frauenband Moranbong, die sich mit moderneren Outfits und Instrumenten zeitgemäßer als die Musikgruppen der Kim-Jong-il-Ära präsentiert. Micky und Minni Maus dürfen bei diesem Auftritt 2012 nicht fehlen: Disneyfiguren des Klassenfeindes Amerika sind in Nordkorea sehr populär.

richten von leichten Lockerungen der strengen Regeln wie freien Spaziergängen ohne Aufpasser – allerdings nur in Pjöngjang. Plaudereien in Restaurants mit Mittelschichtsangehörigen sind schon mal möglich, obwohl noch immer von Vorsicht geprägt. Politische Themen und die Kim-Familie sollten tabu bleiben, unverfängliche Themen wie Kleidung und Musik, Autos oder Sport lassen sich aber wunderbar kombinieren. Reisen bleibt ein schwieriges Thema, da die Nordkoreaner ihr Land in der Regel nicht verlassen dürfen.

Das Wissen der Nordkoreaner über die »Welt da draußen« ist begrenzt und weist riesige Lücken auf. Zunächst sollte man allerdings berücksichtigen, dass das auch umgekehrt gilt. Wie oft musste ich in deutsch- und englischsprachigen Zeitungsartikeln lesen, dass die Nordkoreaner westliches Entertainment aus ideologischen Gründen ablehnten. Was für ein Unfug! 2012 beispielsweise ließ der junge Machthaber Kim Jong-un eine Show mit allerlei Disney-Figuren ausrichten. Ausgerechnet mit den plüschbesetzten Figuren der verhassten amerikanischen Unterhaltungsindustrie? Wie kann das sein? Die Antwort ist simpel: Disney-Figuren sind in Nordkorea populär. Schon zu Zeiten Kim Jong-ils gab es Mickys und Donalds in Pjöngjang zu kaufen, zum Beispiel in den Kiosken der U-Bahn. Auch der tränentreibende Hollywoodklassiker *Titanic* mit Kate Winslet und Leonardo DiCaprio ist beliebt in Nordkorea – inklusive Céline Dions Schmachtfetzen *My Heart Will Go On*. Ob es damit zu tun hat, dass der Kapitalistenkoloss *Titanic* 1912 untergegangen ist – just in jenem Jahr, als Nordkoreas Stern aufging, weil Kim Il-sung geboren wurde? Das muss wohl Spekulation bleiben, aber die Fantasie springt selbstredend sofort darauf an. Vielleicht ist es aber auch nur ein schnöder Zufall.

In den Karaokebars in mehreren Hotels hatte ich Gelegenheit, mit Nordkoreanern, unter anderem einigen Studenten, über Musik zu sprechen. Michael Jackson oder die Rolling Stones, Queen oder Bruno Mars kannten meine Gesprächspartner nicht. Die deutschen und österreichischen Klassiker – Bach, Beethoven, Mozart – kennen und verehren die Nordkoreaner jedoch sehr. Einige Songs von Deutschlands erfolgreichem Synthiepopexport der 1980er-Jahre, Modern Talking, sind recht populär. Über Geschmack lässt sich nicht streiten.

Vor allem Pjöngjang hat sich in den vergangenen Jahren gewandelt. Eine vergleichsweise zahlungskräftige Mittelschicht, die in den vergangenen Jahren durch die neuen marktwirtschaftlichen Möglichkeiten entstanden ist, zeigt, was sie hat: Smartphones, angesagte westliche Kleidung, manchmal sogar Autos. Die Zeit, als eine einsame Verkehrspolizistin in der Mitte den nicht vorhandenen Verkehr regelte, sind eindeutig vorbei. Pjöngjang ist zwar nicht Singapur oder Hongkong – die Stadt ist jedoch quirliger geworden.

Wenn man die Hauptstadt auf einer der breiten Ausfallstraßen verlässt, ändert sich das Bild. Eine der Hauptrouten führt gen Süden Richtung südkoreanische Grenze und der Stadt Kaesŏng. Sie ist noch immer fast unbefahren. Individualverkehr über Land ist eine Seltenheit, ab und an knattern Lastkraftwagen über den Asphalt. Am Straßenrand warten Menschen auf Mitfahrgelegenheiten.

Irgendwann passiert man eine Brückenraststätte, die sich über beide Fahrbahnen zieht. Zwei Mal hielt ich dort, beide Male im Dunkeln. Und in beiden Fällen war die Raststätte in tiefes Schwarz getaucht, war aus der Ferne schlichtweg nicht zu sehen. Als der Kleinbus hielt und man zur Toilette gehen konnte, entzündete im Innern eine, wie ich dann erkennen konnte, junge Frau eine Kerze und wies uns den Weg. Drinnen stand eine Vitrine mit Souvenirs. Andere berichten, dass das Personal morgens und abends einen Snack- und Souvenirstand draußen auf dem Parkplatz aufbaut: morgens auf der Seite, die von Pjöngjang nach Kaesŏng führt, abends auf der entgegengesetzten – das alles ausschließlich für die Touristengruppen, die es zur Demilitarisierten Zone zieht.

Wer in Nordkorea unterwegs ist, wandelt also in zwei Welten. In Pjöngjang gibt es mittlerweile mehr als eine Handvoll Restaurants, darunter ein Wiener Café, Pizzerien und Burgerbratereien, in denen Ausländer und Nordkoreaner, die Devisen in der Tasche haben, speisen. Aber dann kann es eben immer noch passieren, dass man plötzlich im Dunkeln sitzt, weil das Licht ausfällt. Der Rest des Abends ist dann ein unfreiwilliges Candle-Light-Dinner.

In der Hauptstadt leben etwas mehr als drei Millionen Menschen, mehr als ein Zehntel der Bevölkerung Nordkoreas. Hauptstädte sind fast immer die Schaufenster ihrer Länder, für Nordkorea gilt diese Faustregel in besonderer Weise. Wer etwas mehr erfahren möchte, sollte daher über Land reisen – und sich ein Bild der hart arbeitenden Bevölkerung machen, die kein Geld für Restaurantbesuche hat. Menschen, die mit alten Schaufeln oder Spitzhacken in ihren Gärten oder auf Feldern zugange sind, Bauern mit Ochsengespannen, Lastwagen, auf denen Feldarbeiter sitzen. Die Landbevölkerung ist immer in Bewegung, so scheint es zumindest. Manche Dörfer liegen häufig ein Stück weit weg von den geteerten Überlandstraßen und sind nur über staubige Zufahrtswege zu erreichen. Die Menschen laufen, um zur Arbeit zu kommen, oder sie schleppen Tüten und Säcke mit Lebensmitteln. Abends und morgens sieht man Pilgerscharen von Menschen aus ihren Dörfern zur nächsten Hauptstraße gehen, wo sie ein Bus oder Lkw mitnimmt. Manche schieben ein Fahrrad oder fahren auf einem. Auch Frauen: Vor nicht langer Zeit wurden noch Geschichten verbreitet, Frauen dürften in Nordkorea nicht Fahrrad fahren. Nach einem Bericht war das früher teilweise wohl auch der Fall – für die Gegenwart gilt das allerdings nicht.[38]

Was hingegen kein Märchen ist: Nach wie vor benötigen Nordkoreaner für längere Reisen – wohlgemerkt im Inland – eine Genehmigung, die an den Checkpoints entlang der

Hauptverbindungsrouten überprüft wird. Umzüge sind ohnehin nicht einfach so möglich, Auslandsreisen nur für die Elite im Staatsdienst denkbar, für Sportler und Geschäftsleute, die sich im Ausland gegenseitig kontrollieren.

Ob man in diesen erlauchten Kreis kommt, hat nicht in erster Linie etwas mit Leistung zu tun. In Nordkorea bestimmt ein ausgeklügeltes soziopolitisches Kastensystem, *songbun* genannt, wer wo seinen Platz in der Gesellschaft einzunehmen hat. Die Loyalität der Vorfahren spielt bei der Bewertung eine Rolle, ebenso das aktuelle Verhalten, die Begeisterung oder eben der Mangel an Enthusiasmus für das Regime. Staatsgründer Kim Il-sung führte das System, das drei Klassen und Dutzende Unterklassen kennt, in den 1950er-Jahren ein.[39]

Ein gutes Viertel der Bevölkerung ist in die privilegierte Schicht eingruppiert, die Zugang zu höherer Bildung und besondere Verdienstmöglichkeiten erhält. Die Parteikader und ihre Familien gehören dazu, hohe Militärs und frühere Mitstreiter Kims Il-sungs und ihre Angehörigen. Die Mehrheit, knapp die Hälfte, ist Teil der mittleren Klasse. Sie muss ohne besondere Privilegien auskommen. Nordkoreaner, deren Verwandtschaft nach China oder Südkorea gegangen ist, leben unter einer gewissen Beobachtung, ohne vollständig in Ungnade gefallen zu sein. Ein weiteres Viertel wird in die untere Klasse eingeordnet, die als illoyal gilt und deshalb weitgehend von der Hauptstadt, Privilegien und Annehmlichkeiten ferngehalten wird. Angehörige früherer Widerstandskämpfer, Kapitalisten und Landbesitzer sind Teil dieser Kaste. Viele von ihnen leben in den entfernten Regionen wie im Nordosten.

Das soziale Profil bestimmt, welche Schule oder Universität man besuchen darf und welchen Beruf man eines Tages ausüben kann. Auch wer in den erlauchten Kreis der Arbeiterpartei aufsteigt, bestimmt das *songbun*. Das Perfide daran ist, dass man sich kaum hocharbeiten kann, dafür aber umso schneller degradiert wird. Dazu muss nur ein Verwandter fliehen: Als ein Oberst des Geheimdienstes nach einer Auslandsreise nicht wieder zurückkehrte, verschwanden nach seiner Darstellung seine Frau, die Tochter und die beiden Söhne.[40] Neben Haft droht in solchen Fällen eine Landverschickung mit harter Arbeit in der Landwirtschaft.

Das *songbun*-System umschwirrt viele Mythen, deren Wahrheitsgehalt nicht überprüft werden kann. Angeblich sollen die Menschen nicht wissen, zu welcher Kaste sie gehören. Auch ist nicht klar, wer für die Auf- oder Abwertung zuständig ist. Und wird das Profil regelmäßig überprüft und gegebenenfalls angepasst, in der Art eines Schufa-Eintrages? Nur, dass es sich hierbei nicht um die Kreditwürdigkeit handelt, sondern um die Menschenwürde.

In den ersten Jahrzehnten der Volksrepublik diente *songbun* der Umverteilung von Macht und Besitz. Die Angehörigen der besitzenden Klasse, die Kapitalisten, sollten enteignet werden – in materieller wie immaterieller Hinsicht –, ihr Besitz verteilt, ihre Machtpositionen ebenfalls. Doch mit dem Zusammenbruch des Ostblocks und der großen Hungersnot in den 1990er-Jahren änderte sich die Bedeutung von *songbun*. Einerseits spielt die soziale Determination noch immer eine große Rolle, vor allem für jene, die in Staat und Partei etwas werden wollen. Andererseits hat sich eine Fülle von Löchern im System aufgetan, seit die Menschen ihre kleinen unternehmerischen Freiheiten nutzen. Plötzlich kann jemand mit schlechter Ausgangslage etwas Geld hinzuverdienen und sich die Dinge kaufen, die ihm kraft

Abstammung und *songbun* eigentlich nicht zustehen. Vor dem Hintergrund, dass man sich auch in Nordkorea fast alles kaufen kann, wenn man über das nötige Klein- oder besser Großgeld verfügt, ist das eine enorme Verbesserung. Wenn man es sich leisten kann: So berichtete der Autor Travis Jeppesen in der *New York Times* von einer Pianistin, die nach Südkorea geflüchtet ist, weil ihre Familie die 10 000 Dollar für das Konservatorium in Pjöngjang nicht hatte aufbringen können.[41] Es ist der Einzug eines Leistungssystems, wenn auch noch auf schwacher Flamme. Das Regime bestreitet übrigens die Existenz eines *songbun*-Systems. Offizielle Staatsdoktrin ist die Gleichheit der Menschen – einmal mehr ein Bekenntnis ohne Bezug zur Wirklichkeit.

Apropos kein Bezug zur Wirklichkeit: Der Staat garantiert Einkommen, Lebensmittel, Bildung, medizinische Versorgung und Unterkunft. Die Miete ist kostenlos, ebenso die medizinische Versorgung. Allerdings ist das alles mittlerweile ein weitgehend leeres Versprechen. Das staatliche Versorgungssystem verteilt nur noch rund 25 Prozent der Lebensmittel und 13 Prozent der Konsumgüter. Knapp 60 Prozent der Lebensmittel und 67 Prozent der Konsumgüter finden auf den Märkten ihre Abnehmer.[42]

Auch der Wohnungsmarkt funktioniert nach dem System des *wohlwollenden Wegschauens*. Offiziell kann niemand eine Wohnung kaufen, alles gehört dem Staat, solcher Privatbesitz ist nicht vorgesehen. Allerdings existieren inoffizielle Märkte, an denen Wohnrechte gehandelt werden – oftmals in Devisen. Eine komfortable Dreizimmerwohnung kostet derzeit rund 80 000 Dollar, ein Luxusobjekt um die 180 000 Dollar. Je höher die Wohnung liegt, desto günstiger ist sie kurioserweise – wegen der anfälligen Energiever-

Abb. 12: Mit dem Zusammenbruch des staatlichen Versorgungs-
systems in den neunziger Jahren wurden Lebensmittel knapp –
hier die Auslage in einem Geschäft in Pjöngjang 2011. Mittlerweile
hat sich die Lage leicht verbessert, was aber vor allem an den vielen
Märkten liegt, wo die Menschen – vom Staat geduldet – auf eigene
Faust Handel treiben. Mit Devisen ist fast alles zu bekommen.

sorgung streiken die Aufzüge häufig. Wer will da schon im
20. Stock wohnen?[43]

Die Not hat ihre eigene Wirklichkeit geschaffen. Durch
die Eigeninitiative der Menschen und die vielen kleinen
kapitalistischen Pflänzchen, die in den Rissen des abge-
wirtschafteten Sozialismus gedeihen, hat sich die Versorgungslage der Menschen zwar gebessert, aber sie ist noch
immer prekär. Nach Angaben der Welthungerhilfe sind
rund 43 Prozent der Nordkoreaner weiterhin unterernährt.
Was man sich kaum vorstellen kann, wenn man nur Pjöngjang kennt. Aber das Regime presst seine Bürger aus, um
die Wirtschaft nach vorne zu bringen – und die Erträge zu

verbessern: Flüchtlinge berichten, dass sie gezwungen wurden, in den Bergen an Aufforstungsprojekten teilzunehmen. Ihnen fehlte dann die Kraft, um ihre eigenen Küchengärten und Felder zu betreuen. Für die Versorgungslage ist das ein herber Rückschlag. Nach Angaben von UNICEF ist jedes fünfte Kind in Nordkorea mangelernährt – wobei 2012 noch mehr als jedes vierte Kind nicht genügend zu essen hatte. Kein Grund für Entwarnung: Nachdem es jahrelang leicht aufwärtsging, bedeuten die 2019 gekürzten Tagesrationen wieder einen deutlichen Dämpfer. Die Lebensmittelproduktion fiel 2018 nach Angaben der Vereinten Nationen auf den niedrigsten Stand seit zehn Jahren, eine neue Hungersnot droht. Dennoch dürfte die nicht mehr so desaströs ausfallen wie vor 25 Jahren – die Menschen beziehen ihre Lebensmittel teils vom freien Markt und helfen sich mittlerweile zu einem guten Stück selbst. Das lindert die Not.

Es ist etwas brüchig geworden im System und dem Verhältnis vieler Nordkoreaner zu ihrem Staat, der nur fordert, aber nicht liefert. Ein Befund, dem die Menschenrechtsaktivisten der südkoreanischen Organisation Liberty in North Korea mit ihrem Dokumentarfilm *The Jangdamadang Generation* ein Denkmal gesetzt hat. Der Film ist aus der Perspektive junger Nordkoreaner erzählt, die ihre Kindheit in der Heimat verbracht haben, mittlerweile aber im Ausland leben.[44] Die amerikanisch-koreanische Autorin Baek Jieun beschreibt diese Generation als »kapitalistisch, individualistisch und risikofreudig«.[45] In der Zeit der Hungersnot – so ist die These des Films – ging das Vertrauen vieler Nordkoreaner in die Lösungskompetenz ihres Staates in die Brüche. Die schwere Vertrauenskrise hat dazu geführt, dass die Menschen ihr Schicksal selbst in die Hand genommen haben, indem sie auf illegalen, halblegalen oder mittlerweile tolerierten Märkten Handel treiben.

So wie Joo Yang, die sechs Jahre alt war, als sie mitansehen musste, wie die Menschen vom Hunger geschwächt auf der Straße lagen oder mit bloßen Händen Gras abrissen und aßen. Mit 14 Jahren begann sie, Sojabohnen auf den freien Märkten zu verkaufen, die überall im Land entstanden. Oder Kan Min, der mit neun Jahren von seiner Mutter getrennt wurde und danach ein Leben als Straßendieb fristete. Oder Danbi, die Kleidung aus China über den Grenzfluss schmuggelte, diese ihre Freunde auf den Märkten präsentieren ließ und so den Verkauf ankurbelte.

Die Märkte, das kleine Stückchen Privatwirtschaft, sind das verbindende Element, das die Menschen vom unzulänglichen staatlichen Verteilungssystem unabhängig macht, zumindest ein bisschen, und somit geistig ein Stück frei werden lässt.

Das Regime versuchte lange Zeit, die Märkte ausländischen Beobachtern gegenüber zu verheimlichen. Sie passten einfach nicht ins Konzept des allmächtigen Staates, der seine Bürger versorgt. Auch heute noch ziert man sich: Besuche werden fast nie erlaubt, nur wenige Fotos und Videos geben Einblicke. Selbst auf dem bekanntesten aller Märkte, dem legalen Tongil-Markt in Pjöngjang, darf nicht frei fotografiert werden – obwohl er sogar zum Touristenprogramm gehört.

Zu Beginn bildeten sich kleine Schwarzmärkte in den Wohnblocks, die schnell zusammengerafft werden konnten, sollte die Polizei um die Ecke kommen. Aus den improvisierten Bauchläden sind mittlerweile zum Teil überdachte und damit fest institutionalisierte Märkte geworden – auf denen nicht nur Lebensmittel zu bekommen sind, sondern eine Vielzahl von Konsumgütern, die meisten *Made in China*. Landesweit existieren heute mehr als 400 solcher Märkte.[46] Dazu kommen ungezählte fliegende Händler, die in den Häuserfluchten der Wohnblocks ihren, allerdings illegalen, Geschäften nachgehen. Wer erwischt wird, zahlt ein Bestechungsgeld – und macht am nächsten Morgen an anderer Stelle weiter.

Für das Regime sind die Märkte Fluch und Segen zugleich. Sie verbessern die Versorgungslage, entlasten den Staat also von seiner Fürsorgepflicht, der er nicht nachkommen kann oder will. Allerdings ist der Preis für Kim Jong-un hoch: Die Märkte sind nach außen und innen ein Symbol für das Scheitern des staatssozialistischen Systems. Sein Vater Kim Jong-il wusste das, ließ die Händler gewähren, aber drehte ihnen bald wieder den Saft ab. Kim Jong-un wird sich bewusst sein, dass die unternehmerischen Freiheiten einen hervorragenden Nährboden für die Freiheit im Denken bieten und letztlich seinen repressiven Polizeistaat schwächen. Aber er braucht die Märkte eben auch, um sein marodes System in Zeiten kraftvoller Sanktionen am Leben zu halten.

Die Märkte stellen zudem die tradierten Geschlechterverhältnisse auf den Kopf. Während die Männer weiterhin meistens in den Staatsbetrieben arbeiten oder besser: ihr Dasein fristen – allein deshalb, um ihre Ansprüche auf Privilegien wie Kindergartenplätze zu behalten –, verdienen ihre Frauen nun Geld dazu, in vielen Fällen sogar den Löwenanteil am Haushaltseinkommen. Dadurch sind die Frauen selbstbewusster geworden. Und die Reaktion mancher Männer ließ nicht lange auf sich warten: Häusliche Gewalt ist auch in Nordkorea ein Problem.

Die jüngere Generation ist hungrig nach Informationen,

und die Schmuggler sorgen für Nachschub. Schon früher wurden über die Grenze nach China viele Waren herübergeschafft, in den Mangeljahren vor allem Grundnahrungsmittel und Kohle zum Heizen. Heute floriert der Handel mit Informationen und Trägermedien. *Notel* genannte tragbare Wiedergabegeräte mit USB-Anschlüssen erfreuen sich großer Beliebtheit – ebenso wie südkoreanische oder chinesische Seifenopern oder K-Popmusik.[47]

In der Männergesellschaft Nordkoreas schlagen die vergleichsweise emanzipierten Rollenmodelle, die in den Soaps vorgelebt werden, ein wie eine Bombe. Chinesische Serien zu schauen wurde lange Zeit toleriert. Doch der große Nachbar im Norden ist in ideologischer Hinsicht längst kein verlässlicher Partner mehr für das Regime in Pjöngjang. Der Konsum chinesischer Serien steht deshalb mittlerweile unter Strafe, südkoreanische oder gar amerikanische sind ohnehin verboten. Was sie natürlich umso begehrter macht.

Jahrzehntelang konnte die Kim-Familie ihren ahnungslosen Untertanen einbläuen, Nordkorea sei das sozialistische Paradies, um das sie die Welt beneide. Südkorea sei hingegen verarmt – und als Vasall unterjocht vom großen Aggressor Amerika. Seit sie Zugang zu anderen Informationen haben, glauben viele Nordkoreaner daran nicht mehr, der Realitätscheck hat sie eingeholt.

Wer nun jubelt, weil sich Nordkorea ein Stück weit öffnet, sollte jedoch bedenken: Die neue Freiheit bedroht die Macht Kim Jong-uns – Gegenreaktionen sind also zu erwarten. Eine ist die striktere Überwachung der Grenze nach China, eine andere die umfassende ideologisch-politische Indoktrination der Bevölkerung. Die Behörden fahnden verstärkt nach illegalen Handys, Tablets oder USB-Sticks mit Serien oder anderen Inhalten aus dem Ausland. Regelmäßig halten lokale Parteimitglieder politische Schulungen ab, zu denen die Menschen erscheinen müssen. Die in sozialistischen Diktaturen üblichen Selbstkritiken – das Herunterbeten angeblich eigener Verfehlungen – gehört ebenso zum Repertoire wie regelmäßige Gänge der Betriebsgruppen oder Schulklassen zu den Museen und Denkmälern der Familie Kim. All das sind softe Unterdrückungswerkzeuge zur Imprägnierung gegen ausländische Einflüsse.

Gewöhnlich kommen die vor allem durchs Internet ins Land. China kontrolliert das Netz, Vietnam tut es ebenfalls – und auch viele andere Staaten. Pjöngjang treibt das Prinzip jedoch auf die Spitze und verbietet das Internet gleich ganz. Es ist für Nordkoreaner nicht erreichbar, Ausnahmen gelten nur für Regierungsinstitutionen und Ausländer, die für viel Geld einen Anschluss erhalten können. Stattdessen bietet Kim seinem Volk ein Intranet, das beispielsweise von Rechnern in Bibliotheken zu erreichen ist – und etwa Informationen über Staatsorgane bietet. In der schicken modernen E-Bibliothek in Ch'ŏngjin kann man einen Plan mit den Webseiten des Intranets einsehen. Sonderlich attraktiv ist das Angebot nicht, wobei es sich zusehends mausert, weil Shoppingseiten wie *Manmulsang* mittlerweile für weit mehr Zerstreuung sorgen, als das noch vor Jahren der Fall gewesen ist.[48]

Die Weigerung, Internet einzuführen, ist allerdings auf Dauer ein Kampf gegen Windmühlen. Es wird immer schwieriger, die Menschen zu isolieren, die teilweise längst mitbekommen haben, dass der angeblich verarmte Süden Weltkonzerne wie Samsung, Hyundai oder Kia hervorgebracht hat. Die Frage, wann Nordkorea Internet einführt, ist schwer zu beantworten. Gerüchten zufolge wird an einer entschärften zensierten Variante gearbeitet, aber ob die jemals kommt – und wenn ja, wann, steht in den Sternen. Zudem ist völlig unklar, welche Seiten dann noch frei aufrufbar wären. Bei dem Grad der Informationskontrolle, der in Nordkorea vorherrscht, ist es undenkbar, dass sich das Kim-Regime mit der Zensur einiger Homepages und sozialen Medien zufrieden gibt. Im Grunde müsste es das komplette Internet mit Ausnahme unverfänglicher oder propagandistischer Seiten sperren – das wäre kaum besser als das wenig relevante Intranet. Immerhin gibt es darin neben der nordkoreanischen Ausgabe von Amazon wohl auch eine spezielle Netflix-Variante, um sich Filme anzuschauen.

Telefonate ins Ausland sind ebenso geblockt wie ausländische Fernsehsender. Ein Störsender nahe der Grenze nach Südkorea verhindert den Empfang südkoreanischer Programme. Ebenso sind die Handynetze aus dem Ausland blockiert. Allerdings kann man sich an wenigen Stellen, so zum Beispiel wohl auf einem Hügel bei Kaesŏng, in ein südkoreanisches Netz einwählen. Ein risikoloser Spaziergang ist das allerdings nicht – zumal man in dieser diffizilen Grenzzone nicht einfach so mit einem Smartphone herumläuft. Möglich ist es aber: Es sind chinesische Handys im Umlauf, mit denen man international telefonieren kann. Wer erwischt wird, sollte ein paar Scheine Bestechungsgeld dabei haben – oder sich auf unangenehme Fragen gefasst machen. Gerade in Kaesŏng oder den nördlichen Regionen suchen die Behörden verstärkt nach illegalen Geräten.

Doch wer sich Nordkorea als IT-Wüste vorstellt, irrt. Die Mittelschicht liebt ihre Smartphones, um im Land zu telefonieren oder Fotos zu schießen – es ist ein Statussymbol. Insofern funktioniert Nordkorea nicht anders als Deutschland. 2008 installierte das ägyptische Unternehmen Orascom in Kooperation mit dem nordkoreanischen Staat das erste Mobilfunknetz. Es gibt mehrere Netze, wobei sie nicht miteinander kompatibel sind: Mit einer SIM-Karte von Koryolink kann man nicht ins Ausland telefonieren, Ausländer telefonieren in einem separaten Netz. Der Gründer von Orascom, der Ägypter Naguib Sawiris, hatte sich mit dem riskanten Investment das große Geld erhofft – wurde aber von der Regierung mehr oder minder wieder außer Landes gedrängt, nachdem er das Netz aufgebaut hatte.[49] Auch das ist eine typisch nordkoreanische Geschichte. Wer will da noch investieren?

Nun sind Modelle von Samsung oder Apple in Nordkorea nicht zu bekommen, dafür aber selbstproduzierte Marken wie Arirang – auch Tablets mit vorinstallierten Apps und modifiziertem Android-Betriebssystem sind für 200 bis 300 Euro erhältlich. Viel Geld für den Durchschnittskoreaner, aber immerhin für den urban angehauchten Mittelschichtsangehörigen erschwinglich. So besitzen, Stand 2017, mehr als drei Millionen Nordkoreaner ein Smartphone, also mehr als zehn Prozent der Bevölkerung. Ein wichtiger Indikator, mit dem man die Größe der neu entstehenden Mittelschicht schätzen kann.

Die Mehrheit der Nordkoreaner ist nach wie vor auf die staatlichen Ausgabestellen für Lebensmittelrationen, aber vor allem auf die Märkte und die eigenen Küchengärten angewiesen. Kleine Dörfer, die nicht als Vorzeigesiedlung herausgeputzt sind, durfte ich bislang nicht besuchen. Aber im Vorbeifahren war der Eindruck deutlich: Hier herrscht immer noch Armut, ein Landleben wie in früheren Jahrhunderten. Zwar gibt es überall Stromleitungen, doch ihr Zustand lässt Schlimmes erahnen, auch wenn die Versorgung der gewöhnlichen Bevölkerung in den letzten Jahren besser geworden sein soll. Ob das allerdings auch für die Landbevölkerung gilt, vermag ich nicht zu beurteilen.

In Pjöngjang sind in den vergangenen Jahren neue Supermärkte für die Mittelschicht gebaut worden, die weitgehend so aussehen, wie wir sie aus unseren Städten kennen. Hier findet sich fast alles, von importiertem Obst, Shampoos aus deutscher Produktion, bis hin zu Schokolade aus der Schweiz. Kwangbok heißt der Vorzeigediscounter in der Hauptstadt, den Kim Jong-il noch wenige Tage vor seinem Tod bei einer seiner Vor-Ort-Anleitungen besucht hatte. Im Erdgeschoss gibt es Lebensmittel, in den oberen Etagen, die mit Rolltreppen miteinander verbunden sind, werden Waschmaschinen und Kühlschränke angepriesen, Küchenservices und Mixer, Passierstäbe und Mikrowellen. Auch Fernseher, Motorroller, sogar E-Bikes für etwas mehr als 300 Euro. In einem Land, das lange Zeit ohne kommerzielle Werbung ausgekommen ist, überraschen zudem die Rabattaktionen im Geschäft.

Wobei ich darauf hinweisen möchte, dass Beobachter dazu neigen, die Modernisierung Nordkoreas zu überschätzen. Gewissermaßen geht das Kalkül des Regimes auf, wonach man nur die schönen Dinge zeigen muss, um einen positiven Gesamteindruck zu ernten. Doch so einfach ist es nicht: Der durchschnittliche Nordkoreaner ist von dieser Konsumwelt ausgeschlossen, die Anschaffung eines E-Bikes in weiter Ferne – das Einkommensgefälle zwischen Stadt und Land ist riesig. Es ist allerdings schwer bis unmöglich, objektive Daten zu bekommen, die ein umfassendes Bild zeichnen vom Leben der gewöhnlichen Nordkoreaner.

Die Studie *Multiple Indicator Cluster Survey (MICS)* unternimmt zumindest den Versuch, ein objektiveres Bild zu präsentieren. In Zusammenarbeit mit der nordkoreanischen Regierung hat UNICEF Dutzende Interviewer in insgesamt 20 Teams nach Nordkorea geschickt, die, mit Tablets und Fragebögen bewaffnet, die Menschen nach ihren Lebensbedingungen befragt haben.[50] Vorweg sei gesagt, dass die Ergebnisse im Detail skeptisch machen – und deshalb nicht für bare Münze genommen werden sollten. Aber sie zeigen eine Tendenz auf und sind ein Schatz an Informationen in einem Gebiet, für das es kaum Daten gibt. Laut UNICEF ist die Studie »die weitreichendste, die jemals in Nordkorea angefertigt wurde«. Rund 8500 Haushalte wurden befragt, davon 5125 in Städten, 3375 auf dem Land. Der Fragenkatalog umfasst Ernährung, Medien- und Computernutzung, Zugang zu Technik, aber auch soziale Aspekte wie häusliche Gewalt. In Anbetracht der rund 25 Millionen Einwohner ist die Zahl der ausgewählten Haushalte gering – und es gibt keinerlei Daten über die Menschen, die in den Gefängnissen und Lagern sitzen. Aber wie gesagt, wir müssen mit dem zufrieden sein, was wir an Datenmaterial bekommen.

Was genau steht nun in der Studie? Dass die Versorgungslage bis 2017 besser geworden ist, ist keine Neuheit. Interessant aber sind die Zahlen zu den Stadt- und Landunterschieden. Während in Pjöngjang nur zehn Prozent der Kinder von Mangelernährung betroffen sind, gilt dies etwa in der Provinz Ryanggang für fast jedes dritte Kind. Auch die Qualität des Trinkwassers ist auf dem Land wesentlich schlechter, mehr als ein Drittel des Trinkwassers wird dort als Gesundheitsrisiko eingestuft.

Das mag ein Grund sein, weshalb die durchschnittliche Lebenserwartung bei nur knapp 71 Jahren liegt. Ein schlechter Wert auf dem Niveau von Bangladesch, wohlgemerkt für ein (ehemaliges) Industrieland, das sich in der offiziellen Propaganda für sein kostenloses Gesundheitssystem rühmt. Nordkorea liegt damit hinter Staaten wie Jordanien, Peru, Honduras oder Kasachstan. Allerdings, aber das ist ein schwacher Trost, ungefähr auf dem Niveau von Russland.

Wie in Russland reißt der Lebenswandel vor allem der Männer die Statistik in den Keller. Alkohol und Zigaretten gehören zum nordkoreanischen Männlichkeitsbild dazu, Soju und andere Schnäpse erfreuen sich großer Beliebtheit. Besonders begehrt sind amerikanische Zigaretten, die, wenn von Ausländern ins Land gebracht, reißenden Absatz finden. Normalerweise werden aber die heimischen Glimmstängel geraucht, die es in verschiedenen Qualitäten gibt.

Neben den ungesunden Genussmitteln dürfte die angespannte Versorgungslage problematisch sein. Die gut gefüllten Supermarktregale sollten nicht darüber hinwegtäuschen, dass der Speiseplan oftmals einseitig ist und wenig Abwechslung kennt – die reichere Mittelschicht ausgenommen. Typisch sind Reisgerichte, Suppen, kalte Nudeln, dazu das Nationalgericht Kimchi, ein Salat aus scharf eingelegtem Kohl, Rettich, Knoblauch und weiteren Zutaten. Fleisch ist ein Luxusgut. Das schlägt sich vor allem im Wachstum von Kindern nieder, im Schnitt sind die Nordkoreaner wesentlich kleiner als ihre Brüder und Schwestern im Süden.

Nur bedingt aufschlussreich sind die Ergebnisse in Sachen Infrastruktur. Angeblich, so die Studie, sollen fast alle Haushalte an das Stromnetz angeschlossen sein. Wie diese Aussage zustande kommt, ist mir ein Rätsel. Die Weltbank hat 2016 festgestellt, dass nur knapp 40 Prozent der Nordkoreaner Zugang zu Elektrizität haben.[51] Das scheint mir der wesentlich realistischere Wert zu sein. Selbst in Pjöngjang fällt regelmäßig der Strom aus, noch weitaus schwächer ist das Stromnetz auf dem Land. Auch wer kein Elektriker ist, sieht sofort, dass die Leitungen marode sind, teilweise seit Jahrzehnten nur geflickt wurden.

Wie die Studie zu ihrer Zahl kommt? Ich kann mir das nur so erklären, dass das einst fortschrittliche Industrieland im Prinzip jedes Dorf elektrifiziert hat. Doch ein Anschluss macht noch keinen Strom. Die Kraftwerke sind ebenso wie die Leitungen veraltet – zudem gibt es immer wieder Kohleengpässe.

Dass die Nordkoreaner technikbegeistert sind, steht außer Frage. Laut MICS sollen mehr als 90 Prozent ein Radio- oder Fernsehgerät besitzen, gut die Hälfte der 15- bis 49-Jährigen dazu ein Smartphone. Wie bereits erwähnt, besitzen nach einer realistischeren Schätzung rund drei Millionen Nordkoreaner ein Handy – wenn wir die Säuglinge und Senioren abziehen, nähern sich die beiden Zahlen an. Realistisch erscheinen mir hingegen die Angaben zu den Computerkenntnissen der Durchschnittsbevölkerung – sie sind eher gering. Zwar sollen immerhin etwas weniger als die Hälfte schon mal einen Computer benutzt haben, aber nur vier Prozent haben jemals eine Mail mit Dateianhang verschickt und nur acht Prozent haben zu irgendeiner Gelegenheit eine Präsentation erstellt. Da der Zugang zum Internet geblockt ist, verwundert das wenig, allerdings scheint auch das Intranet als Ersatz nicht besonders attraktiv zu sein: Nur zehn Prozent haben es einmal oder öfter benutzt. Die meisten Zugänge dafür gibt es ohnehin nur außerhalb der eigenen vier Wände, in Bibliotheken oder Hochschulen.

Interessant sind die Daten zum sozialen Leben. So haben

demnach 43 Prozent der Ein- bis 14-Jährigen zu Hause psychische und körperliche Gewalt erlebt, knapp 60 Prozent der Kinder wurden bereits gewaltsam diszipliniert. Starker Drill gehört zum Erziehungsbild in Nordkorea, dazu muss man sich nur die Showveranstaltungen in diversen Kindergärten und Schulen anschauen. Zwar ist es immer wieder beeindruckend, mit welcher Präzision selbst Kleinkinder ihre Musikinstrumente wie Gitarren, Akkordeons und Klaviere beherrschen, wie folgsam sie die einstudierten Choreografien vorführen – und sich dabei noch wie ein Püppchen herausputzen lassen. Aber die Methoden, die dahinter stecken, sind alles andere als kindgerecht. Man kommt sich vor wie in einem Menschenzoo mit perfekt dressierten Kindern.[52]

Das soll nicht falsch verstanden werden: Ich habe viele Nordkoreaner sehr liebevoll mit ihren Kindern umgehen sehen. Gerade die Mittelschichtsfamilien in Pjöngjang unterscheiden sich nicht grundlegend von mitteleuropäischen Familien, die sonntags mit ihren Kindern im Park spazieren gehen. Zu Familienfesten versammeln sie sich auf öffentlichen Plätzen oder in den Parks, zu Hochzeiten pilgern sie zu den Kim-Il-sung-Denkmälern, fotografieren, lachen, spielen mit ihren Kindern. Aber die durchmilitarisierte und dazu verarmte Gesellschaft als ganze folgt noch immer einem autoritären Erziehungsmuster, das durch Frontalunterricht im Befehlston und Marschierlektionen geprägt ist – der Schulhof ein Appellhof. Kinder müssen liefern und leisten. Dazu passt, dass relativ viele Heranwachsende arbeiten müssen: Immerhin sechs Prozent der Fünf- bis Elfjährigen, knapp 37 Prozent der Zwölf- bis 14-Jährigen und mehr als 40 Prozent der 15- bis 17-Jährigen müssen mitarbeiten, im Laden, am Marktstand, auf dem Feld. In Wahrheit müssten

Abb. 13: Nordkorea ist durchmilitarisiert wie kaum ein anderes Land auf der Welt. Zahlenmäßig leistet sich die Regierung weltweit eine der größten Armeen, dazu kommen paramilitärische Gruppen. Es herrscht eine langjährige Wehrpflicht. Marschieren ist aber längst kein Markenzeichen von Soldaten: Auch Betriebsgruppen oder Schulklassen sind militärisch gedrillt, die Disziplin ist enorm hoch.

die Zahlen höher ausfallen, denn fast alle Nordkoreaner haben regelmäßig Gemeinschaftsarbeit zu leisten und müssen zudem wöchentlich zu politisch-ideologischen Selbstkritik-Sitzungen antreten, die in den Wohnblocks von der Partei organisiert werden.

Die MICS-Studie von 2017 ist die vierte ihrer Art seit 1998. Wie gesagt, die Zahlen sind mit Vorsicht zu genießen und eher als Tendenzen zu verstehen. Sie sind gewissermaßen oberflächlich, weil Entscheidungsprozesse nicht deutlich werden. Auch bedürfen die Ergebnisse der Interpretation: So werden Heimcomputer auch im Rest der Welt immer weniger genutzt. Das Smartphone läuft dem PC den

Rang ab. In einem verarmten Überwachungsstaat kommt dazu, dass sie billiger in der Anschaffung sind. Zudem kann man sie besser verstecken, und sie sind praktischer im Alltag, weil ihre Akkus nur aufgeladen werden müssen, nicht aber auf eine stabile Energieversorgung angewiesen sind. Das Smartphone steht für selbstbestimmte Kommunikation und für Autonomie.

Allerdings hat auch der Staat etwas davon: Die neuen technischen Errungenschaften bieten ihm allerlei Möglichkeiten, seine Bürger auszuspionieren. Die digitale Diktatur rüstet auf: Betriebssysteme können mit Spähsoftware erweitert und festinstallierte Spiele ideologisch vorab geprüft werden. Die Anwendungen auf den nordkoreanischen Tablets und Smartphones sind längst derart programmiert. Kim Jong-un unterstützt daher die Entwicklung eigener Produkte. Sein Ziel, den Lebensstandard bei gleichbleibender oder sogar angezogener Repressionsschraube zu heben, sieht ein großes Bespaßungsprogramm vor, zu dem nicht nur Tablets gehören, sondern auch Freizeitparks, Delfinarien, neue Hochhäuser und Shoppingmalls – Konsum als Ablenkung und Bedürfnisbefriedigung. Der große Pluspunkt für das Regime ist dabei: Mit all den Freizeitangeboten lässt sich die Bevölkerung bestens kontrollieren.

Wir missverstehen das oft als Liberalisierung oder Öffnung der Gesellschaft. Das aber ist falsch. Die Freiheit wird gewährt, solange sie dem System und der Kim-Familie nutzt. Brot und Spiele, es ist ein altes Konzept – um die Menschen zufrieden-, oder besser: ruhigzustellen. Die Systemfrage um den Preis seines eigenen Machterhalts stellt Kim Jong-un bislang nicht, auch wenn sich trotzdem Veränderungen ergeben, die eines Tages zur Systemfrage führen könnten.

STRATEGIEN ZUM ÜBERLEBEN

Dass es Kim Jong-un schafft, sein Regime und damit seine eigene Position unter international wie national widrigsten Umständen zu erhalten, ist einer Reihe von Überlebensstrategien geschuldet.

Zentrales Thema ist die Finanzierung in Zeiten von Sanktionen und einer ineffizienten Wirtschaft, die es nicht hinbekommt, für notwendige Ersatzteile und Investitionen zu sorgen.

Abgesehen von den Sanktionen: Wer investiert schon sein Geld in ein Land, das heute vielleicht in friedvoller Eintracht mit den Nachbarn lebt, morgen aber bereits wieder die Grenzen schließen, internationale Organisationen ausweisen – und Investoren enteignen könnte? Rechtssicherheit existiert nicht. Mutige oder leichtsinnige – je nach Standpunkt – Unternehmen wie die bereits erwähnte ägyptische Holding Orascom oder der südkoreanische Konzern Hyundai wurden bereits bitter bestraft. Ohne stabile Einnahmen kann aber auch das Regime Kim Jong-uns nicht überleben.

Das zweite zentrale Thema ist die Sicherheit im internationalen Staatensystem. Nordkorea ist ein Sicherheitsrisiko für die Region, nicht nur für Südkorea und Japan, sondern zudem für China, das den kleinen Nachbarstaat aufmerksam beobachtet und im Zweifelsfall in die Schranken weist. China ist vor allem an Stabilität interessiert – und arbeitet deshalb mit dem Regime Kim Jong-uns zusammen.

Nordkorea ist auch ein Sicherheitsrisiko für die Welt: Trotz aller Beteuerungen einer ernst gemeinten Annäherung zwischen Nordkorea und Amerika dürfte Kim Jong-un klar sein, dass Washington letztlich nach einer Möglichkeit sucht, ihn und seine Verwandtschaftsclique loszuwerden. Einzig und allein das mittlerweile ansehnliche Atomwaffenarsenal bewahrt Kim auf Dauer vor einem von außen erzwungenen Regimewechsel.

Aber abschreiben sollte ihn niemand: Kim ist ein Spieler. Er dealt und holt das Nötigste für sein Regime heraus, täuscht Verhandlungspartner, zapft illegale Geldquellen an – und presst die legalen aus, solange sie noch nicht versiegt sind. Mit dieser Strategie kann er sich noch eine Zeit lang über Wasser halten, die Frage ist nur: Wie lange noch?

NUKLEARWAFFEN UND RAKETEN

Wer wissen möchte, was dem nordkoreanischen Regime wichtig ist, sollte Kindergärten und Schulen besuchen. Denn was dem Staat heilig ist, soll seinem Volk gleichsam in der Wiege in die DNA eingebrannt werden. Ich war mehrmals in Kindergärten und Schulen zu Besuch, solche Ortstermine gehören zum Standardprogramm. Die bereits erwähnten Vorführungen der perfekt dressierten Kinder sind zwar erstaunlich, mein Interesse allerdings galt meist eher der Einrichtung: An den Wänden hingen selbst gemalte

Bilder von Raketen. Ein Kind hatte sogar eine Art Atompilz gezeichnet, zumindest hielt ich es dafür. In den Schulen, die ich besuchte, waren oftmals ganze Zimmer mit propagandistischen Plakaten und Bildern ausgestattet, die vor allem ein Motiv zeigten: Nordkorea als Atommacht, stets abwehrbereit gegen den amerikanischen »Aggressor«, wie man häufig zu hören bekommt.

Ich bin sicher: Wer der Überzeugung ist, dass sich Nordkorea sehr bald und vollständig seiner Nuklearwaffen entledigt, lässt sich blenden und von seinem übersteigerten Optimismus täuschen. Die atomare Bewaffnung in Verbindung mit dem Raketenprogramm ist aus Sicht Kim Jong-uns und seiner Militärs und Parteifreunde *die* zentrale Errungenschaft, für die Generationen gekämpft und gearbeitet haben, inklusive seiner Amtsvorgänger Kim Il-sung und Kim Jong-il. So etwas gibt man nicht leichtfertig auf.

Die Bedrohung richtet sich dabei nicht in erster Linie gegen Südkorea, dessen Hauptstadt Seoul für die Armee auch ohne Atomwaffen ein leichtes Ziel wäre. Japan liegt schon länger in der Hochrisikozone – die Menschen dort leben mit der Gefahr, die Regierung sorgt weiter vor, indem sie den Verteidigungshaushalt erhöht und die Raketenabwehr ausbaut.[1] Aber auch Japan ist für Kim Jong-un nicht wirklich relevant. Kims Langstreckenraketen können jetzt schon amerikanisches Territorium treffen, und genau darum geht es: Die Nordkoreaner wissen nicht erst seit dem 11. September 2001, als Osama bin Ladens islamistische Terrortruppe Flugzeuge in das Herz New Yorks steuerte, wer Amerika tief erschüttern und seine Regierung an den Verhandlungstisch zwingen will, muss es glaubhaft auf dem eigenen Territorium bedrohen.

Wenn man mit nordkoreanischen Offiziellen über das Thema spricht, fallen vor allem zwei Namen, die als abschreckendes Beispiel dienen: Muammar al-Gaddafi und Saddam Hussein. Im Pjöngjanger Kumsusan-Palast, dem Mausoleum der verstorbenen Führer, sind Erinnerungsstücke an ein gemeinsames Treffen der beiden »Antiimperialisten« Kim Il-sung und Gaddafi zu bewundern. Bei einem Besuch nach Gaddafis Sturz 2011 erzählte mir mein nordkoreanischer Begleiter mit Genugtuung, dass Nordkorea noch immer der »amerikanischen Aggression« trotze, während Gaddafis Libyen längst untergegangen sei. Seine Botschaft an mich: Schau her, das haben wir dank unserer Nuklearwaffen geschafft. Und seine Schlussfolgerung ist ja nicht einmal von der Hand zu weisen.

Libyen, das seit den 1970er-Jahren versucht hatte, ein Atomprogramm zu entwickeln, ließ sich 2003 in Verhandlungen mit Amerika und Großbritannien auf eine nukleare Abrüstung ein, um die internationale Isolation zu durchbrechen und die Sanktionen loszuwerden. Die Situation war durchaus vergleichbar mit der Nordkoreas, wenn auch in einem wichtigen Aspekt unterschiedlich: Libyens Atomprogramm war nicht weit gediehen, Gaddafi noch nicht in der Lage, eine Bombe zu bauen. 2011 endete das Regime des selbsternannten Revolutionärs im libyschen Bürgerkrieg. Weitgehend schutz- und wehrlos starb der Diktator, nachdem ihn seine Häscher in einer Betonröhre unter einer Straße aufgespürt hatten.

Die brutale Laufbahn von Saddam Hussein endete ebenfalls in einem Erdloch: Der irakische Diktator wurde im Zuge des Zweiten Golfkriegs von der Macht vertrieben, später festgenommen und nach einem Prozess exekutiert. Die amerikanischen und britischen Invasionsarmeen stießen trotz der Behauptung, der Irak verfüge über Massenvernichtungswaffen, auf vergleichsweise geringe Gegenwehr der irakischen Armee. Das Atomprogramm des Irak war nach Ansicht der Internationalen Atomenergiebehörde ebenfalls nicht sehr weit gediehen und weit davon entfernt, einsatzfähig zu sein.

Neben der Sicherheitsgarantie gegen einen amerikanischen Angriff erfüllt das nordkoreanische Atomprogramm noch mindestens zwei weitere Funktionen, die nicht zu unterschätzen sind. Zum einen hat Nordkorea mit seiner Technologie Südkorea etwas Entscheidendes voraus – endlich einmal, denn Südkorea ist ökonomisch längst schon meilenweit enteilt. Das ist insofern von Bedeutung, als selbst die gewöhnlichen Nordkoreaner mittlerweile wohl wissen, dass ihr Land ärmer ist als der kapitalistische Süden. Die Tatsache, dass sich der Norden in der Lage zeigt, trotz aller Probleme ein solch gigantisches Rüstungsprogramm zu stemmen, führt den eigenen Bewohnern vor, was es zu leisten imstande ist. So falsch liegt die Propaganda in diesem Punkt sicherlich nicht.

Womit die dritte Funktion erklärt ist: Die Nuklearwaffen sind Kims wichtigstes innenpolitisches propagandistisches Thema. Der staatliche Fernsehsender wiederholt in gefühlter Dauerschleife Werbesendungen über das eigene Atomprogramm. Die Musik, Kunst – und eben auch die Erziehung – nehmen es zentral in ihre Programme auf. Nordkorea geht damit auf Konfrontationskurs mit der internationalen Staatengemeinschaft, die eigentlich nur fünf Atommächte vorsieht: USA, Russland, China, Großbritannien und Frankreich. Aus dem Atomwaffensperrvertrag, der diesen

Status quo festzurrt, hat sich Nordkorea 2003 verabschiedet. Wie Indien, Pakistan und Israel hat sich das Land die Mitgliedschaft im elitären Klub der Atommächte mit der Brechstange erstritten. Fakten schaffen mit Atomwaffen. Aus der Sicht Nordkoreas scheint das durchaus nachvollziehbar: Das Land ist umgeben von Atommächten. Im Nordwesten China, im Nordosten Russland, östlich und im Süden die USA.

Doch wie schlagkräftig ist Nordkoreas Waffenarsenal? Der renommierte Wissenschaftler und ehemalige UN-Waffeninspekteur im Irak David Albright vom Institute for Science and International Security in Washington schätzt, dass Nordkorea zwischen zehn und 50 Atombomben besitzt.[2] Der südkoreanische Wiedervereinigungsminister Cho Myoung-gyon erklärte 2018 im Parlament, dass er von 20 bis 60 Bomben ausgehe. Albright glaubt, dass pro Jahr drei bis fünf Bomben dazukommen könnten. Das wirft gleich die erste Frage auf: Wie soll eine Vereinbarung durch internationale Inspektoren wasserdicht überwacht werden, wenn nicht klar ist, wie viele Waffen und wie viel waffenfähiges Material Nordkorea bunkert? Und selbst wenn das Regime eines Tages eine Liste der Waffenprogramme sowie der daran beteiligten Wissenschaftler vorlegen sollte – wie vertrauenswürdig wären die Angaben?

Kim Jong-uns Regime besitzt Uran- und Plutonium-Atomwaffen. Nordkorea verfügt über eigene Uran-Vorkommen, mindestens zwei Minen sind vorhanden, und mindestens zwei Anlagen, um den Rohstoff weiterzuverarbeiten. Die Anlage in Yŏngbyŏn, nördlich von Pjöngjang, ist den internationalen Atominspektoren bestens bekannt. 2010 ließ Kim Jong-il internationale Inspektoren die Anlage, in der auch Plutonium hergestellt wird, in Augenschein nehmen. Die damaligen Experten waren beeindruckt – spätestens ab da war klar, dass Nordkorea kurz davor ist, sein Ziel zu erreichen. Zwischenzeitlich war die Anlage stillgelegt und der Kühlturm gesprengt worden, seit 2013 ist sie jedoch wieder in Betrieb, nachdem sich Kim Jong-un entschlossen hatte, sein Atomprogramm zu forcieren. Beim Gipfeltreffen 2019 in Hanoi zeigte sich Kim Jong-un bereit, Yŏngbyŏn im Gegenzug zur Aufhebung der Sanktionen stillzulegen. Der Deal kam nicht zustande.

Die zweite Anlage liegt mehreren Berichten zufolge in Kansŏng, südlich der Hauptstadt. Dort könnte laut Schätzungen Material für ein bis zwei weitere Atomwaffen pro Jahr hergestellt werden.[3] Uran wird dabei in Gaszentrifugen angereichert und so für den Bau von Atombomben nutzbar gemacht. Plutonium kommt in der Natur hingegen extrem selten vor – und wird deshalb künstlich in Kernreaktoren aus Uran gewonnen. David Albright geht von 33 Kilogramm Plutonium sowie 175 bis 645 Kilogramm waffenfähigem Uran im Besitz des Regimes aus. Die große Bandbreite beim Uran erklärt sich dadurch, dass nicht bekannt ist, wie viel Uran Nordkorea letztlich anreichern kann. Deshalb sind Ortsbesuche von Fachleuten so wichtig – und nicht zu ersetzen durch Satellitenaufnahmen oder Ferndiagnosen. Eine Studie der Universität Stanford schätzt, dass Nordkorea seit Mai 2018 fünf bis acht Kilogramm waffenfähiges Plutonium hergestellt hat (Stand März 2019). Zusammen mit dem hochangereicherten Uran reiche das, um »fünf bis sieben« weitere Atombomben zu bauen, gibt der Studienmitautor Siegfried Hecker an.[4]

Für Trumps Verhandlungsteam in Hanoi war der Zugang

internationaler Inspektoren zur Anlage in Kansŏng wohl der Gradmesser dafür, ob es Kim mit der atomaren Abrüstung ernst meint. Wenig überraschend ließ sich das Regime in Pjöngjang darauf nicht ein – es wäre der Offenlegung seines atomaren Waffenarsenals gleichgekommen.

Trump sagte nach dem gescheiterten Gipfel bei einer Pressekonferenz: »Ich glaube, sie waren überrascht, dass wir es wussten.« Ein Satz, der das Verhältnis Amerikas und Nordkoreas sehr viel realistischer beschreibt als die naiven Lobeshymnen, die Trump auf Kim zu anderer Gelegenheit angestimmt hat.

Es war der 9. Oktober 2006, als in Nordkorea die Erde bebte. Das Regime hatte zuvor über die »extremen Drohungen der Vereinigten Staaten« geklagt – und Gegenmaßnahmen angekündigt. Die Sprengkraft der Bombe war zwar noch vergleichsweise schwach, schwächer zumindest als die der amerikanischen Hiroshima-Bombe. Aber das Ergebnis zählte: Das Tabu war gebrochen, Nordkorea faktisch ein Atomstaat. Bis 2017 folgten fünf weitere Bombentests, mit Uran oder Plutonium als Sprengstoff. Im Januar 2016 gab die nordkoreanische Regierung an, zum ersten Mal eine Wasserstoffbombe getestet zu haben. Aufgrund der geringen seismischen Aktivitäten wurde das jedoch von internationalen Experten angezweifelt – Wasserstoffbomben erzeugen normalerweise die vielfache Sprengkraft einer »einfachen« Atombombe. Die Sprengkraft der 2017 zuletzt getesteten Bombe geriet stärker als die der vorherigen Versuche: Die Erdstöße, die Messstationen in China und anderswo aufzeichneten, entsprachen einem Beben der Stärke 6,3.

Ob Nordkorea die Fähigkeit hat, Wasserstoffbomben zu bauen, ist nicht restlos geklärt. Aber es ist nicht unwahrscheinlich. David Albright hat mehrfach darauf hingewiesen, dass Nordkorea in Yŏngbyŏn Isotope produziert, die für den Bau nötig sind. Die Drohkulisse wäre somit perfekt. Ob Wasserstoff- oder vorerst »nur« konventionelle Atombombe: Es zweifelt niemand mehr, dass Nordkorea Atommacht ist, auch Donald Trump und sein chinesischer Amtskollege Xi Jinping nicht. Der chinesische Staatschef, sonst gegenüber Kim mit Langmut ausgestattet, reagierte mit Importverboten, beteiligte sich an gemeinsamen Resolutionen im UN-Sicherheitsrat – und sparte nicht mit öffentlicher Kritik. Kein Wunder: Die Atomversuche Nordkoreas fanden auf dem Testgelände Punggye-ri statt, im Nordosten des Landes, in direkter Nachbarschaft zu China. Für China sind Kims Zündeleien die drohende Katastrophe in direkter Nachbarschaft.

Parallel zu den Atomwaffen ließ Kim seine Raketentechnologie weiterentwickeln. Er ordnete seit 2014 rund 60 Tests mit kurzen, mittleren und längeren Reichweiten an, darunter viele mit alter sowjetischer Scud-Technik.[5] 2017 erprobte das Land zwei Interkontinentalraketen im Flug, die Hwasong-14 und -15, die technisch stark an alte sowjetische Flugkörper erinnern und sehr wahrscheinlich amerikanisches Festland treffen können. Obwohl diese »Big Boys« nur drei Mal abgeschossen wurden, war der psychologische Effekt fatal – und die Aufmerksamkeit Amerikas geweckt. Nach den gescheiterten Verhandlungen in Hanoi ließ Kim im Mai 2019 nach längerer Pause wieder Raketen testen. Aber selbst dabei wollte Trump von einem Vertrauensbruch nichts wissen. Das Raketenprogramm ist zwar längst keine ausgereifte und zuverlässige Bedrohung, aber schon die wenigen öffentlichkeitswirksamen Testläufe haben erreicht, was das Regime bezweckte: Kim konnte Washingtons Zweifel wirksam zerstreuen und beweisen, dass er im Gegensatz zu anderen Diktatoren mehr ist als ein Maulheld. Nordkorea, das mussten Washingtons Fachleute zugeben, hat sein Atomprogramm seit den ersten Überlegungen stringent und mit viel Disziplin vorangetrieben.

Staatsgründer Kim Il-sung hatte die Grundlage für das Atomprogramm geschaffen, indem er die Sowjets einspannte. Die Nuklearanlage Yŏngbyŏn entstand Anfang der 1960er-Jahre, die Sowjetunion lieferte dazu das Material, Baupläne und in den ersten Jahren Brennstäbe, und nordkoreanische Wissenschaftler studierten an sowjetischen Universitäten. Zu der Zeit forcierte auch China sein Atomprogramm, die Amerikaner installierten ihrerseits Atomwaffen in Südkorea. Anfang der 1970er-Jahre lagerten dort mehrere Hundert amerikanische Bomben. Zudem machten sich Mitte der siebziger Jahre die beiden aufstrebenden und verfeindeten regionalen Mächte Indien und Pakistan daran, ihre Atomprogramme auszubauen. Abdul Kadir Khan, Pakistans vielleicht wichtigster Atomingenieur, trieb die Entwicklungen voran, er gilt als Vater des pakistanischen Atomprogramms. Und er wirkte über sein Heimatland hinaus, indem er die Technologie weitergab. Khan belieferte Iran und Libyen – und Nordkorea. Während die Chinesen Nordkorea aus guten Gründen jegliche Unterstützung versagten, konnte das Kim-Regime auf die Sowjetunion und später auf Komplizen wie Khan setzen.

Das gilt auch für die Raketentechnologie: Nordkorea kaufte Ende der siebziger Jahre sowjetische Kurzstreckenraketen des Typs Scud-B aus ägyptischen Beständen auf. Die Ingenieure bauten sie auseinander und konstruierten sie als eigene Rakete unter dem Namen Hwasong-5 nach. So oder so ähnlich lief es auch bei weiteren Raketentypen wie der Hwasong-6 oder später der Mittelstreckenrakete Rodong (oder auch Nodong) mit einer Reichweite von 1200 bis 1500 Kilometern und einer Tragkraft von 1200 Kilogramm. Mit den Raketen verdiente Nordkorea später gutes Geld – als Exportprodukt an Iran und Pakistan. Die Rodong-Raketen wurden dort abermals weiterentwickelt und unter neuen Namen in den Einsatz genommen, in Iran als Shabab-, in Pakistan als Gauri-Raketen.

Heute verfügt Nordkorea über ein reich bestücktes Raketenarsenal, mit dem es jeden Winkel in Südkorea erreichen kann. Die Hwasong-15, die Ende November 2017 getestet wurde, fliegt mit einer Reichweite von bis zu 13 000 Kilometern. Das genügt, um Amerika und Deutschland zu treffen.[6] Nur ist die Frage noch offen, ob Nordkorea imstande ist, die Atomsprengköpfe so klein und widerstandsfähig zu konstruieren, dass sie auf die Rakete passen und den Wiedereintritt in die Erdatmosphäre überstehen.

Raketenteile, die zurück auf die Erde gefallen waren, gaben Ermittlern wiederholt Hinweise, dass so manches Bauteil daraus ursprünglich aus China, der Sowjetunion oder sogar Großbritannien stammte. Über die verschlungenen Schmugglerpfade ist indes fast nichts bekannt. Wer auch immer letztlich dahinter steckt: Ohne Proliferation, Hilfe von außen, wäre Nordkorea nie in der Lage gewesen, sein Atomprogramm auf das heutige Niveau zu heben. Wer in Moskau oder Peking über Kims Ambitionen klagt, sollte deshalb dringend in die eigenen Archive schauen.

Ein solches Waffenbeschaffungsprogramm ist natürlich extrem teuer: Die südkoreanische Regierung schätzt die

Kosten insgesamt auf 1,1 bis 3,2 Milliarden Dollar.[7] Nach mehreren Schätzungen benötigt eine etablierte Atommacht mindestens zehn Prozent ihres Verteidigungshaushaltes für den Erhalt des Waffenarsenals und etwaige Neuanschaffungen. Nordkorea hat sein Atomprogramm zügig aufgebaut – zu einem hohen, nicht näher bezifferten Anteil des Verteidigungsbudgets. Wer so viel investiert und dabei weitgehend auf die Erneuerung der konventionellen Streitmächte und andere Investitionen verzichtet, wird er seine Atomwaffen dann leichtfertig aufgeben?

Beim Gipfel in Singapur war jedoch erst einmal Optimismus gefragt, kritische Töne hörte die Trump-Administration ungern. Und in der Tat muss man Trump dafür loben, dass er nach Jahren des Stillstands durch seine unkonventionelle Art Bewegung in den eingefrorenen Konflikt gebracht hat. Immerhin bekräftigte Kim Jong-un seine Haltung, die koreanische Halbinsel von Atomwaffen befreien zu wollen, auch wenn diese vage Aussage wenig mit der Forderung der amerikanischen Verhandlungspartner nach einer vollständigen und unumkehrbaren Denuklearisierung zu tun hat. Dass die Regierungen wieder miteinander sprechen, kann man als Erfolg sehen. Ein Erfolg, der aber nicht von Dauer sein wird, wenn weitere Schritte ausbleiben, wie sich beispielsweise im März 2019 zeigte: Das Regime in Pjöngjang zog zwischenzeitlich seine Verbindungsleute aus dem Büro in Kaesŏng ab, das Nord- und Südkorea im Jahr zuvor eröffnet hatten, um auf dem kurzen Dienstweg gemeinsame Projekte oder auch Probleme besprechen zu können.[8]

Kim Jong-un lieferte vordergründig weitere Zugeständnisse: Ein wichtiger Schritt war zum Beispiel die angebliche Schließung und Sprengung des Nukleartestgeländes Punggye-ri. Wie wichtig – darüber kann man sich streiten, denn offenbar war das Gelände durch die Kernwaffentests derart in Mitleidenschaft gezogen, dass es ohnehin nicht mehr brauchbar war. Zudem gibt es erhebliche Zweifel, ob das Gelände wirklich stillgelegt wurde – oder wieder repariert wird. An der wichtigsten Raketenstartanlage in Sohae nördlich von Pjöngjang – sie dient als Testgelände für Flüssigtreibstoffantriebe, die in Langstreckenraketen Verwendung finden, und als Startrampe für das Satelliten-Weltraumprogramm – wurden im Sommer 2018 zwar erste Arbeiten zur Demontage unternommen. Allerdings waren im März 2019, schon wenige Tage nach dem gescheiterten Trump-Kim-Gipfel in Hanoi, wieder Aufbauarbeiten zu beobachten.[9] An der streng bewachten Grenze zwischen Nord- und Südkorea wurden Grenzposten abgezogen, Minen geräumt, Artilleriestellungen eingemottet und die Propagandalautsprecher abgebaut. Zudem hielt Nordkorea die Vereinbarung mit Amerika ein, die Überreste im Koreakrieg getöteter US-Soldaten zurückzuschicken. Alles vertrauensbildende Maßnahmen, zu denen man auch die Pläne Süd- und Nordkoreas für gemeinsame Straßen- und Bahnverbindungen zählen muss. Eines Tages könnten Züge von Seoul durch Nordkorea nach China und Russland fahren – und so die Halbinsel an Xi Jinpings ehrgeiziges Handelsrouteprojekt *Neue Seidenstraße* anbinden. Es ist ein Hoffnungsschimmer – nicht weniger, aber auch nicht mehr.

Ich bin der festen Überzeugung, dass diese nordkoreanischen Zugeständnisse die preiswertesten sind, die sich Kim Jong-un leisten möchte – nichts lässt darauf schließen, dass es Kim darüber hinaus wirklich ernst meint. In einem UN-Bericht vom Sommer 2018 hieß es, es gebe Hinweise, dass Nordkorea sein Atomprogramm weiterlaufen lasse und wohl auch weiter Raketen konstruiere. Kims Politik 2019 bestätigte diesen Eindruck. Zu viel Optimismus ist deshalb unangebracht. Zumal über die internen Kommandostrukturen zu wenig nach außen dringt: Die nordkoreanische Regierung erweckt stets den Eindruck, dass Kim Jong-un die alleinige Autorität besitzt, den Atomknopf zu bedienen – doch das ist nicht gesichert. Darüber hinaus ist nicht bekannt, ob das Regime eine Art Kontrollsystem implementiert hat, um zu verhindern, dass Teile des Militärs beispielsweise ohne Wissen des Diktators einen Atomschlag auslösen könnten.

Sollte Nordkorea allen Erwartungen zum Trotz sein Versprechen wahr machen, bedeutete das einen enormen Aufwand: Entweder müssten die Waffen und das waffenfähige Material ins Ausland geschafft – oder in Nordkorea selbst zerstört werden. Zugleich müssten die Anlagen zur Urananreicherung und Plutoniumproduktion geschlossen und abgebaut sowie das Raketenarsenal verkleinert werden. Trumps Sicherheitsberater John Bolton hält das libysche Modell für denkbar. Damals wurde das nukleare Material mit Schiffen außer Landes gebracht – aber wie bereits geschildert, stand Libyens Atomprogramm erst am Anfang. Südafrika zerstörte seine Waffen selbst und ließ dann Inspektoren ins Land, die das Zerstörungswerk überprüften.

Schließen und Stilllegen reichen nicht: Die Atomanlage Yŏngbyŏn wurde mehrere Jahre geschlossen, der Kühlturm gesprengt – und doch kostete es Nordkorea kaum Mühe, einen neuen Turm zu bauen und die Anlage alsbald wieder in Betrieb zu nehmen. Zudem: Das Know-how der nordkoreanischen Ingenieure lässt sich nicht einfach ausschalten. Im Gegenteil: Für sie, die isoliert und unter größter Sicherheitsstufe arbeiten und forschen, müssten neue zivile Jobs geschaffen werden. Siegfried Hecker, Wissenschaftler und Professor an der Stanford University, konnte 2010 die Anlage in Yŏngbyŏn besuchen, er geht von Kosten von »vielen Milliarden« Dollar und einer Zeitspanne von zehn Jahren für den Abrüstungsprozess aus.[10] Kwon Hyuk-chul, Professor an der Seouler Kookmin-University, schätzt die Kosten auf 20 Milliarden Dollar. Kwon bezieht sich dabei auf Erfahrungen aus der Zeit, als die Ukraine nach dem Zusammenbruch der Sowjetunion ihren Anteil am gemeinsamen sowjetischen Atomwaffenarsenal aufgab. Die Waffen gingen damals an Russland – nicht wenige in Kiew wünschen sich heute, sie hätten sie besser behalten. Fünf Milliarden Dollar seien für die eigentliche atomare Entwaffnung Nordkoreas nötig, weitere fünf Milliarden für den Bau zweier Leichtwasserreaktoren zur Stromgewinnung und weitere zehn Milliarden Dollar als ökonomische Hilfe für das Regime in Pjöngjang und die Integration der 3000 bis 10 000 Mitarbeiter des Atomprogramms in einen anderen, zivilen Arbeitsmarkt. Eine Gruppe anerkannter internationaler Fachleute gelangte im März 2019 zu dem Schluss, dass eine Abrüstung des Nuklearprogramms, gemessen an seiner fortgeschrittenen Entwicklung und der Bedeutung für das Regime, »Jahre, wenn nicht sogar Jahrzehnte« dauern könnte.[11]

Aber selbst wenn Nordkorea einwilligt und Inspektoren ins Land lässt, bleibt die Unsicherheit, ob es nicht im Geheimen schon längst wieder an neuen Waffen arbeitet oder einen Teil des Arsenals schlichtweg dort versteckt hat, wo niemand Zugang bekommt. In alten Bergwerken zum Beispiel, in den unzugänglichen Gebirgen im Norden. Nordkorea schafft es ja sogar, seine Gefangenenlager soweit zu

Abb. 14: Symbol der Hoffnung auf eine Wiedervereinigung: Im südkoreanischen Bahnhofsgebäude Dorasan nahe der Demilitarisierten Zone wirbt ein Bild für den Friedensprozess zwischen dem Süden und Norden. Der Ort ist symbolisch, weil der Bahnhof eines Tages das Verbindungstor nach Nordkorea sein soll. Bislang ist das moderne Gebäude allerdings nur ein Geisterbahnhof, der von Touristen aus dem Süden besucht wird.

isolieren, dass kaum etwas über sie nach außen dringt. Wer könnte da schon geheime Anlagen in unterirdischen Bunkeranlagen überprüfen? Diese Unsicherheit lässt sich in einem Friedensprozess natürlich nicht vermeiden. Aber man sollte sie stets im Hinterkopf haben, wenn der Optimismus der Verhandlungsführer über den Realismus zu siegen scheint.

Ich neige durchaus dazu, das Beste in Menschen und von mir aus auch in Regierungen zu sehen. Und ich verstehe auch jene, die sich – wie viele Südkoreaner inklusive des Präsidenten Moon Jae-in – nichts sehnlicher wünschen, als dass ihr Optimismus Früchte trägt und Korea endlich befriedet wird. Aber im Falle Nordkoreas ist eine große Dosis Skepsis nur vernünftig – aus Erfahrung sollte man klug werden: In den 1990er-Jahren erklärte sich das Regime, damals noch unter Kim Il-sung, zur Kontrolle und Zusammenarbeit mit der Internationalen Atomenergiebehörde in Wien (IAEA) bereit. Als die Atominspektoren dann im Land waren, dämmerte ihnen jedoch schnell, dass die Wissenschaftler des Regimes offenbar mehr Plutonium produziert hatten als angegeben. Als sie Zugang zu weiteren Lageplätzen erbaten, schlug ihnen Kim Senior die Tür vor der Nase zu und schimpfte auf die Inspektoren. Die Situation eskalierte in der Folgezeit fast bis zum Krieg, denn tatsächlich zogen die USA unter Bill Clinton einen Präventivschlag in Erwägung.

Im Oktober desselben Jahres, 1994, unterzeichneten die Unterhändler ein Rahmenabkommen, das Nordkorea zum Einfrieren seines Atomprogramms verpflichtete. Anlagen sollten stillgelegt, Brennstäbe außer Landes gebracht werden. Amerika verpflichtete sich im Gegenzug zum Bau zweier Leichtwasserreaktoren und zur Lieferung von

Heizöl. Nordkorea, das sich nach dem plötzlichen Tod Kim Il-sungs am 8. Juli 1994 in Trauer und Schockstarre befand, war auf jede erdenkliche finanzielle Hilfe angewiesen. Amerika wollte das Land aus seiner Bunkermentalität herauslösen – und engagierte sich dafür mit größeren Beträgen. Ein Erfolg für beide Seiten, so dachten damals viele.

Ein Erfolg, der gute acht Jahre währte. In der Zwischenzeit übernahm Kim Jong-il das Ruder in Pjöngjang, und in Washington zog George W. Bush ins Weiße Haus ein, der – ohne Not – Nordkorea 2002 in aller Öffentlichkeit zu seiner berühmten *Achse des Bösen* hinzufügte. Nordkorea wiederum, das bestätigte sich spätestens im Herbst 2002, als das Regime die IAEA-Inspektoren aus dem Land warf, verfolgte da längst andere Pläne – und nahm klammheimlich die Plutoniumproduktion wieder auf. Was immer Kim Il-sung geplant hatte, sein Sohn Kim Jong-il hatte zu keinem Zeitpunkt ein Interesse daran, das Atomprogramm wirklich und nachhaltig aufzugeben. Der Fairness halber muss man hinzufügen, dass die Vereinbarungen auch von der Gegenseite nicht hinreichend eingehalten wurden. Es kam beispielsweise nie zum Bau der Leichtwasserreaktoren – wodurch die Nordkoreaner genügend Vorwände hatten, ihrerseits nicht zu liefern.

Und Kim Jong-un? Nordkorea hat dank seines Atomarsenals de facto eine Art Immunität erlangt. Diese faktische Unangreifbarkeit ist Nordkoreas Sicherheitsgarantie und Verhandlungsunterpfand gleichermaßen. Denn nur so hat es das Regime geschafft, Amerika an den Verhandlungstisch zu zwingen. Dazu braucht es die Aufmerksamkeit eines amerikanischen Präsidenten. Nichts war schlimmer für Kim Jong-un als die Ignoranz, die ihm zu Zeiten von

Barack Obama aus dem Weißen Haus entgegenschlug. Das zeigt die Geschichte: Der Besuch Jimmy Carters adelte Kim Il-sung mehr als tausend Besuche irgendwelcher afrikanischer Potentaten, mit denen sich die staatliche Propaganda sonst brüstet. Als Clintons Außenministerin Madeleine Albright nach Pjöngjang reiste, berichtete das nordkoreanische Staatsfernsehen sehr ausführlich und immer wieder mit einer Jubelorgie über das angeblich so überwältigende Ansehen, das Kim Jong-il weltweit genieße. Der Höhepunkt aber war Donald Trumps Lobeshymne auf den jungen Diktator Kim Jong-un. Mitte 2019 überschritt Trump sogar als erster amtierender amerikanischer Präsident die Grenze zum Norden – und ließ sich mit dem selbstzufriedenen Kim ablichten, obwohl dieser keine einzige Atombombe verschrottet hatte. Das Verhalten lässt darauf schließen, dass sich Trump mit einem faktischen Atomstaat Nordkorea abfinden könnte.

Wer solche Feinde hat, braucht keine Freunde mehr.

EINE FRAGE DES GELDES

Nachdem Kim Jong-un seinen Staat zur Atommacht erklärt hat, will er ihn nun wirtschaftlich nach vorne bringen. Das ist bitter nötig: Die Wirtschaft Nordkoreas steckt nach wie vor in ernsthaften Schwierigkeiten, obwohl es auch Lichtblicke gibt. Nach Berechnungen der südkoreanischen Zentralbank in Seoul schrumpfte das Bruttoinlandsprodukt 2017 nach einigen besseren Jahren um 3,5 Prozent. Der Export brach im selben Jahr um 37 Prozent ein, die Einfuhren blieben aber ungefähr auf dem Vorjahresniveau stehen, was das Handelsbilanzdefizit weiter erhöhte. 2017 aber wirkten die Sanktionen noch gar nicht – die Wirkung der Handelsbeschränkungen setzt zudem zeitverzögert ein.

Dennoch, in Kim Jong-uns Amtszeit zeigen sich Lichtblicke: In seinen Vor-Ort-Anleitungen setzt Kim Jong-un seit einiger Zeit verstärkt auf Fabrik- und Betriebsbesuche, um seine neue Politik in die Öffentlichkeit zu tragen. Angepasste Wirtschaftsgesetze zeugen von seinem festen Willen, die Wirtschaft zu modernisieren. Durch die neue (informelle) Marktwirtschaft steigt die Effizienz der Arbeit, größere Freiheiten wecken den Unternehmergeist der Menschen. Strukturell allerdings tut sich noch immer zu wenig in dem Land, das nach wie vor an seinen inneren Widersprüchen zu ersticken droht.

Eine Auswahl dieser Dinge, die nicht zusammenpassen: Nordkorea ist eine radikale Planwirtschaft ohne jeglichen (offiziellen) Privatbesitz an Produktionsmitteln. Die zahlreichen Mängel dieses Systems werden jedoch durch hyperkapitalistische Lückenfüller gestopft – *Durchwurschteln* ist das vielleicht treffendste Wort für die Ökonomie des Landes. Oder auch Improvisation, die der Spieler Kim Jong-un meisterhaft beherrscht. Das Regime fühlt, denkt und handelt zentralistisch, will alles selbst in der Hand halten und duldet keinen Pluralismus. Andererseits hat es aus der blanken Not heraus zugelassen, dass ökonomische Entscheidungen dezentral gefällt werden dürfen. Das erhöht zwar die Effizienz und Produktivität, unterläuft aber die Autorität Pjöngjangs. Diesen Autoritätsverlust kompensiert Kim, indem er die Zügel der Repression straff hält – und Exempel statuiert. Elitenangehörige wie sein Onkel Jang Song-thaek, der Kim mit seinen zahlreichen geschäftlichen Chinakontakten zu autonom geworden war, mussten mit ihrem Leben bezahlen.

Nordkorea lässt aufgrund seines starren Systems buchstäblich das Gold auf der Straße liegen. Es ist rohstoffreich, die Bevölkerung im technischen Sinne bestens ausgebildet – und das Territorium liegt in unmittelbarer Umgebung zu den großen Märkten China, Russland, Südkorea, Japan, Philippinen und Thailand. Eigentlich ist Nordkorea also ein wirtschaftliches Juwel. Ein Juwel, das ungeschliffen bleibt – und furchtbar heruntergekommen ist.

Ch'ŏngjin. Der Kleinbus quält sich durch end- und gesichtslose Wohnblocks, die an Anonymität nicht zu überbieten sind. Die Häuser dienten einst als Musterwohnraum für die Arbeiter des nahegelegenen Eisen- und Stahlwerkes Kim Ch'aek. Doch heute sind sie in einem erbarmungswürdigen Zustand.

Nicht besser sieht das Stahlwerk aus, einer von Nordkoreas größten und bekanntesten Industriekomplexen, der die Hälfte des Stahls produziert und von Kim Jong-un in seiner Neujahrsansprache 2016 als besonders wichtig für die »chuch'e-basierte und moderne Stahlproduktion« genannt wurde. Doch vor seinen Toren rosten Lastwagen vor sich hin, ebenso wie Förderbänder und Transportkräne. Hineingehen darf ich leider nicht.

Der Stahl findet Verwendung in der Raketenherstellung und Rüstung Nordkoreas. Vor den Sanktionen hat das Regime den Stahl zudem unter anderen nach Russland und China verkauft. Doch nicht nur die Sanktionen setzen dem Absatz zu. Seit den 1990er-Jahren läuft das Werk praktisch nie unter Volllast, zeitweise stoppte der Strommangel die Produktion sogar komplett. Entgegen anderslautender Medienberichte läuft die Herstellung mittlerweile aber wieder halbwegs konstant, allerdings auf sehr niedrigem Niveau. Und eine effiziente Auslastung ist wegen Materialmangels und der anfälligen Strominfrastruktur auch für die Zukunft sehr unwahrscheinlich.

Nicht weit entfernt darf ich eine Fabrik besuchen, die weder für die Rüstung noch fürs Militär von Bedeutung ist – es sei denn, die Soldaten trinken gern den Schnaps, der in der Susongchon Foodstuff Factory gebrannt wird. Der Betrieb ist relativ neuer Bauart. Mehrere Arbeiter in weißer Kleidung und mit weißen Mützen stehen an Maschinen, durch große Fensterscheiben kann man ihnen dabei zuschauen. Ein Nebenraum mit anderen Geräten ist verwaist, hier ruht die Produktion. Die Arbeiter sind alle irgendwie beschäftigt, aber es gibt kein Anzeichen von Hektik oder starker Auslastung. Gemächlich füllen sie brotähnliches Gebäck, Kekse und Bonbons in kleine Packungen. Ich probiere ein paar Kekse und Bonbons. Die Bonbons schmecken ausschließlich süß mit schwacher Malznote. Die Kekse nach gar nichts. In einem weiteren Raum – es ist tatsächlich mehr ein Raum als eine Halle – wird der Schnaps hergestellt und in Glasflaschen abgefüllt. Es riecht nach Malz und anderen schwer definierbaren Getreiden. Ein Fabrikmitarbeiter erklärt die Produktionswege – und was Kim Jong-il, der vor Jahren die Fabrik besucht hatte, ihnen an Anweisungen mit auf den Weg gegeben habe.

Die Produkte, so erzählt er, sollten auf Kims Anweisung für die inländische Bevölkerung bestimmt sein, als nahrhafte Lebensmittel und für den Genuss der arbeitenden Menschen. Ich nicke, sage, das verstehe ich, aber in Wahrheit denke ich mir meinen Teil: Denn diese Produkte hätten auf internationalen Märkten inmitten der umwerfenden Konkurrenz keinerlei Chance. Das gilt auch für den Pjöngjanger Wodka, den ich wenig später kaufe (meistens wird allerdings der Reisschnaps Soju getrunken). Er ist in einer alten Bierflasche abgefüllt, der Markenname auf dem Etikett auf minderwertiges Papier gedruckt, die Schrift schon fast nicht mehr sichtbar.

Es ist ein weiter Weg zu weltweiter Konkurrenzfähigkeit. Nur wenige Produkte sind wirklich exporttreif, der Rest müsste erst auf Vordermann gebracht werden – wobei ich keinen Zweifel daran hege, dass die findigen und gut ausgebildeten Nordkoreaner dies in relativ kurzer Zeit schaffen könnten. Sollten ihre Marken eine mögliche Wiedervereinigung mit dem Süden überstehen, dann könnten am ehesten die Biere und andere alkoholische Getränke auf dem internationalen Markt guten Absatz finden.[12] Die Taedonggang Brauerei in Pjöngjang zum Beispiel stellt international konkurrenzfähiges Bier her, das auch schon im Staatsfernsehen beworben wurde. Nach nordkoreanischen Angaben im Auslandsrundfunk *Stimme Koreas* wurde die moderne Anlage 2001 auf Geheiß von Kim Jong-il gebaut, der bei einem Vor-Ort-Besuch gesagt haben soll, dass »für das Volk die Kosten nicht infrage« stehen. Verschwiegen wird allerdings, wie so häufig im angeblich autarken Nordkorea, dass die Brauerei mit deutscher Technik und britischer Unterstützung gebaut wurde.

Manche Erzeugnisse sind jedoch im Ausland gefragt: Stahl, dazu eine reichhaltige Auswahl von Rohstoffen, Textilien, Fischereiprodukten – und Waffen. Viele dieser Produkte unterliegen derzeit dem Handelsverbot durch die Vereinten Nationen und einzelne Staaten. Kim Jong-un versucht, die Ausfälle zu kompensieren, indem er die Binnennachfrage stärkt – auch das ist keine einfache Aufgabe in einem staatssozialistischen System.

Nordkorea veröffentlicht seit Jahrzehnten keine Zahlen mehr über sein wirtschaftliches Wachstum. Diskussionen über die Validität von ökonomischen Kennzahlen wie dem Bruttoinlandsprodukt erübrigen sich, da man schon froh sein kann, wenn man überhaupt irgendwelche Tendenzen durch Zahlen untermauern kann. Größtenteils ist man dabei auf Schätzungen angewiesen, die stets mit Vorsicht zu genießen sind, weil ihre Urheber von nicht immer zu durchschauenden Eigeninteressen geleitet sind. Betrachten wir die Ära seit Kim Jong-uns Amtsantritt: Das jährliche Wachstum war zwischen 2011 und 2014 positiv. Die südkoreanische Bank of Korea schätzt das Wirtschaftswachstum 2012–2013 und 2014 auf 1,3 beziehungsweise 1,1 und 1 Prozent. Die positive Entwicklung ergab sich damals durch die verbesserten Handelsbeziehungen und die gewachsenen Marktaktivitäten. 2015 trübte sich das Wirtschaftswachstum allerdings ein. Die Bank of Korea schätzt für 2015 ein »Minuswachstum« – dieses Wort ist nichts anderes als ein Euphemismus – von 1,1 Prozent. Im Jahr 2016 verzeichnete das Land erneut ein positives Wachstum, bevor es 2017 infolge der gestiegenen Spannungen um das Atomprogramm einen kleinen Einbruch erlebte: Die Wirtschaft schrumpfte um 3,5 Prozent. Schätzungen zufolge könnte die Wirtschaftsleistung 2018 sogar um vier bis fünf Prozent geschrumpft sein.[13]

Wohlgemerkt, die Zahlen der Bank of Korea sind nur kritikwürdige Schätzungen. Andrei Lankow, einer der profundesten Nordkorea-Fachleute weltweit, kritisiert die Berechnungen der Bank – und sieht die Wachstumsraten bei drei bis vier Prozent.[14] Was die Nordkoreaner auf ihren gewachsenen Schwarzmärkten erwirtschaften, wissen wir ohnehin nicht. Wie heißt es so schön: Die Dunkelziffer dürfte weitaus höher liegen. Nordkorea kämpft darum, das Wohlstandsniveau aus der Zeit vor der großen Hungersnot und dem Zusammenbruch des kommunistischen Ostblocks zu erreichen, als plötzlich die finanziellen Hilfen und ideologisch begründeten Handelsprivilegien der sozialistischen Bruderländer ausfielen. Davon ist es noch weit entfernt, und was schlimmer wiegt: Unter den gegebenen Umständen ist es unmöglich, dieses Ziel zu erreichen.

Seit dem ersten Atomwaffentest im Jahre 2006 hat der UN-Sicherheitsrat immer wieder neue Sanktionen gegen Nordkorea erlassen. Man kann sich das als Ansammlung starrer Ringe um den Hals vorstellen. Am Anfang waren es Sanktionen, die wehtaten, aber deren Auswirkungen zu kompensieren waren. Waffenlieferungen, Bauteile für Raketen, spezielle Technikkomponenten, die auch für den Bau von Atomwaffen verwendet werden können. Zudem wurde der engste Führungszirkel mit Reiseverboten bestraft – und Vermögen auf ausländischen Konten eingefroren. Das war der erste Ring um den Hals: starr, aber weit genug, dass das Land sich noch einigermaßen umschauen konnte.

Peu à peu legten die Vereinten Nationen weitere Ringe nach – und zogen sie immer enger. Dazu kommen die Sanktionen der Europäischen Union und einzelner Staaten wie die der USA. Mit der Eskalation im Atomstreit beschloss der Sicherheitsrat besonders weitreichende Sanktionen, die dem Land den Export ihrer Bodenschätze verbot. Seit 2017 darf es weder Kohle noch Eisen exportieren, sogar die Ausfuhr von Textilien wurde untersagt, ebenso wie der Verkauf von Fisch und Meeresfrüchten. Der Markt in Chinas Grenzstadt Dandong, sonst gut ausgestattet mit nordkoreanischen Meeresfrüchten aller Art, war plötzlich wie leergefegt – und damit auch die Kassen der Fischereikooperativen.

Besonders desaströs aber gestaltet sich der Einbruch der Rohstoffexporte. Die Minen stehen teilweise still, seit die UN-Resolution 2321 Beschränkungen für Kohle, Eisen und Eisenerz vorsieht. Die Resolution 2371 komplettierte dann das Ausfuhrverbot und zog die Ringe so fest, dass keine Luft mehr zum Atmen blieb. Nordkorea darf zudem nur noch eingeschränkt Rohöl und Benzin einführen.

Die Zahlen verdeutlichen das Problem: Mineralische Produkte schlagen in »normalen Zeiten« mit einem Exportanteil von 44 bis knapp 60 Prozent zu Buche – darauf folgen Textilprodukte und Maschinen. Da das Land in der Regel mehr einführt als ausführt, ergibt sich eine negative Außenhandelsbilanz.

Dabei war Nordkorea vor einigen Jahrzehnten noch gleichauf mit Südkorea. Das lag an der durch die japanischen Besatzer forcierten Industrialisierung, aber auch an den großen Vorräten an Gold, Eisenerz, Anthrazit, Kupfer, Nickel und Braunkohle. Oder Magnesit, dessen weltweit zweitgrößtes Vorkommen in Nordkorea schlummert. Insgesamt könnte Nordkorea auf Rohstoffen im Wert von rund sechs Billionen Dollar sitzen – ob die teils doch sehr erwartungsfrohen Schätzungen zutreffen, lasse ich dahingestellt.[15]

Nordkorea war bislang kaum in der Lage, die gigantischen Vorräte zu heben. Chinesisch-nordkoreanische Joint Ventures versuchen seit Jahren, den technologischen Rückstand durch chinesische Hilfestellung auszugleichen. Aber auch hier machen die Sanktionen derzeit allen Bemühungen einen Strich durch die Rechnung. Die Ernennung des Bergbau-Managers Kim Jae-ryong zum neuen Premierminister 2019 könnte darauf hinweisen, dass Kim Jong-un seine Hoffnungen noch stärker auf die Schätze im Boden legt.

Berlin, im Sommer 2018. Ich stelle meine Fragen im Empfangszimmer der nordkoreanischen Botschaft in der Glinkastraße. Unter den Augen der beiden Führerporträts sitzt mir ein Botschaftsmitarbeiter gegenüber, der vor allem über die Sanktionen spricht. Es sei nicht einmal mehr möglich, auch nur eine Maschine ins Land einzuführen, erklärt er. Die Sanktionen, vorangetrieben durch die USA, seien ein Verbrechen am nordkoreanischen Volk.

So viel aber ist klar, die Sanktionen hat sich Nordkorea selbst eingebrockt. Dennoch: Sanktionen sind janusköpfig. Sie sind das Mittel der Wahl, um Druck auf das Regime auszuüben – ohne Blutvergießen zu riskieren, das sicherlich die Folge eines militärischen Eingreifens wäre. Zumal Sanktionen im Gegensatz zu gewalttätigen Präventivschlägen relativ leicht politisch durchsetzbar sind, weil sie keine direkten Opfer fordern. Oder sollte es Opfer geben, so bleiben sie weitgehend verdeckt – und gefährden nicht die politische Durchsetzung. Das soll nicht zynisch klingen, sondern die Realität beschreiben. Eigentlich eignet sich die ökonomisch-politische Waffe sogar ganz besonders gut für den nordkoreanischen Fall, denn die Mehrheit der Bevölkerung, die auf dem Land teils als Selbstversorger lebt, ist vom unterbrochenen Außenhandel nicht unmittelbar – wohl aber mittelbar – betroffen.

Auf der anderen Seite sind Sanktionen aber natürlich auch problematisch. Erstens, die mittellosen Landbewohner leiden darunter, wenn das Regime knappe Güter wie Medikamente aufgrund der schlechten Versorgungslage an die städtischen privilegierten Schichten umleitet. Zweitens, die Sanktionen haben Kim Jong-un nicht davon abhalten können, sein Atomprogramm zu forcieren. Insofern können sie als gescheitert gelten, obwohl Kim durch sie immerhin an den Verhandlungstisch gezwungen wurde. Und drittens: Sie sind sehr schwer zu dosieren. Fallen sie zu schwach aus, bleiben sie weitgehend folgenlos – oder treffen nur die Falschen. Also müssen sie umfassend sein, so wie zuletzt: Erst seit die Sanktionen praktisch keinen legalen Handel mehr zulassen – und Präsident Trump zudem rhetorisch so scharf wurde, dass Kim Jong-un von der Möglichkeit eines Angriffes ausgehen musste –, zeigt sich eine Wirkung.

Schon Bill Clintons Wahlkampfstrategen wussten, was die Menschen bewegt: *It's the economy, stupid!* Doch Kims Bemühungen um eine wirtschaftliche Erholung sind unter den gegenwärtigen Bedingungen zum Scheitern verurteilt, was die nächste Krise anschieben könnte. Deshalb muss es den Vereinten Nationen und den USA gelingen, einen Weg zu finden, der beides ermöglicht: einerseits den Druck aufrechterhalten, andererseits Kim Freiheiten verschaffen, die es ihm ermöglichen, sein Land und vor allem die Wirtschaft zu modernisieren. Das gegenwärtige Sanktionsregime verschließt dagegen jeglichen Spielraum.

Das gilt in erster Linie für die Industrie: Nordkorea ist in seiner historischen Substanz ein Industrieland – mit großen Ballungsräumen in Ch'ŏngjin, Hamhŭng, Wŏnsan, Pjöngjang oder im nördlichen Sinŭiju, das direkt an der chinesischen Grenze liegt. Teile des Industriesektors sind aber lahmgelegt, viele Fabriken stehen still, weil Ersatzteile und Geld für Investitionen fehlen, nötiges Material nicht importiert werden darf – und die Stromversorgung aufgrund veralteter Trassen nicht gewährleistet ist. Schuld daran sind zudem die Ineffizienz der Planwirtschaft und die politisch-ideologische Überlagerung von Entscheidungen, statt sich an die marktwirtschaftlichen Notwendigkeiten zu halten.

Steingewordenes Zeichen dieser ruinösen Haltung ist das Ryugyŏng, das weithin sichtbare Hotel in Pjöngjang, das als Bauruine das Stadtbild prägt. Die riesenhafte, 330 Meter hohe Pyramide sollte das Glanzstück der neuen Hauptstadt-Skyline werden, größer, charismatischer und exklusiver als alles, was Pjöngjang je gesehen hatte.

Mehr als 30 Jahre nach der Grundsteinlegung 1987 ist das monströse Bauwerk noch immer nicht fertiggestellt – und es sieht so aus, als würde das vorerst auch nicht passieren. Das Hotel mit geplanten 3000 Zimmern auf 105 Etagen wäre ohnehin schlichtweg überdimensioniert in einer Stadt, die trotz aller Verbesserungen im Tourismussektor längst nicht genügend Gäste anlockt. Aber solche Erwägungen spielten bei der Planung, die noch zu Amtszeiten Kim Il-sungs vorgenommen worden waren, nur eine untergeordnete Rolle. Es sollte ein Monument nordkoreanischer Schaffenskraft werden – und ist heute zum Gegenteil verkommen (obwohl mittlerweile die Glasfassade als gigantischer LED-Bildschirm mit Propagandashows schon ein Blickfang ist). Die im Rahmen der *chuch'e*-Ideologie selbstverordnete Isolation setzt solchen wirtschaftlichen Impulsen – ganz unabhängig von den Sanktionen – erheblich zu.

Das führt zu einer schleichenden Entfremdung der Nordkoreaner von ihrem eigenen System, das sie durch einen ungeregelten Kapitalismus, der auf Improvisation und Eigeninitiative setzt, aufzuweichen versuchen. Dass Betriebe stillstehen und die Lastwagen davor verrosten, hat die um kreative Lösungen selten verlegenen Nordkoreaner zu interessanten Verdienstmöglichkeiten getrieben. Zum Beispiel, indem die Manager der Staatsunternehmen informelle Verträge mit aktuellen oder ehemaligen Mitarbeitern schließen. Die dürfen für eine gewisse Provision an den Betrieb die Lastwagen oder den Sprit nutzen, um ein kleines privates Transportunternehmen zu gründen. Die Produktivität des Staatsunternehmens leidet darunter allerdings weiter, während die Produktivität der Wirtschaft insgesamt durch solche Strategien steigt.

Ähnliche Arrangements existieren bei Cafeterias, Kiosken oder öffentlichen Bädern, die zuvor zu staatlichen Betrieben gehörten und nun (inoffiziell) privat betrieben werden.[16] Angestellte von Staatsunternehmen satteln um, obwohl sie offiziell angestellt bleiben. Sie übernehmen Einrichtungen und zahlen dem Betrieb dafür einen Anteil am Erlös, um freigestellt oder zumindest weniger als vorgeschrieben arbeiten zu müssen. Manche lassen sich gegen Provision eine Pseudo-Beschäftigung geben, bei der es nicht weiter auffällt, wenn sie nicht am Arbeitsplatz erscheinen – und sie stattdessen anderswo tätig sind. Solcherlei Arrangements sind nötig, weil sie vor Bestrafung schützen, die Abwesenheit vom Job über mehrere Wochen kann andernfalls in einem Aufenthalt in einem der Umerziehungslager enden. Im Zweifelsfall kann jedoch auch noch ein saftiges Bestechungsgeld bei den zuständigen Sicherheitsbehörden helfen.

Das Regime ließ, mangels Alternativen, diese weitgehende Dezentralisierung der Wirtschaft zu. Der dadurch immer größer gewordene Privatsektor ist allerdings ein Risiko, der Zugriff des Staates auf die Menschen reduziert sich im Umfang ihrer wachsenden Eigenständigkeit. Laut mehrerer Untersuchungen tragen die Erlöse aus privaten Aktivitäten mehr zu den Familieneinkommen bei als die Einnahmen aus staatlichen Jobs: Der Anteil der informellen Einkünfte liegt bei knapp 60 bis 74 Prozent am gesamten Haushaltseinkommen.[17] Dabei fällt auf, dass Parteimitglieder genauso häufig wie alle anderen im informellen Sektor beschäftigt sind – längst ist der Kapitalismus also inoffiziell-offizielle Staatsdoktrin geworden. Der Staat lässt die Zügel zwar lockerer als früher, er hält sie aber zugleich weiter fest in der Hand: Die Arbeitnehmer müssen sich ihre Freiheit erkaufen, wer im Wettbewerb der Korruption nicht mithalten kann, wird sich den Staat nicht vom Leib halten können.

Hatte der Norden im industriellen Sektor ursprünglich Vorteile gegenüber dem Süden, so gilt das Gegenteil für die Landwirtschaft. Nur ein geringer Anteil des Staatsgebietes – um die 20 Prozent – sind aufgrund der klimatischen Bedingungen und der bergigen Landschaft landwirtschaftlich nutzbar. Gerste, Kartoffeln, Mais, Reis, Sojabohnen und Kohl zur Herstellung des koreanischen Grundnahrungsmittels Kimchi werden meist in Kooperativen angebaut. Die Fleischproduktion ist in den letzten Jahren immer bedeutsamer geworden. In Teilen des Landes ist die technische Ausstattung allerdings desaströs: Vielerorts arbeiten die Bauern noch mit Ochsengespannen oder mit einfachen Spaten oder Hacken. Zwar stellt das Staatsunternehmen Kŭmsŏng sogar eigene Traktoren her, die sind aber längst nicht überall im Einsatz. Und wie die Industrie leidet auch die Landwirtschaft unter selbst gemachten Widrigkeiten wie Material- und Treibstoffmangel, dazu kommen Probleme mit Überschwemmungen, verursacht durch eine exzessive Abholzung der Wälder in der Vergangenheit.

Diese Schwierigkeiten werden überraschenderweise nicht verschwiegen. In den vergangenen Jahren hat die Regierung Reformen auf den Weg gebracht, zum Beispiel beim biologischen Anbau. Gerade in diesem Bereich – aber auch bei der Wiederaufforstung oder Bewässerung – arbeitet Pjöngjang sogar mit internationalen Hilfsorganisationen zusammen. Es ist ein Thema, das offenbar pragmatischer angepackt wird, auch weil viele Fachleute involviert sind und nicht nur die Partei. Die Deutsche Welthungerhilfe engagiert sich beispielsweise schon seit 1996 in Nordkorea. Sie hat ein eigenes Büro in Pjöngjang und 2017 1,32 Millionen Euro eingesetzt. Dieses Geld wird zum Beispiel in Projekte für besseres Saatgut oder Gewächshäuser investiert. Wollen die Mitarbeiter eines der Projekte besuchen, geht es ihnen allerdings wie allen, die in Nordkorea zu tun haben: Sie müssen sich den Ausflug genehmigen lassen – und werden von Nordkoreanern begleitet. Mit einem Vorlauf von vier oder fünf Tagen sind solche Wünsche aber in der Regel umsetzbar. Besonders wichtig für die europäischen Entwicklungshelfer vor Ort ist dabei die vertrauensvolle Zusammenarbeit mit den lokalen Behörden und Komitees. Darüber wacht die Korean European Cooperation Coordination Agency (KECCA), eine Fachabteilung im nordkoreanischen Außenministerium.

Entwicklungsorganisationen und Stiftungen helfen bei technischen Lösungen, die in Zukunft leicht und am besten ohne teure Ersatzteile zu warten sind. Ein deutscher Fachmann berichtet, dass sich die nordkoreanischen Behördenmitarbeiter oftmals eine viel stärkere Computerisierung wünschten. Ein verständlicher Wunsch, der ihnen jedoch häufig abgeschlagen werden müsse – denn die Probleme liegen woanders: Die Mechanisierung der Landwirtschaft ist insgesamt noch viel zu schwach ausgebaut. Was nützen aufwendige Computer, wenn noch ein Ochse den Pflug zieht. Der kann mit GPS wenig anfangen.

Organisationen wie die FDP-nahe Friedrich-Naumann-Stiftung oder die CSU-nahe Hanns-Seidel-Stiftung operieren von Seoul aus, sie unterhalten keine eigenen Büros in Pjöngjang. Für sie, die auch Projekte in Südkorea unterstützen, ist es ein besonders diffiziler Job, für gute Stimmung bei ihren nordkoreanischen Verbindungsleuten zu sorgen. Alle Organisationen – auch die Welthungerhilfe – haben schon schwierigere Zeiten erlebt. Vor Jahren ist die Büroleiterin der Organisation in Nordkorea ausgewiesen worden. Aus diesem Grund sind Pressekontakte keine unkomplizierte Angelegenheit: Wer weiß schon, was ein Journalist nach einem Interview schreibt – und wie das in Pjöngjang ankommt?[18] Die Arbeit kann so durch »schlechte Presse« erschwert werden.

Ein Stiftungsmitarbeiter berichtet jedoch, dass der Umgang mit den Nordkoreanern seit 2018 wieder leichter geworden ist. Offenbar, so seine Mutmaßung, habe es innerhalb der nordkoreanischen Führung die Ansage gegeben, stärker und reibungsloser mit den Ausländern zusammenzuarbeiten – das passt zur Imageoffensive, die das Regime derzeit vorantreibt, wenn auch – nach den jüngsten gescheiterten Verhandlungen – wieder mit angezogener Handbremse. Seine Erklärung: Die Familie Kim wolle das Land zwar nicht öffnen, sei aber gezwungen, sich Hilfe zu holen, um die Sanktionen loszuwerden und die marode Wirtschaft zugleich nach vorne zu bringen. Die Kalkulation bei allen Kontakten sei stets dieselbe: Bringe der Kontakt viel, werde die Hilfe in Anspruch genommen. Allerdings nur so lange, wie sie konkret benötigt wird, danach kann das Verhältnis zwischen Helfer und Staat schnell abkühlen. Nordkorea interessiert sich zum Beispiel gerade stark für Umweltfragen wie die Aufforstung der dezimierten Wälder. Solange dies der Fall ist, berichten Entwicklungshelfer von verbesserten Arbeitsbedingungen, wie zum Beispiel leichter zu erhaltenden Genehmigungen. Platz für Kurioses bleibt natürlich: So erzählt einer von der Regelung, dass die Feldarbeit eigentlich ab einer Temperatur von 35 Grad Celsius eingestellt werden müsste. Doch wie durch ein Wunder steige das Thermometer niemals höher als 34 Grad.

Probleme bereiten vor allem Kims Parteileute, nicht seine Experten aus den Ministerien, die viel stärker das Interesse am Thema als an der politischen Ideologie treibt. Bei den Funktionären der Arbeiterpartei ist das andersherum – zumal sie ein großes Selbstbewusstsein an den Tag legen. Kein Wunder, bei der zentralen Stellung, die die PdAK in Nordkorea innehat. Und so versuchen die Entwicklungshelfer, ihre Kontakte zur Partei auf ein notwendiges Minimum zu beschränken. Seit dem gescheiterten Hanoi-Gipfel 2019 sind die Umstände wieder komplizierter, weil Pjönjang seine neue Offenheit bereits wieder zurückfährt.

Trotz aller Anstrengungen: Nordkorea produziert zu wenige landwirtschaftliche Produkte und ist weiterhin auf Reisimporte angewiesen. Dass die Menschen immer noch teilweise unterernährt sind, lässt Zweifel am Willen Pjöngjangs aufkommen, hier ernsthaft und auf Dauer Abhilfe zu schaffen. Der Eindruck drängt sich auf, dass das Regime die Versorgung der Bevölkerung in die Hände der Menschen selbst abschiebt, um das Geld für andere Zwecke einzusetzen. Bei der Lebensmittelversorgung wird dies besonders deutlich: Vor der großen Hungerkrise in den 1990er-Jahren unterdrückte der Staat alle Bestrebungen, privat zu handeln. Die Not zwang die Menschen aber, für sich selbst zu sorgen. Das Regime musste das akzeptieren, zumal sich Widerstand in der Bevölkerung gegen lokale Funktionäre regte, sobald die Behörden versuchten, Märkte zu schließen. Ein Hinweis auf die Wirkung von Märkten für das Freiheitsstreben der Menschen – und eine der wenigen nennenswerten Schilderungen von oppositionellen Bestrebungen.

Pjöngjang erkannte, dass es mehr tun muss, als nur die Verantwortung an die Bevölkerung und die lokalen Komitees abzuschieben. Das Regime öffnete sich für die ersten ausländischen Unternehmen, die ins Land kommen wollten. Die bereits erwähnte ägyptische Holding Orascom bekam den Zuschlag für den Ausbau des ersten Handynetzes. Mehrere kleinere Mittelständler, unter anderem Saatgutfirmen, handelten ebenfalls mit Nordkorea – und waren regelmäßig auf den kleinen Wirtschaftsmessen in Pjöngjang oder der Sonderwirtschaftszone Rasŏn vor Ort.

Einige der Engagements endeten, gelinde gesagt, etwas glücklos. Ein ehrgeizig gestartetes Joint Venture mit der südkoreanischen Vereinigungskirche Pyeonghwa sollte Autos in Nordkorea produzieren. Das Werk südlich von Pjöngjang steht derzeit still, seit der Streit um das Atomprogramm die Beziehungen zu Südkorea extrem verschlechtert hat. Die Autos kommen nun wohl aus China. Nordkoreas Reformen sind häufig ein Schritt nach vorne, oftmals folgt der Rückschritt jedoch auf dem Fuß.

Das Projekt veranschaulicht, wie sehr sich Kims Nordkorea von China unter Deng Xiaoping unterscheidet: 1978 knüpfte Volkswagen erste Kontakte mit China, ab 1983 produzierte VW dort den Santana, der zwar den deutschen Geschmack verfehlte, dafür aber den chinesischen umso stärker ansprach. Das Engagement ist eine Erfolgsgeschichte für beide Seiten: für VW, da der Konzern zu jener Zeit seinen heute größten Absatzmarkt erschließen konnte. Und für China, da die Kooperation die nötige Technologie brachte. Dafür braucht es allerdings stabile Rahmenbedingungen und auf Dauer angelegte Verträge – das wäre im Falle Nordkoreas derzeit undenkbar.

Es fehlt die Verlässlichkeit: Die Einrichtung von Sonderwirtschaftszonen geht zurück auf die Zeit vor der großen Hungersnot, noch unter Kim Jong-il. Rasŏn, eine Stadt im Grenzdreieck zwischen Nordkorea, China und Russland, wurde sogar bereits 1991, also unter der Führung Kim Ilsungs, zur Sonderwirtschaftszone erklärt. Vieles wurde aber später wieder einkassiert: Ab 2005 tauchten in den Medien wieder vermehrt ideologische Begriffe wie *chuch'e* auf. Das Regime drängte zudem einige ausländische Nichtregierungsorganisationen mehr oder minder sanft aus dem Land. Zeitweise wurden die Märkte besonders streng reglementiert oder sogar bekämpft, indem man jüngeren Frauen die Arbeit dort verbot. Mit einer Währungsreform entwertete Kim Jong-il zu allem Überdruss 2009 die Ersparnisse seiner Bürger, um den privaten Handel einzuschränken. Das kam beim Volk gar nicht gut an, lokal soll es sogar Proteste gegen örtliche Offizielle gegeben haben. Der damalige Premierminister entschuldigte sich öffentlich, ein hoher Funktionär wurde hingerichtet. Es war der gescheiterte Versuch, die Marktwirtschaft zugunsten des alten Staatssozialismus zurückzudrängen.

Einige Sonderwirtschaftszonen haben allerdings überlebt, wenn auch mit Blessuren. Sie sind keine nordkoreanische Erfindung, es gibt sie in Argentinien und Indien – und natürlich in China: Dort forcierte Deng Xiaoping ihre Einrichtung. Viele Regionen, wie um Shenzen, sind bis heute Boomtowns und der Nukleus des chinesischen Wiederaufstiegs. Die Logik dahinter ist bestechend: Der Staat schafft günstige Bedingungen für Investitionen und Handel und zugleich ein Versuchsfeld mit überschaubarer Größe. Geht es schief, ist der Schaden zu verkraften. Gerade für Nordkorea scheint dieses Arrangement daher perfekt geeignet, denn der Informationsfluss durch ausländische Investoren, vom Regime stets gefürchtet, lässt sich hier viel besser kanalisieren. Zudem versuchte Nordkorea das »vietnamesische Modell«, also die gezielte Anwerbung von internationalen Investoren, um die Abhängigkeit von China aufzubrechen.[19]

Die Lage der beiden bekanntesten Sonderwirtschaftszonen – Rasŏn und Kaesŏng – spricht hier Bände. Beide Regionen liegen direkt an den Außengrenzen, der grenzüberschreitende Verkehr, zum Beispiel zur Anlieferung, kann gut kanalisiert werden und muss nicht durchs ganze Land fahren.

Rasŏn, im Nordosten. Die Lok mit ihrem grünen Anstrich hat die besten Jahre längst hinter sich, manches sieht hier nicht anders aus als im Rest Nordkoreas. Und doch, wenn man in die Stadt hineinfährt, stechen ein paar moderne Gebäude ins Auge, mit neuen Veranstaltungsräumen und Shoppingcentern. Auch fällt man als Ausländer weniger auf: In der Stadt finden regelmäßig Handelsmessen statt, die Geschäftsaktivitäten fokussieren sich auf die Bereiche Transport, Handel, Dienstleistungen und Tourismus. Der Hafen von Rasŏn wurde 2007 für ausländische Schiffe geöffnet. Langfristig könnte die Zugverbindung von Südkorea über Pjöngjang und Rasŏn ins russische Wladiwostok und von dort aus an die europäischen Netze angeschlossen werden und der Stadt den erhofften Boom bringen.

Aber das ist derzeit noch Zukunftsmusik – wie so vieles. Der Handel vor allem mit dem nahen China und Russland ist zwar nicht komplett eingebrochen, auch finden die Handelsmessen weiterhin statt, aber die Unternehmen müssen ihre Ziele anpassen: Ein Unternehmer, der eigentlich seine Textilprodukte ins Ausland exportieren wollte, verkauft sie nun einfach ins Inland. Ein nordkoreanisches Shenzen ist aus Rasŏn noch lange nicht geworden. Interessant ist die Zone eher aus einem anderen Blickwinkel. Das Regime duldet hier die Aktivitäten von ideologischen Gegnern, zum Beispiel von christlichen Missionaren: Benediktiner durften ein Krankenhaus bauen.[20]

Rasŏns Pendant im Süden ist Kaesŏng. Ich stehe in Sichtweite der Stadt, in Südkorea, genauer: am Dora-Beobachtungsposten an der Demilitarisierten Zone, dem nördlichsten Punkt des Landes. Ein Platz, an dem sich Hunderte Südkoreaner und Chinesen tummeln, die, wie ich an diesem Tag im Herbst 2018, als Besucher einen Blick ins verschlossene Nordkorea werfen wollen. Ganze Busladungen werden herangekarrt, mit Münzen lassen sich festinstallierte Ferngläser anwerfen, im Gebäude nebenan gibt es – neben einem großen Landschaftsmodell der nordkoreanischen Seite – Snacks und Cola zu kaufen.

Der riesige nordkoreanische Flaggenmast ist gut erkennbar, im Hintergrund ragen die Hochhäuser von Kaesŏng in den Himmel. Mein Blick aber schweift nach links auf ein

Abb. 15: Ein Blick ins verschlossene Nachbarland: Am Beobachtungsposten Dora in Südkorea können Ausländer und Südkoreaner einen Blick in den unbekannten Norden werfen. Im Dunst der Ebene liegt Kaesŏng, links ruht die geschlossene Sonderwirtschaftszone und wartet auf bessere Zeiten. Der übrigens sehr artenreiche Grünstreifen darunter ist die verminte und streng bewachte Demilitarisierte Zone, die Grenze zwischen Süd- und Nordkorea.

Areal, auf dem vor wenigen Jahren noch fast alle Hoffnungen auf eine Wiederannäherung der beiden Koreas ruhten, den Kaesŏng Industrial Complex. Wie ein schlafender Drache ruht das lahmgelegte Industriegebiet inmitten der kargen Berglandschaft und der nordkoreanischen Stille. Nur wenige Kilometer sind es von hier bis zu den blauen Baracken von P'anmunjŏm, dem Ort, an dem der Waffenstillstand im Koreakrieg verhandelt wurde. Über Jahrzehnte war die Region potenzieller Kriegsschauplatz, hochgerüstet und zu Tode gesichert – dann sollte sie eigentlich zum wirtschaftlichen Motor für ein gemeinsames Korea werden.

Als sich 2000 Kim Jong-il und sein südkoreanischer Counterpart Kim Dae-jung trafen, unterzeichneten Manager des südkoreanischen Hyundai-Konzerns und die Vertreter Nordkoreas die Absichtserklärung, ein riesiges Industrieareal zur gemeinsamen Nutzung zu bauen, mit Wohngebieten, Büros und Freizeiteinrichtungen. Und trotz aller Skepsis: Der Plan wurde umgesetzt. Dazu gehörte die Abmachung, dass künftig südkoreanische Touristen die nahegelegene alte Hauptstadt Kaesŏng besuchen dürfen. Die Stadt war im Koreakrieg weitgehend von Bombardierungen verschont geblieben, es finden sich dort noch eine Altstadt mit historischen Gebäuden und Orte wie die Königsgräber, die ein wenig des alten koreanischen Flairs versprühen – eine echte Rarität in Nordkorea.

2002 nahmen die ersten Unternehmen ihre Arbeit auf. Schuh-, Jeans- und Uhrenhersteller ließen ihre Produkte von nordkoreanischen Arbeiterinnen herstellen (der Großteil waren weibliche Angestellte), später kamen ein Supermarkt und eine Bank dazu. So schwierig die Begleitumstände waren, weil Telefongespräche zum Beispiel sündhaft teuer über China geführt werden mussten, so erfolgreich war dieses Projekt, an dessen Fortune vor dem Start nur wenige glauben mochten. 2013 waren dort nach Angaben der südkoreanischen Regierung mehr als 120 Unternehmen tätig. Knapp 54 000 nordkoreanische Arbeiter waren angestellt, die meisten davon in der Textilbranche (58 Prozent), gefolgt von Maschinen- und Metallproduzenten (19 Prozent) und Elektronik (10 Prozent).

Südkoreas Unternehmen profitierten zwar durch die billigen Lohnkosten von zuletzt rund 140 bis 180 US-Dollar im Monat, das Land aber investierte auch rund 800 Millionen

Dollar in die Sonderwirtschaftszone. Das Ganze war vor allem ein politisches Projekt, bei dem die Kosten sekundär waren. Problematisch war das Label *Made in North Korea* allerdings für den Verkauf der Produkte in westlichen Staaten, also hat man lieber gleich *Made in Korea* draufgeschrieben. Die Kritik entzündete sich vor allem daran, dass der Arbeitslohn zunächst an den nordkoreanischen Staat floss, der einen größeren Teil einbehielt – und den Rest in Won und in Form von Gutscheinen an die Arbeiter auszahlte. Der Vorwurf lautete nicht zu Unrecht, dass davon das Kim-Regime profitierte, aber kaum die Arbeiter.

Ein paar Jahre konnte Kaesŏng den politischen Rückschlägen in der Annäherung der beiden Koreas trotzen, doch 2013 war dann Schluss. Nach einem Raketentest Nordkoreas verschärfte sich die internationale Tonlage. Mit dem dritten Atomtest im Februar 2013 überzog die internationale Staatengemeinschaft Nordkorea mit einigen Strafmaßnahmen – dieses Mal auch China, das spürbar die Nase voll von seinem störrischen Nachbarn hatte. Im April 2013 zog Nordkorea seine Arbeiter aus Kaesŏng ab. Monate später wurden die Streitigkeiten beigelegt, die Produktion wieder aufgenommen. Nach einem weiteren Atomtest und dem Testflug einer Langstreckenrakete wurde 2016 das Licht aber erneut ausgeknipst, bis heute – und möglicherweise für immer. Nordkorea beschlagnahmte Produktionsmittel aus dem Süden, Südkorea drehte den Strom- und Wasserhahn zu. Ein Desaster für die Unternehmen, die in Kaesŏng investiert hatten. Heute stehen die Fabrikanlagen still, eine gespenstische Ruhe liegt über dem gesamten Areal.

Trotz dieses Misserfolgs: Die Sonderwirtschaftszone ist ein Modell, das man noch nicht abschreiben sollte. Die Deviseneinnahmen von jährlich rund 100 bis 120 Millionen US-Dollar sind für Nordkorea Grund genug, einen nächsten Versuch zu wagen. Wobei klar sein muss: Dieser Betrag ist selbst für das verarmte Nordkorea nicht so entscheidend, wie manche Beobachter behaupten. Im Bergbau kann das Land viel mehr Geld verdienen.

Bedeutend ist die Kooperation jedoch für den Wissenstransfer: Die Industrieanlagen in Kaesŏng sind moderner ausgestattet als die meisten im Kernland, die Abläufe im kapitalistischen Produktionsprozess in vielerlei Hinsicht anders als in einem planwirtschaftlich organisierten Staatsbetrieb. Davon lernt Nordkorea ungemein, mindestens aber die Arbeiter, die den Tag über eine andere Art zu denken, zu planen und zu handeln erleben.

Und die Südkoreaner profitieren von Erfahrungen im Umgang mit nordkoreanischen Mitarbeitern – gerade im Hinblick auf eine mögliche Wiedervereinigung ist das von unschätzbarem Wert. Dass sie zudem von den niedrigen Lohnkosten profitieren, muss nicht erwähnt werden. Die Alternative wäre die Verlagerung von arbeitsintensiven Branchen in andere Billiglohnländer, so aber bleibt das Geld wenigstens im (wenn auch derzeit geteilten) Land.

Vor allem aber treffen hier endlich einmal Nord- und Südkoreaner aufeinander. Die Erfahrungen, die die ansonsten abgeschotteten Nordkoreaner mit ihren Familien und Freunden teilen können, sind aus erster Hand – und können Stereotype korrigieren helfen. Vergessen wir nicht, dass sich das Wissen der Nordkoreaner über ihre Brüder und Schwestern im Süden ansonsten nur durch die staatliche Propaganda und eingeschmuggelte TV-Serien speist.

Die Südkoreaner lernen ebenso wenig über ihre Verwandtschaft im Norden, denn viele kommen ihr sonst nie näher als am beschriebenen Beobachtungsposten Dora. Der Industriekomplex Kaesŏng könnte also ein gutes Experimentierfeld sein, auf dem die gegenseitigen Klischees auf den Prüfstand gestellt werden. Die Hoffnung, dass Kim und Trump in Hanoi 2019 konkret die Weichen für eine Wiedereröffnung Kaesŏngs stellen könnten, wurde allerdings enttäuscht.

Eine besonders wechselvolle Geschichte hat Sinŭiju, Nordkoreas nördliche Grenzstadt an der wichtigen Eisenbahnverbindung zwischen Peking und Pjöngjang. Wie bereits erwähnt, als ich zum ersten Mal in Nordkorea war, nahm ich den Zug, statt ins Flugzeug zu steigen. Mein Abteil war von den mit Nordkoreanern besetzten Abteilen abgetrennt, nur im Speisewagen traf man sich. In der chinesischen Grenzstadt Dandong mussten wir den Zug dann verlassen und die Zeit im damals neu gebauten Grenz- und Bahnhofsgebäude totschlagen. Ich unternahm einen kleinen Spaziergang durch die Stadt, vorbei an der zentralen Mao-Statue, wo Frauen in kleinen Büdchen saßen und ihre selbst gemachten Omeletts verkauften. Über Dandong werden zwei Drittel des Handels zwischen China und Nordkorea abgewickelt. Die Metropole am Rande Chinas hat ein enormes Wachstum hinter sich – und profitierte in der Vergangenheit von ihrer Funktion als Tor nach Nordkorea.

Zwei, drei Stunden später durften wir wieder in den Zug steigen, der dann schwerfällig über die Eisenbahnbrücke über den Fluss Yalu rumpelte. Im Blick nach hinten bestaunte ich die Skyline und die bunt beleuchtete Promenade in Dandong, der Schein der Lichter reichte weit in den finsteren Fluss hinein. Das andere Ufer, eine andere Welt:

Sinŭiju war in relative Dunkelheit getaucht, nichts erinnerte hier mehr an die quirlige chinesische Welt. Im Fluss standen noch immer die Pfeiler der alten Brücke, die im Koreakrieg durch die amerikanische Luftwaffe zerschossen worden war. Doch neben den vielen abbruchreifen Häusern sind mittlerweile auch etliche neue Gebäude entstanden – denn Sinŭiju, die alte Hoffnung, ist auch Kims neue Verheißung.

Schon vor Jahren sollte Sinŭiju eine vitale Sonderwirtschaftszone werden, 2002 wurde das beschlossen. Warum auch nicht? Wo könnte dies besser passen als nah an den chinesischen Verkehrswegen und dem riesigen Markt? Chinas Stärke und Nordkoreas Schwäche stehen sich hier einander gegenüber, Auge in Auge sozusagen, genüsslich lässt das große Wirtschaftswunder den kleinen, verarmten Nachbarn spüren, wer hier das Sagen hat. Die Brücke war lange Zeit nur auf chinesischer Seite beleuchtet, dahinter: Dunkelheit, nichts als Dunkelheit. Das Kim-Regime könnte China an dieser Stelle also besonders eindrücklich zeigen, wozu es in der Lage ist.

Allerdings zeigt die Geschichte vielleicht am besten von allen, wo die Probleme für Nordkoreas Aufschwung liegen. Die Anfänge der geplanten Sonderwirtschaftszone gehen auf die 1990er-Jahre zurück. Damals standen Hyundai-Manager im Gespräch mit Kim Jong-il – doch ein Engagement an der chinesischen Grenze kam für den südkoreanischen Großkonzern nicht infrage, zu weit vom eigenen Land entfernt, zu stark auf den chinesischen Markt ausgerichtet.

Kims neuer Anlauf taugte dann zum Stoff für einen Hollywood-Thriller: Das Regime beschloss, eine Sonderwirtschaftszone nach dem Vorbild der chinesischen Special Administrative Regions (SAR) einzurichten, die weitgehend frei von Einflüssen aus Pjöngjang agieren sollte, ein kleiner Staat im Staat mit größtmöglicher Autonomie, wie die Vorbilder Hongkong und Macau, mit eigener Flagge und angeblich sogar dem US-Dollar als Zahlungsmittel. Als Verwaltungschef setzte Kim Jong-il damals den schillernden chinesisch-niederländischen Geschäftsmann Yang Bin ein, zu jener Zeit laut *Forbes* der zweitreichste Mann Chinas.

Die weiteren Hintergründe sind nicht restlos geklärt. Aber offenbar war Chinas Staatsführung der illustre Geschäftsmann an der Spitze eines quasi-autonomen Mini-Staates an den eigenen Grenzen dann doch etwas zu viel des Guten. Jedenfalls nahmen die Behörden ihn fest, bevor er sein Amt antreten konnte, stellten ihn unter Hausarrest und verurteilten ihn wegen diverser Steuer- und Wirtschaftsvergehen zu einer langen Haftstrafe.

Mittlerweile ist er wieder in Freiheit, und angeblich soll er auch schon wieder geschäftlich aktiv sein. 2018 tauchte er in Taiwan auf, Gerüchten zufolge engagiert er sich im lukrativen Spielcasinogeschäft. Für die vollmundig angekündigte Industrieregion Sinüiju war der Vorfall aber erst einmal der sprichwörtliche Sargnagel.

Doch jetzt tut sich wieder etwas: Trotz der schwierigen Geschichte und den Sanktionen kommt erneut Bewegung in das Projekt. Auf nordkoreanischer Seite sind neue Gebäude am Flussufer entstanden. Eine moderne Brücke wurde von den Chinesen für 327 Millionen US-Dollar gebaut, 33 Meter breit und drei Kilometer lang ist sie, allerdings müsste sie auf nordkoreanischer Seite noch ans Straßennetz angeschlossen werden – bislang führt sie ins Ackerland und Nirgendwo. Seit Jahren geht es hier nicht voran. Weshalb? Ist es nur das Geldproblem? Oder hat das Regime letztlich doch Angst vor der eigenen Courage, weil die moderne Brücke ein weiteres Einfallstor der modernen, kapitalistischen Welt in ihr abgeschottetes Reich darstellte?

Als ich 2011 zum ersten Mal nach Sinŭiju kam, war die Stadt für Ausländer noch gesperrt. Heute gibt es in Dandong Dutzende Reisebüros, die visafreie Tagestrips nach Sinŭiju anbieten. Die Stadt ist längst noch nicht das, was sie einmal werden sollte, aber sie ist ein Versuchslabor für die weitere Öffnung, für Kims Weg zwischen absoluter Kontrolle und Minifreiheiten in einem abgeschlossenen Habitat. Mit der Wiederannäherung zwischen Nord- und Südkorea und dem Gipfeltreffen von Kim und Trump in Singapur verdoppelten sich in Dandong die Immobilienpreise – und auch auf nordkoreanischer Seite wird wieder gebaut. 2018 stattete Kim Jong-un der lange vernachlässigten Stadt einen Besuch ab und ordnete ihren Ausbau und die weitere Renovierung an. Bis 2022, zu Kim Il-sungs Geburtstag (geboren 1912), soll sie in neuem Glanze erstrahlen, so will es zumindest der ehrgeizige Diktator.

Solche Ansagen sind mit Vorsicht zu genießen, zumal Schubladenpläne noch keine Garantie für deren Umsetzung sind. Aber Kim will offenbar die ungenutzten Potenziale der Grenzstadt endlich in Angriff nehmen, wenn es ihm gelingt, die nötigen Mittel dafür aufzubringen. Die Krux ist: Woher soll das Geld kommen? An den internationalen Finanzmärkten erhält sein Regime keine Kredite mehr. Die eigene Währung, der nordkoreanische Won, ist nicht kompatibel – Kim ist darauf angewiesen, sich andere Einnahmequellen zu erschließen. Viele davon sind illegal.

Die Vereinten Nationen werfen Nordkorea vor, gegen die strikten Sanktionen zu verstoßen. So soll das Land 2017

Kohle und Eisen und andere Rohstoffe im Wert von mindestens 270 Millionen US-Dollar nach China und andere Länder wie Malaysia, Indien und Sri Lanka exportiert haben. Eine UN-Expertengruppe legte 2019 einen Bericht vor, wonach Nordkorea trotz der Sanktionen weiterhin Kohle exportiert und Öl importiert, indem die kostbaren Rohstoffe auf offener, schwer zu kontrollierender See von Frachter zu Frachter umgeladen werden, wenig überraschend unter falscher Flagge.[21] Zuletzt beschlagnahmten die USA ein nordkoreanisches Frachtschiff, das Kohle und schwere Maschinen transportierte. Pjöngjang sprach von »Diebstahl« – und rief die UN an. Die Fachleute sind auch der Meinung, dass das Regime dem syrischen Präsidenten Baschar al-Assad bei der Ausbildung und der technischen Wartung seiner Raketen behilflich war. Mit Rüstung lässt sich besonders viel Geld verdienen: Nordkorea lieferte Kurz- und Mittelstreckenraketen nicht nur an Syrien, sondern auch an Libyen, Iran, Pakistan und andere Staaten. Bis 2007 soll das Land Nukleartechnologie an Syrien geliefert haben: Assads al-Kibar-Reaktor ist wohl mit Hilfe Pjöngjangs konstruiert worden. Die israelische Luftwaffe zerstörte sie 2007. Auch in Afrika sollen nordkoreanische Militärausbilder aktiv sein. Ende 2018 berichtete das *Wall Street Journal*, dass die offiziell längst beendete Waffenhilfe für Uganda unter der Hand weiter läuft.[22] 2013 stoppten und inspizierten die Behörden den nordkoreanischen Frachter *Chon Chon Gang* im Panamakanal. Unter Säcken von braunem Zucker entdeckten die Fahnder Container mit auseinandergebautem Militärgerät, darunter Flugzeuge und Abwehrraketen.

Nordkoreas Spielraum für solche Geschäftsmodelle ist allerdings seit den Sanktionen erheblich kleiner geworden. Überall auf der Welt fahnden die UN-Ermittler nach Lücken, die Nordkorea nutzt, um illegale Transaktionen abzuwickeln. Vor allem die Waffenhelfer stehen unter erheblichem Fahndungsdruck. Das gilt auch für die anderen Geschäfte, die das sogenannte Büro 39 federführend für das Kim-Regime unternimmt. Diese Organisation wurde in den 1970er-Jahren gegründet – und mischt seitdem im Drogen- und Falschgeldhandel mit. Legendär sind die 100-Dollar-Banknoten, die *Superdollars*, die so täuschend echt wirkten, dass sie kaum vom Original zu unterscheiden waren. Ranghohe Diplomaten und Geschäftsleute wurden mit Koffern, gefüllt mit Superdollars, erwischt, die USA beschuldigten Nordkorea der Urheberschaft. Allerdings sind die Zweifel an dieser Version nicht ausgeräumt, denn manche glauben nicht, dass Nordkorea wirklich in der Lage ist, solche hochwertigen Fälschungen anzufertigen. Das Regime in Pjöngjang hat diese Aktivitäten ohnehin immer von sich gewiesen.

Wie das Büro 39 operiert, hat der Überläufer Ri Jong-ho offengelegt.[23] Ri arbeitete drei Jahrzehnte für die geheimnisvolle Einheit zur Devisenbeschaffung. 2014 flüchtete er mit seiner Familie in die USA, er lebt nun unter Polizeischutz in Virginia. In Nordkorea hatte er auch den wichtigen Posten des Vorsitzenden der omnipräsenten Korea Kumgang Group inne, die unter anderem im Taxibusiness mitmischt.

Er erklärte, wie er einst die Schranken im Zahlungsverkehr umging: Einmal habe er dem Kapitän eines Schiffes, das von Dalian in die nordkoreanische Hafenstadt Namp'o fahren sollte, eine Tasche voller Geld mitgegeben. Die internationalen Sanktionen, erläuterte er, würden kaum greifen: »Nordkorea hat zu 100 Prozent staatliche Unternehmen.

Kommt eine Firma auf die Sanktionsliste, dann wird der Name des Unternehmens schon am nächsten Tag geändert.«

Ri erzählte, er habe ein gutes Leben gehabt, mit Farbfernseher und Auto. »Ich habe Kim Jong-il treu gedient. Also wurde ich belohnt. Ich war reich.« Nachdem Kim Jong-un seinen Onkel Jang Song-thaek 2013 hinrichten ließ, bekam er es aber mit der Angst zu tun. Auch Jang verfügte über hervorragende Verbindungen nach China – wie er selbst. Über 100 Leute aus Jangs Umfeld seien mit Maschinengewehrsalven umgebracht worden, inklusive der Familien und Kinder, sagt er. Dieses Schicksal wollte er sich und seiner eigenen Familie ersparen.

Andere frühere ranghohe Mitarbeiter der Kim-Regierung wie Kim Jong-ryul, der nach seiner Flucht heute in Österreich lebt, kauften über viele Jahre weltweit Luxusgüter für Kim Il-sungs Elite im Land. 1994 flüchtete er, als er als Leiter einer Einkaufsdelegation nach Bratislava reisen durfte. Nach Jahren des Schweigens veröffentlichte er seine Geschichte 2010 in einem Buch.[24]

Seitdem ist es für Nordkorea schwieriger geworden, physische Produkte wie Luxusgüter, Waffen oder Rohstoffe illegal über die Grenzen ins Land oder aus ihm hinaus zu schaffen. Leichter von der Hand gehen die cyberkriminellen Methoden, die bequem von zu Hause oder von grenznahen Orten aus betrieben werden können. Sorgen bereiten dabei vor allem die Hackerangriffe. Der amerikanische Geheimdienst FBI vermutet die Lazarus-Gruppe hinter dem Cyberangriff auf die Zentralbank von Bangladesch in 2017, bei dem rund 100 Millionen US-Dollar auf Konten in Sri Lanka und auf den Philippinen verschoben wurden – die Gruppe soll von Nordkorea gelenkt werden. Ähnliche Vorfälle hatte es bereits vorher gegeben, etwa bei einem Hackerangriff auf polnische Banken – oder bei dem Angriff auf die Hollywood-Studios von Sony Pictures 2014, nachdem der Satirefilm *The Interview*, in dem der Diktator getötet wird, in Nordkoreas Regierungsetagen für helle Aufregung gesorgt hatte. Im Mai 2017 wurden dann weltweit schlappe 200 000 Computer lahmgelegt, um Geld in Form der Kryptowährung Bitcoin zu erpressen. Dabei war die Schadsoftware Wannacry im Einsatz, für die ebenfalls Nordkorea verantwortlich sein soll. Beweisen lässt sich das zum jetzigen Zeitpunkt nicht.

Zumindest in der Vergangenheit agierten die Hacker auch aus dem Ausland. In einem Bericht des US-Verteidigungsministeriums hieß es 2009, Hacker würden unter anderem vom Hotel Ch'ilbosan in der chinesischen Shenyang-Region aus operieren, weil dort die Internetanschlüsse besser und leistungsfähiger seien als in Nordkorea.

Doch woher kommt die IT-Expertise in einem Land, das kaum Internetanschlüsse kennt? Darüber zermartern sich Fachleute seit Jahren den Kopf. Es wird angenommen, dass das Regime Talente aus den Schulen und Universitäten abzieht und ausbilden lässt. Nach mehreren Berichten werden sie in spezielle Ausbildungscamps gesteckt, wo sie üben, Schadsoftware zu programmieren, viele studierten oder studieren zudem an chinesischen Hochschulen.[25] Nach Angaben des südkoreanischen Verteidigungsministeriums arbeiten rund 6000 bis 7000 Hacker für das Regime, ein Teil davon für eine Büro 121 genannte Spezialeinheit – wie üblich lassen sich solche Angaben nicht verifizieren, und sie könnten übertrieben sein.[26] Die Angaben mehrerer Überläufer bestätigen aber, dass es vermutlich mehrere Tausend sind, und dass sich die auserwählten Supermitarbeiter im Land des Mangels keine materiellen Sorgen mehr machen müssten. Das scheint Anreiz genug zu sein, in Kims Elitetruppe aufsteigen zu wollen.

Kim Jong-un sucht neben solchen illegalen Methoden auch weiterhin nach günstigen, risikolosen und legalen Wegen, Spezialwissen aus dem Ausland nach Nordkorea zu holen. Ein besonders interessantes Projekt ist die Pyongyang University of Science and Technology (PUST), eine jener Überraschungen, auf die man immer wieder in Nordkorea stößt. Man bilde keine Hacker aus, schreibt die Hochschule auf ihrer Homepage, sondern biete »Kurse, die auch an anderen Universitäten gelehrt« würden.[27] Der Unterschied sei nur: hier mit internationaler Perspektive, denn die Dozenten dieser illustren Hochschule kommen aus dem Ausland.

Die PUST ist eine private Universität in Pjöngjang, 2010 von amerikanischen und südkoreanischen evangelikalen Christen gegründet. Der Gründer der Uni, Kim Chin-kyung, wurde 1935 in Seoul geboren, als die beiden Koreas noch zusammengehörten. Für sein Herzensprojekt sammelte er mehr als 35 Millionen Dollar. Obwohl er eine Großspende der südkoreanischen Regierung erhielt und zwischenzeitlich sogar als politischer Gefangener in einem nordkoreanischen Gefängnis saß, erlaubte ihm die Staatsführung um Kim Jong-il später, in Nordkoreas Hauptstadt eine Dependance seiner chinesischen Uni aufzubauen. Das Kalkül des Regimes: Wissenstransfer zum Nulltarif aus Ländern, die Nordkorea technologisch und wirtschaftlich weit voraus sind.

Dafür toleriert Kim den Fremdkörper in seinem Land zwar – jedoch nicht ohne Komplikationen: 2017 wurden zwei koreanischstämmige Amerikaner, die dort arbeiteten, wegen »feindlicher Akte« festgenommen und erst rund ein Jahr später nach Verhandlungen mit den Amerikanern freigelassen. Dies waren auch Warnschüsse der Regierung an die Leitung der Universität.

Einer, der dort 2018 und 2019 jeweils für mehrere Monate lehrte, ist Tilman Driessen, ein promovierter Wirtschaftsingenieur und Unternehmensberater aus der Nähe von Bonn, dem das Abenteuer Nordkorea reizvoll erschien.[28] Seine Idee, die manche für eine Schnapsidee halten könnten, für drei Monate an der PUST in Pjöngjang zu lehren, kam ihm im Zuge der dramatischen Geschichte um den 2017 verstorbenen amerikanischen Studenten Otto Warmbier, der nach langer Haftzeit in Nordkorea kurz vor seinem Tod nach Amerika ausgeflogen worden war. Im Nachgang hatte die amerikanische Regierung ihren Bürgern verboten, nach Nordkorea zu reisen. »Daher nahm ich an, dass die PUST qualifizierte Lehrkräfte benötigt«, erzählt er.

Für Driessen, der in Pjöngjang Kurse in Unternehmensgründung und Investition gab, begann das Abenteuer schon vor dem Abflugtermin. Nach der Zusage der Uni bekam er ein Handbuch mit einem Verhaltensknigge zugemailt, in dem zum Beispiel steht, dass man möglichst keine Jeans tragen sollte.

Die Dozenten werden auf dem Unigelände untergebracht, wo es auch eine eigene Infrastruktur mit Wäscherei, Friseur und Internetzugang gibt. Von vornherein ist klar, sie leben auf dem Campusgelände isoliert – und dürfen kaum auf gewöhnliche Alltagskontakte mit den nordkoreanischen Studierenden hoffen. Im Verhaltensknigge heißt es dazu: »Private Eins-zu-Eins-Konversationen mit Studenten sind strengstens verboten.« Wenn ein Dozent dennoch aus vielleicht nur fachlichen Gründen mit einem Studenten sprechen müsse, so solle man sicherstellen, dass er oder sie einen Freund mitbringe – oder sich das Treffen gleich durch eine Aufsichtsperson arrangieren lassen, die ihm beiwohne.

Seine Studenten dürften eines Tages als die künftige Elite in die Chefetagen von Politik und Wirtschaft aufrücken, sie seien »sehr qualifiziert und interessiert, offenbar bewusst selektiert, auch wenn der genaue Auswahlmechanismus unklar ist«, sagt Driessen. Als weiteres Privileg müssten sie keinen Wehrdienst leisten, aber manche täten dies offenbar freiwillig. »Im ersten Jahr erhalten sie konzentriert Englischunterricht, daneben auch Chinesisch und Deutsch, Letzteres insbesondere für Medizinstudenten. Sie bezahlen nicht für ihr Studium, sondern bekommen (neben kostenlosem Essen und Zimmer) noch ein Taschengeld von circa zehn Euro im Monat, mit dem sie Schreibwaren oder Süßigkeiten kaufen können«, erläutert Driessen.

Die Studierenden dürften »das Universitätsgelände nur in Ausnahmefällen verlassen, es ist quasi ein Internat, die Zimmer haben zwei Doppelstockbetten in einem Raum von circa 20 Quadratmetern. Sie tragen eine Universitätsuniform mit schwarzem Rock oder Hose, weißem Hemd und roter Krawatte für die Herren. Erst nach Graduierung dürfen die Studenten sich nach Wunsch kleiden«.

Nordkoreas Gesellschaft ist, wie bereits erläutert, trotz der sozialistischen und in der Theorie progressiv-emanzipatorischen Ideologie durch und durch patriarchalisch organisiert. Das schlägt sich auch an der Uni nieder, wo zumindest bei der Einführungsveranstaltung nach Angaben von Driessen nur fünf bis zehn Prozent der Studierenden weiblich waren. Aber egal, ob männlich oder weiblich – die jungen

Leute marschieren in Kolonnen zum Frühstück, Mittag- und Abendessen, stehen zu Beginn der Stunde auf und setzen sich erst nach Aufforderung.

In einem derart durchreglementierten System lauern für den Ausländer überall Fettnäpfchen, auch davon weiß der Dozent aus Deutschland zu berichten: »Neulich ist mir ein Fauxpas unterlaufen, ich hatte Notizen an der Tafel abfotografiert und dabei versehentlich nur die untere Hälfte der Fotos der Staatslenker Kim Il-sung und Kim Jong-il aufgenommen, die über der Tafel hängen. Der ›Monitor‹, das ist der Leiter der Klassengemeinschaft, dem ich meine zur Übergabe an die Studenten gedachten Unterlagen vorab gebe und der sie prüfen lässt, hatte gleich den korrekten Verdacht, machte mich darauf aufmerksam, bat die Fotos zu sehen und forderte mich auf, das inkriminierte Foto zu löschen, was ich auch tat. Und im Kurs Investition kamen wir auf Mode zu sprechen, und ich zeigte Bilder des im Westen aktuellen Stils durchlöcherter Jeans, was aber auf Ablehnung stieß: ›Wollen wir nicht sehen‹, ›überspringen‹.«

Nordkorea ist immer wieder gut für kuriose Fundstücke, die man kaum in diesem isolierten Land vermutet hätte. Das Trickfilmstudio SEK in Pjöngjang zum Beispiel ist ein solches Fundstück. Mehr als 1600 Angestellte, darunter viele hochqualifizierte Computerspezialisten, arbeiteten dort für europäische, vor allem französische und italienische TV- und Filmproduktionsfirmen. Auch Produktionen wie *König der Löwen* oder *Pocahontas* sind in den nordkoreanischen Studios zumindest teilweise gezeichnet worden. »Wir sind so gut wie Disney«, hieß es vor Jahren aus dem Studio.[29]

Solche hochspezialisierten Nischen sind eine Chance für Nordkorea, das zu sehr hoher Qualität bei extrem niedrigen

Preisen produzieren kann. Ob es moralisch allerdings einwandfrei ist, westliche Kinderserien in einem Land produzieren zu lassen, das seinen Kindern kaum Freiheiten zur Persönlichkeitsentwicklung lässt?

Weniger Skrupel dürften die afrikanischen und asiatischen Potentaten haben, die sich von Nordkorea ihre Denkmäler errichten lassen. Wer durch das Land reist, weiß: Denkmäler, heroische Statuen, riesenhafte, in Stein gehauene Schriftzüge – das ist eine Spezialität nordkoreanischer Kunsthandwerker. Die Statue von Sam Nujoma, dem ersten Präsidenten Namibias nach der Loslösung von Südafrika, wurde von Nordkoreanern erbaut. Namibia ließ sich auch gleich noch das Museum für Nationale Geschichte, den Präsidentenpalast, das Verteidigungsministerium und eine Munitionsfabrik konstruieren. Windhoek überwies dafür bisher rund 100 Millionen Dollar. Das 49 Meter hohe African Renaissance Monument in der senegalesischen Hauptstadt Dakar wurde von den Spezialisten des Pjöngjanger Mansudae-Ateliers gebaut. Oder die Samora-Machel-Statue zu Ehren des ersten Präsidenten von Mosambik – *Made in North Korea*. Weitere Beispiele gibt es in Benin, der Demokratischen Republik Kongo, Äthiopien und Simbabwe.

Nordkoreas Exportschlager finden auch auf anderen Kontinenten reißenden Absatz. Wer schon einmal in der kambodschanischen Stadt Siem Reap war, wo das Nationalheiligtum Angkor Wat im Dschungel jährlich Millionen Touristen anzieht, hat vielleicht den neuen, monumentalen Museumsbau in der Nähe des Ticketschalters gesehen: Vier Jahre dauerte der Bau des Angkor Panorama Museums. Imposantes Glanzstück: die Panorama-Halle mit ihrem 360-Grad-Zyklorama in der Mitte des Museums. Auf einer

123 Meter breiten und 14 Meter hohen Rundumleinwand zeigen sich dem Besucher dort drei Szenen aus der sagenumwobenen Angkor-Zeit. Ein Jahr lang legten 63 Künstler aus Nordkorea Hand an die Kunstwerke.

Selbst nach Deutschland haben es Nordkoreas Spezialfertigkeiten gebracht. Der mehr als 100 Jahre alte Märchenbrunnen an der Oper in Frankfurt am Main wurde 2005/2006 anhand von Fotografien aus den 1920er-Jahren restauriert – mit nordkoreanischer Hilfe des Mansudae-Ateliers, was damals eine umstrittene Entscheidung war. Solche Geldquellen versiegen allerdings zusehends, auch Statuen und Denkmäler stehen mittlerweile auf den Verbotslisten.

Wären das nur einzelne Ausfallposten, Kim müsste sich keine weiteren Gedanken machen. Aber die Einnahmequellen versiegen auf ganzer Linie, selbst die traditionellen. Ch'ongryŏn, die nordkoreanisch ausgerichtete Vereinigung der in Japan lebenden Koreaner, verdiente jahrzehntelang gutes Geld mit Pachinko-Spielhallen, einem Glücksspiel. Doch der Verband schwächelt, nicht nur seit die Mitglieder aussterben, sondern vor allem seit die Finanztransfers durch die Sanktionen noch schwieriger geworden sind.[30]

Frei nach dem Motto *Kleinvieh macht auch Mist* versuchen die nordkoreanischen Botschaften in den Hauptstädten der Welt, an Geld zu kommen. Pjöngjangs Botschaft in Berlin befindet sich – wie zu DDR-Zeiten – in der Glinkastraße inmitten der Berliner Innenstadt. Früher hatte sie wesentlich mehr Mitarbeiter, nach der Wende zogen die sieben oder acht Verbliebenen deshalb in ein kleineres Nebengebäude. Spaziergänger dürften über dieses Stück Nordkorea im Miniaturformat inmitten von Berlin überrascht sein. Unter der Flagge des Landes sorgt ein Schaukasten mit allerlei Propagandamaterial und Kim-Jong-un-Bildern für das authentische Gefühl, dem Staat ganz nah zu sein – ohne Berlin zu verlassen.

Das frühere Hauptgebäude war zuletzt an einen Hostelbetreiber verpachtet. Angeblich soll die Botschaft dafür rund 38 000 Euro Miete im Monat kassiert haben.[31] Doch da die UN-Resolution 2321, die im Herbst 2016 als Reaktion auf Nordkoreas fünften Atomtest erlassen worden ist, die Untervermietung von Botschaftsräumen untersagt, setzten das Auswärtige Amt und der Berliner Senat ein Ende der Pachtverträge durch – inklusive einer Steuernachforderung von mehreren Millionen Euro. Von einem Arzt, der seine Praxis in unmittelbarer Nachbarschaft betreibt, weiß ich, dass ihm die Botschaftsmitarbeiter Parkplätze auf dem Gelände zur Miete angeboten haben. Alles wird zu Geld gemacht, jeder Quadratmeter Grund, der zu entbehren ist, und dabei offenbaren die Nordkoreaner eine ordentliche Portion Einfallsreichtum.

Mit solchen kleinen Beträgen lassen sich die Probleme des Landes freilich nicht beheben, dafür bedarf es größerer Programme. Das Regime entsendet zum Beispiel Gastarbeiter ins Ausland, die auf russischen Straßenbaustellen schuften, in malaysischen Minen oder auf den Baustellen Kuwaits. Nach Angaben mehrerer Menschenrechtsgruppen dürften noch immer rund 60 000 bis 100 000 Arbeiter fernab der Heimat im Einsatz sein. Teodora Gyupchanova vom Data Base Center for North Korean Human Rights geht davon aus, dass die Zahl höher sein könnte, obwohl die internationalen Sanktionen auch diese Geldquelle tangieren. Sie vermutet, dass Kim versucht, seine schwindenden Geldeinnahmen dadurch zu kompensieren.[32] Belegen lässt sich allerdings auch das nicht.

Bei den Auftraggebern sind die Nordkoreaner beliebt, weil sie belastbar und das Arbeiten gewöhnt sind – und im Zweifelsfall nicht auf ihre Rechte pochen. Bis zu 80 Prozent ihres Lohns fließen an den Staat, dabei müssen sie häufig sogar noch Bestechungsgelder zahlen, um an eine Arbeitserlaubnis zu kommen. Untergebracht sind die Arbeiter in Containern, meist leben sie dort in Gruppen ohne Außenkontakte.

Ein riesiger Skandal war, dass Nordkoreaner bis vor Kurzem sogar in der EU beschäftigt waren: Noch 2017 arbeiteten knapp 630 Nordkoreaner innerhalb der europäischen Wertegemeinschaft, davon mehr als 500 in Polen, vor allem auf Baustellen, in Werften und der Landwirtschaft. Erst 2018 beschloss die EU im Rahmen verschärfter Sanktionen, die Gastarbeiter binnen 24 Monaten zurückzuführen. Das hat lange gedauert, zu lange, auch wenn dieser Missstand nun endlich behoben ist. Die Arbeiter in Russland haben das Land mittlerweile teilweise verlassen – aber längst nicht alle.

AUFSCHWUNG MIT TOURISMUS

Illegale Geschäfte und Geschäfte mit Gastarbeitern, die zwar vor den Sanktionen legal beschäftigt waren, aber unter höchst fragwürdigen Bedingungen: Es wäre wesentlich besser, Nordkorea legale und moralisch vertretbare Einkommensquellen zu ermöglichen. Eine ergiebige Quelle könnte in Zukunft der Tourismus sein. Nordkorea zieht heute schon Abenteuerreisende und chinesische Gruppen an – allerdings auf niedrigem Niveau. Dabei hat die Natur einiges zu bieten, es gibt Gebirge und Strände, dazu eine interessante

Geschichte, wenn auch nur noch wenige erhaltene architektonische Zeugnisse früherer Tage, bevor der Kommunismus einzog.

Derzeit reisen nur rund 6000 westliche Touristen im Jahr nach Nordkorea. Dafür zahlen sie – je nach Dauer der Tour – zwischen 1000 und 3000 Euro. Diese Umsätze von vielleicht neun Millionen Euro im Jahr sind sehr gering. Wesentlich wichtiger sind daher die Reisenden aus China, die mit rund 130 000 Personen im Jahr den größten Anteil ausmachen, wobei die Zahl mittlerweile vermutlich höher liegt, erst recht seit der politischen Entspannung in 2018.[33] Bei geschätzten 500 Euro, die ein Chinese im Land lässt, ergeben sich damit, zusammengenommen mit dem Geld westlicher Touristen, zwischen 70 und 80 Millionen Euro, die in das Land fließen. Das ist überschaubar, aber in Anbetracht steigender Übernachtungszahlen von Chinesen sowie Erleichterungen bei der Visavergabe und den Aufenthaltsgenehmigungen dennoch ein Wert, der Hoffnung bereitet.

Es gab bereits in der Vergangenheit einige Versuche, den Tourismus mit internationaler Hilfe anzukurbeln. Hyundai beispielsweise baute im Kümgang-Gebirge, einem pittoresken Gebirge im Südosten Nordkoreas, ein Hotel. Südkoreanische Touristen durften mit Schiffen kommen und später sogar auf dem Landweg anreisen. Dieses Tourismusgebiet wurde 2002 zur Sonderwirtschaftszone erklärt und ermöglichte zwischen 1998 und 2008 mehr als einer Million vornehmlich Südkoreanern den Besuch in dem Gebirge, das gut mit Wanderwegen erschlossen ist, wegen seiner Lage an der Grenze zum Süden allerdings lange militärisches Sperrgebiet war.

Perfekt für den Tourismus, wie ihn die nordkoreanische

Regierung gern hat: isoliert von der eigenen Bevölkerung, leicht zu kontrollieren, und trotzdem eine Geldmaschine. Hyundai zahlte Pjöngjang einen zweistelligen Millionen-Dollar-Betrag, um Zugang zum Kŭmgangsan zu erhalten. Später wurde ein Beitrag pro Besucher verabredet. Nordkorea selbst musste dafür nicht viel tun, außer das Gebiet für die eigene Bevölkerung zu sperren.

Doch im Juli 2008 nahm das hoffnungsvoll gestartete Projekt – wie so häufig in Nordkorea – ein jähes Ende, und das wegen eines lapidaren Strandspaziergangs. Park Wang-ja, eine 53-jährige Frau aus Seoul, wollte nichts anderes, als einen kleinen morgendlichen Spaziergang unternehmen. Sie geriet dabei nah an die militärische Sperrzone, und nordkoreanische Soldaten erschossen sie unter weithin ungeklärten Umständen. Ob es ein Versehen war oder ein gewollt inszenierter Anlass, um das gemeinsame Projekt zu beenden, ist nicht klar. Aber welches Interesse könnte Pjöngjang daran gehabt haben, dieses lukrative Projekt zu beerdigen? Der Zwischenfall selbst war schlimm genug – aber die mangelnde Kooperationsbereitschaft des Kim-Regimes bei der Aufklärung machte die Sache noch schlimmer. Kurz nach dem Tod der Touristin legte Südkoreas Regierung alle weiteren Reisen auf Eis. Heute ist das Gebirge für Südkoreaner wieder unerreichbar. Nach Angaben eines Beobachters mit engen Verbindungen nach Pjöngjang dringen die Nordkoreaner stark auf eine Wiederbelebung des Tourismus vor Ort – bisher ohne Erfolg.

Solche Zwischenfälle können immer wieder geschehen. Weder herrscht Rechtssicherheit für Investoren, noch gibt es zuverlässige Aussagen über mögliche Profite für Reiseunternehmer. Kim Jong-un ficht das nicht an, er ist fest entschlossen, sein Land für den Tourismus zu öffnen – allerdings zu seinen Bedingungen.

Wŏnsan an der Ostküste. Die Strände der Stadt können zwar nicht gerade mit jenen Sri Lankas, Thailands oder Australiens mithalten, aber bei der einheimischen Bevölkerung ist Wŏnsan, das verkehrsgünstig liegt und eine Reihe von Freizeitmöglichkeiten aufbietet, beliebt. Nur 180 Kilometer von Pjöngjang und nicht weit von Südkorea sowie dem Kŭmgang-Gebirge entfernt, taugt der Ort zur Touristenhochburg mit Modellcharakter, zumal ihn der Diktator höchstpersönlich schätzt. Kim besuchte Wŏnsan zuletzt mehrfach und ordnete an, die im Bau befindlichen Hotelkomplexe zügig fertigzustellen. Als Kind und Jugendlicher verbrachte er dort sehr viel Zeit im Palast seines Vaters, man kann wohl sagen, dass er dort seine frühe Kindheit verlebt hat. Er plant neben Hotels und Restaurants angeblich eine Brauerei, eine Kläranlage sowie eine Renovierung der alten Bahntrassen – für Letzteres soll ein Investitionsvolumen von 323,50 Millionen Dollar vorgesehen sein. Für Kim hat das Projekt Priorität, mit großer Geschwindigkeit stampfen seine Bauarbeiter die neuen Anlagen aus dem Boden.

Wŏnsan scheint nicht nur Kim in den Bann gezogen zu haben: Donald Trump lobte die Strände beim Singapurer Gipfeltreffen als »großartig«. Es ist denkbar, dass die Amerikaner das nötige Kleingeld für die Investitionen in Aussicht stellen könnten – als Gegenleistung für konkrete Schritte bei der atomaren Abrüstung. Denkbar wäre auch das Engagement japanischer Investoren: Der Hafen war unter japanischer Herrschaft Stützpunkt der Marine – und diente danach als Ausgangsort für die Schiffsverbindungen nach Japan. Südkorea könnte sich dagegen an der Renovierung der ma-

Abb. 16: Eines von Kim Jong-uns Prestigeobjekten: Masikryong ist das erste international vermarktete Skigebiet in Nordkorea. Vor allem chinesische Touristen sollen kommen, aber auch westliche. Etliche teils gebrauchte Maschinen, wie Pistenraupen und auch ein Skilift, stammen aus den Alpen und fanden trotz der Sanktionen über verschlungene Pfade ihren Weg nach Nordkorea.

roden Schienennetze beteiligen. Noch aber sind das alles ferne Zukunftspläne.

Wer nicht ins Wasser hüpfen möchte, kann einige Kilometer weiter zum Skifahren gehen. In der Nähe von Wŏnsan ist das Skiresort Masikryong mit Hotel und Skiliften entstanden, das vor allem ausländische Touristen – aber nicht nur – anlocken soll. In Stil und Komfort sind die dortigen Hotelzimmer westlich, es gibt einen Spa- und Wellnessbereich und natürlich Karaokeanlagen. Ich war zwar selbst noch nicht vor Ort, doch andere haben mir berichtet, dass man dort glatt vergessen könnte, noch in Nordkorea zu sein. Ein Film zeigt die Arbeiter während der Bauphase: Mit entsprechender Musikuntermalung schleppen Soldaten in

Uniform Zementsäcke über die Baustelle, wie auf einem gigantischen Ameisenhaufen greifen die Individuen ineinander – und gehen im Kollektiv auf. Für die Propagandaabteilung ist das Skiresort ein voller Erfolg.

Nach unternehmerischen Kriterien dürfte Kims Prestigeobjekt allerdings eher auf dünnem Eis gebaut sein. Während nach nordkoreanischen Angaben rund 70 000 Besucher pro Jahr kommen, sind es nach Auffassung des kanadischen Wissenschaftlers Dean Ouellette, der in Seoul lehrt, weitaus weniger.[34] Und das, obwohl das Resort weltweit viel Aufmerksamkeit generiert hat, allerdings einmal mehr durch eine typisch nordkoreanische Kuriosität: Weil das Regime aufgrund der Sanktionen keine neuwertige Schweizer Liftanlage importieren durfte, wurde eine alte österreichische Seilbahn aus Ischgl verbaut, die über China ins Land kam. Für viele ein klarer Verstoß gegen die UN-Sanktionen, China hatte da aber offenbar weniger Skrupel.

Mit Ausnahme der weltweit diskutierten Frage, ob es in den Bergen oder am Meer schöner ist, bietet der Tourismus wenig Stoff für ideologisch aufgeladene Debatten – er ist ein Gewinnerthema. So unterschiedlich die touristischen Konzepte zwischen, sagen wir, österreichischen Wandergebieten mit Almwirtschaft und chinesischen Themenparks mit nachgebauten europäischen Schlössern sind, das Grundbedürfnis nach Erlebnis und Erholung verbindet. Vor allem die ohnehin mehrheitlich in pauschalen Gruppenarrangements reisenden Chinesen lassen sich in entsprechenden Urlaubsorten mit kompletter Infrastruktur bestens von der nordkoreanischen Bevölkerung isolieren. Die Erlebnisse aus eigener Anschauung verbessern die Meinungen der Chinesen über den gelegentlich belächelten, ihrer Ansicht nach etwas anachronistischen Nachbarn Nordkorea. Der Tourismus hat also das Zeug, das schlechte Image international aufzupolieren und die Stereotype abzubauen, die das Produkt einer jahrzehntelangen Dämonisierung Nordkoreas im Westen sind.

Dazu hat Kim Jong-un, neben den bereits genannten, noch eine Reihe weiterer touristischer Ziele im Kopf. Zunächst Pjöngjang: Für die meisten ausländischen Besucher ist die Hauptstadt die erste Anlaufstelle. Sie kommen entweder mit dem Flugzeug oder mit der bereits beschriebenen Zugverbindung über Dandong. Ich persönlich bevorzuge den Zug auch deshalb, weil man bis zur Ankunft im Bahnhof von Pjöngjang allein ist, sich also ohne nordkoreanische Reiseführer – wenn auch nur eingeschränkt in den Waggons – bewegen darf und mehr vom Land sieht.

Aber ist damit am Ende wirklich ein profitables Geschäft zu machen? Wollen die meisten Touristen nicht Ruhe, eine intakte Natur – und eine gute Infrastruktur, um sich um nichts kümmern zu müssen? Anders gefragt: Welche Motive bewegen Nordkorea-Touristen?

Die Antwort muss, einmal mehr, differenziert ausfallen. Der erste – unbedeutendere – Typus ist der westliche »Abenteuertourist«. Davon gibt es mehrere Varianten: Die erste repräsentiert ein Tourist, vielleicht 27 Jahre alt, ein Student, der ein wenig gelangweilt ist von diversen Rucksackreisen auf indonesischen Inseln oder im laotischen Dschungel, die von der dortigen Tourismusindustrie als einsam, einzigartig und unverbraucht dargestellt werden, sich vor Ort aber als überrannt und gar nicht mehr natürlich darstellen. Ein allgegenwärtiges Problem in Zeiten von *Lonely Planet* oder *TripAdvisor*. Nordkorea ist da ein Ziel, das wirklich noch etwas Besonderes bietet.

Die zweite Variante kommt aus einem wie auch immer ge-
arteten kulturell-politischen Interesse, ist älter als 30 – und
war bereits in Kuba und Weißrussland, um sich die letzten
autokratischen Systeme alter Prägung anzuschauen, bevor
auch sie der kapitalistischen Gleichmacherei anheimfallen.
Darunter sind viele Wissenschaftler und Journalisten.

Die dritte Variante ist der Bewohner einer ehemaligen sozialistischen Republik, etwa der DDR. Nordkorea dient ihm
als Nostalgieort für Sehnsüchte, die zu Hause längst im Or-
kus der Geschichte verschwunden sind.

Diese sehr speziellen Touristen treten nie in großen Ansammlungen auf. Leute, die den 30-Stunden-Zugtrip von
Peking nach Pjöngjang auf sich nehmen, um etwas Besonderes zu erleben, werden immer nur die Ausnahme sein.
Sie wollen das Andere an Nordkorea spüren, noch ein Stück
weit Kolumbus sein und Neues entdecken, das Extreme
Nordkoreas – beispielsweise den unerreichten Personenkult – mit eigenen Augen sehen und sich im Anderen spiegeln. »Vielleicht braucht der Mensch einfach das Andere, um
sich selbst besser definieren zu können«, schreibt dazu der
Wissenschaftler Rüdiger Frank.[35]

Für die chinesischen Touristen ist Nordkorea eher ein
Blick in die eigene Vergangenheit. Die Kleidung, die wenigen Autos, die Propagandaschriftzüge, trotz aller Eigenarten
leiht sich das Kim-Regime Versatzstücke seiner Ideologie
und Politik aus dem Repertoire Mao Zedongs und seines
roten Chinas. Wie andere Diktatoren vor ihm gab auch der
verstorbene Kim Jong-il vor, was der Tourismus aus seiner
Sicht zu leisten hat: »Für Menschen, die glücklich und op-
timistisch leben (sollen), ist es wichtig, ihre Zeit abwechs-
lungsreich und heiter zu verbringen, sei es in den Ferien, an

einem freien Tag oder nur nach der Arbeit.« Das hätte auch von Mao stammen können.

Der sozialistische Tourismus soll gleich mehrere Probleme lösen. Neben der bereits angesprochenen Imageverbesserung und der wirtschaftlichen Bedeutung für das darbende Nordkorea baut Kim auf das durch den Tourismus verbesserte Angebot für die eigene Bevölkerung. Sie will er mit Freizeitparks, neuen Restaurants, Eisbahnen, Museen oder Delfinarien milde stimmen. Tourismus kann die Umwelt schädigen – denkt man nur an Skigebiete oder Kreuzfahrten. Zugleich kann er jedoch auch der Umwelt zugutekommen. Kein Strand der Welt lässt sich vermarkten, wenn stinkende Abwässer mitten im Ort ins Meer fließen, wie es lange Zeit noch an Spaniens Stränden üblich war. Zur touristischen Infrastruktur gehören Kläranlagen oder Müllräumungskommandos, die für Sauberkeit sorgen.

Das Regime hat seine Vorstellung vom Tourismus in einem 87 Seiten umfassenden Handbuch veröffentlicht. Darin erwähnt sind die bekannten Ziele wie Pjöngjang, das Skigebiet in Masikryong oder der Berg Paektu, der mythenumrankte Vulkan, der in der koreanischen Geschichte eine überragende Bedeutung hat. Dazu noch zahlreiche Themenparks, historische Sehenswürdigkeiten, Kriegsmuseen, Aussichtspunkte, Naturschönheiten – und das alles in Drei-Tages-Trips oder Zwei-Wochen-Arrangements für Wanderer. Des Weiteren Angebote für Spezialisten wie Eisenbahnliebhaber, Marathonläufer oder Flugzeugenthusiasten. Folgerichtig mahnen die Autoren im Namen Kims an, die Infrastruktur im Bereich Restaurants, Hotels, Transport, medizinischer Versorgung oder Sanitäranlagen zügig auszubauen. Das bringt zusätzliche Arbeitsplätze.

Die starke Betonung des Tourismussektors ist relativ neu. Unter Kim Il-sung war Tourismus fast gleichbedeutend mit Reisenden aus befreundeten sozialistischen Bruderländern, die an dem besonderen Sozialismus der Kim-Familie interessiert waren. Auch sie reisten nicht individuell, sondern eher in delegationsähnlichen Gruppen und waren in staatlichen Hotels untergebracht, die sie auch aus der eigenen Heimat kannten.

Auch Kim Jong-il zeigte zu Beginn seiner Kronprinzenzeit nur wenig Interesse am Tourismus. Mit den aufkeimenden wirtschaftlichen Problemen in den 1980er-Jahren aber rückte dieser als Devisenbringer ins Sichtfeld des Regimes. Die Entwicklung verlief dabei parallel zur ersten Öffnung für Investoren und Überlegungen zur Einrichtung von Sonderwirtschaftszonen. Allerdings herrschte, was professionelle Organisation angeht, noch weitgehend Fehlanzeige, zumal es im Ausland keine Dependancen nordkoreanischer Reisebüros gab, die für ihr Land warben.

Das änderte sich 1985, als Kim mehrere Agenturen gründen ließ, die sich zum Beispiel auf den Jugendaustausch fokussierten – und Büros in Spanien und China aufmachten. Im selben Jahr öffnete zudem das große Ausländerhotel Koryo in Pjöngjang seine Pforten, das mit 500 Zimmern auch heute noch einen größeren Anteil der Nordkorea-Touristen beherbergt.

Der Erfolg blieb allerdings aus, weil das Negativimage jegliche Werbung um Kunden zunichtemachte und gleichzeitig die Straßen löchriger und die Hotelzimmer schimmeliger wurden. Spätestens mit der weltweit medial begleiteten Hungersnot in den 1990er-Jahren blieben die meisten Touristen dem Krisenland fern – verständlicherweise. Nach

2000 wagte das Regime einen Neustart. Als besonders zugkräftig erwiesen sich dabei die *Arirang Mass Games*, eine Massenchoreografie mit meist jugendlichen Darstellern im Pjöngjanger Stadion.

Doch gerade weil es nur schwer möglich ist, mit Einheimischen in Kontakt zu treten, die Reisen dem Regime andererseits viel Geld in die Taschen spülen, müssen sich Nordkorea-Touristen den Vorwurf gefallen lassen, das System mit ihrem Geld zu unterstützen. Daran gibt es keinen Zweifel: Egal wie lauter die Motive für eine Reise sind, letztlich verlängert man mit seinem Geld die Lebensdauer des Kim-Regimes. Ich persönlich bin allerdings der Meinung, mit der richtigen Motivation – etwas ernsthaft über das Land erfahren zu wollen – sind Nordkorea-Reisen angemessen. Leute jedoch, die Nordkorea nur als skurrilen Themenpark bereisen wollen, bleiben vielleicht besser zu Hause.

Ch'ilbo-Gebirge, Provinz Nord-Hamgyŏng, rund 560 Kilometer von Pjöngjang entfernt. Seit Stunden rumpelt der Bus über die zumeist ungeteerten Straßen in das attraktive Gebirge, das so ziemlich alles bietet, was sich nordkoreanische Tourismusmanager unter einem Juwel vorstellen. Klare Bäche, bizarre Felsformationen (wie der Kangson Rock), Aussichtspunkte, zu denen man mit dem Bus fahren kann – und die totale Isolation. Keine Stadt, nur wenige kleine Siedlungen. An manchen Felswänden finden sich in Stein gemeißelte Propagandaphrasen, an anderer Stelle große Mosaiken mit den Porträts Kim Jong-ils oder Kim Il-sungs. Touristen können hier Wasserfälle erklimmen, Vögel beobachten, Wandern gehen – und einen Ausblick genießen, der bis zum Meer reicht.

Abb. 17: Wer wissen will, wie die Nordkoreaner wirklich leben, sollte über Pjöngjang hinauskommen. Das Stadt-Land-Wohlstandsgefälle ist riesig: Auf dem Land herrschen zum Teil armselige Zustände, die Menschen wohnen in einfachen Häusern, viele Straßen sind ungeteert. Immerhin: Fast jedes Dorf ist an das Stromnetz angeschlossen, so auch dieses im Nordosten des Landes. Ob die Versorgung allerdings funktioniert, sei dahingestellt.

Dort, nur einen Steinwurf vom Strand entfernt, die Berge im Rücken, liegt ein kleines Dorf. Und plötzlich gelangt man an das Tor zu einer anderen Welt. Denn es ist hier sauberer und moderner als in den meisten anderen Dörfern. Die sind heruntergekommen, teilweise gespickt mit halb eingestürzten, hölzernen Strommasten, von matschigen Straßen durchzogen und von schiefen, vermoderten Holzlattenzäunen umgeben. Um sie herum: der Morast von Feldern und Küchengärten.

Das Dorf, das anders ist, versteckt sich hinter einem bewachten Zugangsportal und einem Zaun. Bungalows im koreanischen Stil, dazwischen Gärten, ein Volleyballfeld –

und eine große Feuerstelle. In einem der Gärten pflanzt eine Frau Gemüse an, ihr Hund liegt bräsig im Schatten, meine Gastwirtin und ihr Haustier. Ich fühle mich an den Film *The Truman Show* mit Jim Carrey erinnert – der Blockbuster handelt von einem Mann, der in einer künstlichen Fernseh-kulisse aufgewachsen ist, die er für real gehalten hat. Als ihm dämmert, dass seine Heimat nichts anderes als ein Potem-kinsches Dorf ist, versucht er zu entkommen. Die Location-scouts der Filmproduktionsfirma hätten an diesem Ort ihre Freude gehabt.

Das saubere Dorf ist das sogenannte Homestay Village. Es ist ein nur für Touristen bestimmtes Vorzeigedorf, das 2002 erbaut worden ist. Den Reisenden wird hier Normalität ver-mittelt: Ich wohne im ersten Stock in einem der Bungalows, schlafe auf einer Matte in einem typisch koreanisch kargen Zimmer. Unten lebt ein Paar mit seinem Sohn, der ab und an zur akustischen Gitarre greift und ansonsten vor dem recht neuen Fernseher hockt. Die Stromversorgung funktioniert, zumindest fällt sie in den zwei Tagen, in denen ich vor Ort bin, kein einziges Mal aus.

Das ist es dann auch schon mit der Gewissheit, denn der Rest in diesem Kulissendorf soll mir ein Rätsel bleiben. Vor allem die Frage, ob meine Gastgeber hier länger leben, als meine Anwesenheit erfordert, kann ich nicht beantworten. Aber alles deutet darauf hin, dass sie nur dort leben, um die Illusion echten Landlebens aufrechtzuerhalten.

Sobald ich die Stiege hinabgehe, um frische Luft zu schnappen, erscheint meine Gastwirtin auf der Bildfläche, um nach meinen Wünschen zu fragen. Für Wünsche jedoch bleibt kaum Zeit, denn das Besuchsprogramm ist vollge-stopft bis obenhin. Organisiert wird ein Volleyballmatch gegen andere angebliche Dorfbewohner, zudem Catchen mit anschließender Siegerehrung.

Abends türmen die Dörfler Holz für ein Lagerfeuer auf, zu dem etwa 20 Kinder und Jugendliche erscheinen, angeblich die Kinder der Dorfbewohner. Mit Inbrunst singen einige von ihnen die nordkoreanische Nationalhymne – und fordern mich auf, es mit der deutschen gleichzutun. Stimmlich bin ich dazu gerade noch in der Lage, allerdings stehe ich in der Gefahr, wie einst die Sängerin Sarah Connor, am korrekten Wortlaut des Textes zu scheitern. Zum Glück habe ich einen bayerischen Bekannten dabei, der mir die fehlenden Passagen ins Ohr souffliert. Am nächsten Tag stehen ein Picknick am Strand, Schwimmen im Meer sowie eine Bootsfahrt mit angeblich lokalen Fischern auf dem Programm. Langeweile – oder Nachdenken – soll gar nicht erst aufkommen.

Spaziergänge auf eigene Faust bleiben mir natürlich auch hier verwehrt. Doch dass ich im Vorbeifahren die extreme Armut in einem nahegelegenen Dorf und selbst hier von meinem Balkon aus Ochsengespanne auf den Feldern sehen kann, scheint die Verantwortlichen nicht weiter zu beunruhigen. Ebenso wenig wie die Frage, ob die Menschen hier immer leben, weil doch vieles, inklusive der Wohnzimmer und Küchen, reichlich unbenutzt aussieht. Offizielle Antwort: Ja, das Dorf sei immer bewohnt.

Die ersten Stunden ist dieser eigentümliche Aufenthalt noch irgendwie interessant, danach aber kommt das Gefühl auf, Statist in einer unglaublich schlechten Inszenierung zu sein. Glaubt denn wirklich jemand, dieses Schauspiel nehme ihnen einer der westlichen Touristen ernsthaft ab? Schon beim Schreiben dieser Zeilen zweifle ich an diesem Satz, erinnere ich mich doch an andere Gäste, die das Spiel nur zu gern mitspielten – und sich einlullen ließen in diesem nordkoreanischen Märchendorf.

Die Ratlosigkeit über die Inszenierung kann man sich getrost sparen, sie würde nicht verstanden werden. Es geht den nordkoreanischen Verantwortlichen natürlich nicht darum, Westler zu ärgern. In erster Linie dient die Scharade dazu, uns Besucher von den Einheimischen zu separieren, dann um Propaganda, also das Vorzeigen eines besseren und reicheren Nordkoreas, in dem es den Menschen an nichts fehlt. Allen Ernstes wollen sie den Touristen, die gekommen sind, um etwas Authentisches zu erleben, einen besseren Standard bieten, als es das gewöhnliche Dorf ein paar Kilometer weiter könnte. Sie glauben wirklich, den Touristen etwas Gutes zu tun, indem sie sie isolieren von der Armut der bäuerlichen Existenzen in dieser Region. Das kann und sollte man ihnen nicht zum Vorwurf machen – es ist vielmehr der weitere Ausdruck eines großen Missverständnisses, wenn die westliche Touristenseele auf den nordkoreanischen Staatsapparat trifft.

Orte wie das Homestay Village sind auch als Versprechen an China gedacht. Jahrelang war die Enttäuschung in Pjöngjang groß, dass Peking, als es den eigenen Auslandstourismus stärkte, vor allem an Ziele wie Neuseeland, Japan, Europa und – ausgerechnet – Südkorea dachte. Der Norden hingegen schien China kein lohnenswertes Ziel: zu armselig, zu schlechte Infrastruktur, zu ähnlich dem ländlichen China, wie es sich zu dieser Zeit selbst noch in Teilen präsentierte.

Das änderte sich allerdings, als die chinesische Regierung härter gegen Glücksspiel und Korruption vorging. Die Spielparadiese in Hongkong und Macau profitierten davon, da reiche Chinesen dorthin auswichen. Aber auch Nordkorea, das der eigenen Bevölkerung das Spielen zwar verbot, aber für reiche Chinesen Spielcasinos baute. Peking war darüber naturgemäß nicht begeistert.

Das Verhältnis der beiden Staaten ist für solche Störungen anfällig. Nach dem dritten Nukleartest im Februar 2013 untersagte die chinesische Regierung ihren Bürgern für ein paar Monate, nach Nordkorea zu reisen. Ich war zu der Zeit im Land und wunderte mich über die leeren Hotels und das sich dort langweilende Personal. Das Szenario sollte sich wiederholen, als Chinas Präsident Xi Jinping im November 2017 abermals die Grenzen schließen ließ. Erneut eine Machtdemonstration, die China nicht wehtat, dafür Nordkorea umso mehr, das fast ausschließlich von seinem mächtigen Nachbarn abhängig ist.

Seit 2012 etwa öffnet sich Nordkorea verstärkt dem Tourismus – indem es neue Ziele anbietet: Waren bislang ideologisch korrekte Orte wie Denkmäler und Museen die Highlights im Programm, so verlagerte sich das Angebot zusehends in eine international anschlussfähigere Richtung: beispielsweise mit Sprachreisen, Sportevents, Camping-, Wander- und Anglerreisen. Nordkorea sollte nicht nur arm sein, sondern endlich auch sexy – was die staatliche Fluglinie Air Koryo gleich zu neuen Werbeplakaten mit Models als Stewardessen veranlasste. Die staatlichen Tourismusagenturen polierten die Homepages und Broschüren auf, seitdem macht die Marketingsprache des globalisierten Kapitalismus auch vor Nordkoreas Grenzen keinen Halt mehr.

Das gilt ebenso für die Vielzahl der angebotenen Events.

Der Pyongyang Marathon zieht jedes Jahr Sportler aus aller Welt an. Ausländische Sportler dürfen schon länger daran teilnehmen, seit 2014 gilt dies aber auch für ausländische Amateure. Das ist durchaus von Bedeutung, denn bei einem Marathon läuft das Individuum für sich und nicht für das Wohl der Gruppe. Im Gegensatz zu den Massenspektakeln und Großchoreografien ist ein solches Event eine Feier der individuellen Leistungsfähigkeit, die gut messbar nun auch in Pjöngjang stattfindet.

Die Flugshow in Wŏnsan zieht seit 2016 Flugzeugbegeisterte auf den früher rein militärisch genutzten und mittlerweile neu gestalteten Kalma Airport. Das ist insofern interessant, da die nordkoreanische Luftwaffe mitmacht und ihre Flugzeugtypen präsentiert. Nicht, dass die Welt dabei irgendwelche Geheimnisse zu erwarten hat – die Flugzeuge waren schon anderswo zu sehen. Dennoch ist einerseits die neue Offenheit bemerkenswert, andererseits zeigt sich gleichzeitig einmal mehr, wie fragil diese neuen Freiheiten sein können. Denn 2017 wurde die Flugshow nur wenige Wochen, bevor sie stattfinden sollte, gestrichen, offiziell aus »geopolitischen Gründen«. Hintergrund dürften die Treibstoffrationierungen sein, die das Regime im Zuge der Sanktionierungen erlassen hatte – und die Spannungen mit Amerika.

Trotz einzelner Rückschläge ist der Tourismus aber dennoch das Feld, das vermutlich am stärksten durch eine neue Offenheit geprägt ist. Touren, die lange Zeit nur Nordkoreanern zugänglich waren, sind mittlerweile für Ausländer geöffnet, wie eine Fahrt zum legendären Berg Paektu. Ausländer dürfen seit einigen Jahren ihre Handys mit ins Land nehmen – zuvor wurden sie an den Grenzen und den Flug-

häfen einkassiert und für die Dauer des Aufenthaltes aufbe-
wahrt. In Pjöngjang wickelte man sie damals mit Klebeband
ein und schloss sie weg.

Kim Jong-uns Strategie ist durchaus erfolgreich: Nordkorea verkauft heute in China doppelt so viele touristische
Angebote wie noch 2015. Doch bis jetzt ist der Erfolg nicht
institutionell gefestigt: Gerade einmal 40 oder 50 der rund
1850 internationalen Reiseagenturen in China haben Verträge mit Nordkorea abgeschlossen. Die Liste der möglichen
Ziele im überschaubaren Nordkorea ist nicht unendlich aus-
weitbar und die ärmliche Infrastruktur nicht von heute auf
morgen zu erneuern. Aber auf einem mittleren Niveau kann
es gelingen, den Tourismus dauerhaft zu etablieren. Voraussetzung dafür ist, es mit der Öffnung ernst zu meinen, die
Touristen ein Stück weit von der Leine zu lassen – und abseits der öden Gruppenarrangements individuelles Reisen
zu ermöglichen.

Unter dem Radar der internationalen Aufmerksamkeit
vollzieht sich zudem eine weitere interessante Entwicklung,
der inländische Tourismus. Im Normalfall ist es für einen
Nordkoreaner, der im Süden wohnt, fast genauso schwierig,
ein Mal in seinem Leben in den Norden zu reisen, wie auf
den Mond zu fliegen. Und doch habe ich in Hotels nordkoreanische Betriebsgruppen getroffen, die dort ein Wochen-
ende oder länger untergebracht waren. Das sind freilich
keine Individualreisenden, sondern die für den Sozialismus
typischen Gruppen, wie sie beispielsweise einst an den Ost-
seestränden der ehemaligen DDR anzutreffen waren. Neu
ist aber, dass die Erholung noch stärker in den Mittelpunkt
rückt. Dazu gibt es mittlerweile im landeseigenen Intranet
eine Webseite, und auch Air Koryo bietet ein Programm an,

das vornehmlich auf Inländer mit dem nötigen Kleingeld abzielt.

Dass sich nun eine zahlungskräftige Mittelschicht herausbildet, die das Land bereisen kann, zeigt, wie sehr Informationen innerhalb des Landes ausgetauscht werden können. Nicht nur mit den neuen Handynetzen, sondern neuerdings auch in persönlichen Gesprächen der Nordkoreaner untereinander. Der Informationsfluss im Land ist im internationalen Vergleich noch immer deutlich beschränkt, aber er verbessert sich.

Mobilität als individuelles Recht mag uns selbstverständlich vorkommen, in Nordkorea aber ist nichts selbstverständlich – und deshalb kommen solche Neuerungen einer Revolution gleich, die zwar nicht explodiert, aber um die Ecken schleicht und die Menschen Stück für Stück verändert. Einem übertriebenen Optimismus möchte ich dennoch gleich den Riegel vorschieben. Die touristische Öffnung Nordkoreas sowie die der Wirtschaft insgesamt hängen an einem seidenen Faden. Einerseits folgt sie kapitalistischen Idealbildern, andererseits organisiert sie ein repressives System, das nicht bereit ist, sich substanziell zu ändern.

Deshalb werfen immer wieder Einzelereignisse alle Bemühungen über den Haufen, manchmal gar um Jahre zurück. Das zeigt auch der bereits geschilderte Mordanschlag auf Kims Bruder Kim Jong-nam in der malaysischen Hauptstadt Kuala Lumpur. Der Vorfall unterbrach für ein paar Monate die vergleichsweise guten Beziehungen zwischen beiden Ländern. Davor durften malaysische Touristen ohne Visum nach Nordkorea reisen. Das hieß freilich nicht, dass sie einfach so ins Land marschieren durften – auch sie hatten eine Tour bei einer der vom Regime autorisierten Agenturen zu buchen. Trotzdem, die Bande waren eng, 2012 eröffnete Nordkorea sogar ein Tourismusbüro in Kuala Lumpur.

Als Kim Jong-un allerdings seinen Bruder ermorden ließ, sprach die malaysische Regierung als Reaktion ein Nordkorea-Verbot für seine Bürger aus. Als Begründung nannte sie die gestiegenen Spannungen auf der koreanischen Halbinsel, aber zweifellos gab der Mord den Ausschlag. Ein weiteres Beispiel, dass in diesem System im Zweifelsfall das politisch-ideologische Kalkül wirtschaftliche Vernunft und den pragmatischen Sachverstand schlägt. Welcher Investor arbeitet mit einem solchen Regime zusammen?

Der zweite gravierende Vorfall war der Tod des jungen Amerikaners Otto Warmbier. Der 22 Jahre alte Student reiste im Dezember 2015 mit einer zehnköpfigen Gruppe nach Nordkorea. Am 2. Januar 2016, kurz bevor er das Flugzeug am Pjöngjanger Flughafen zurück nach China besteigen wollte, fischten ihn die Sicherheitsbehörden heraus und nahmen ihn fest. Der Vorwurf: Er habe aus dem Mitarbeiterbereich des Pjöngjanger Hotels Yanggakdo ein Propagandabanner gestohlen.

Was danach passierte, geschah vor den Augen der entsetzten Weltöffentlichkeit: Im Februar 2016 gestand Warmbier bei einem Schauprozess – offenbar psychisch schwer angeschlagen – seine angebliche »schwere Schuld« ein. Im März wurde er zu 15 Jahren Arbeitslager verurteilt. Mit folgenden Worten entschuldigte er sich, in Tränen aufgelöst: »Ich hätte mir nie, nie erlauben sollen, mich von der US-Regierung dazu verlocken zu lassen, ein Verbrechen in diesem Land zu begehen. Ich wünsche mir, dass die US-Regierung in Zukunft keine Personen wie mich dazu manipulieren wird, Verbrechen gegen fremde Länder zu begehen. Inständig bitte ich Sie, das Volk und die Regierung Nordkoreas, um Ihre Vergebung. Bitte! Ich habe den schlimmsten Fehler meines Lebens begangen!«

Warmbier ist der tragischste Fall, aber nicht der einzige. Kenneth Bae, ein 45-jähriger Amerikaner, wurde zwei Jahre festgehalten, Matthew Todd Miller, ein 25-jähriger Amerikaner, acht Monate. Sie alle kamen frei – und mit einem blauen Auge davon. Nicht so Warmbier: Schon bald nach der Verurteilung fiel er ins Koma. Viel zu spät kontaktierten die Nordkoreaner die amerikanischen Behörden und ließen ihn bettlägerig nach Amerika ausfliegen, nicht ohne den verdutzten Amerikanern noch eine saftige Krankenhausrechnung zu präsentieren. Die Ärzte dort konnten jedoch schon nichts mehr für ihn tun, wenig später starb er. Die Ursache dafür ist nach wie vor unklar. Folterspuren wurden nicht gefunden, dafür aber Schäden im Gewebe seines Gehirns, wie sie entstehen, wenn es längere Zeit nicht ausreichend mit Sauerstoff versorgt wird.

Über den Hergang ist viel spekuliert worden, und auch ich habe keine Beweise, weshalb meine Spekulation nur eine weitere ist. Aber ich kann mir nicht vorstellen, dass das Kim-Regime ein ernsthaftes Interesse an dem Tod des Studenten gehabt haben soll. Damals waren die Streitigkeiten zwischen der amerikanischen Regierung von Barack Obama und Kim Jong-un auf einem weiteren Höhepunkt angelangt. Es ist denkbar, dass Nordkorea den jungen Mann als Sündenbock und politisches Unterpfand kidnappte, um ihn der Weltöffentlichkeit vorzuführen und die amerikanische Regierung bloßzustellen; sie zu erpressen, um Warmbier nach der Zahlung einer ordentlichen Summe auszuliefern. Sein »Geständnis« klang unplausibel und erzwungen, der Prozess war eine bittere Showveranstaltung auf Kosten des jungen Mannes und seiner Familie, der in Amerika nichts anderes übrig blieb, als fassungslos mitanzuschauen, wie ihr Sohn zugrunde ging.

Weiter halte ich es für denkbar, dass Warmbier vor lauter Aufregung erkrankte und möglicherweise medizinisch unsachgemäß behandelt wurde. Auch im nordkoreanischen Gesundheitssektor sind die technischen Geräte größtenteils veraltet oder funktionieren nicht mehr. Alles Weitere könnte der typischen Verlaufskurve in einer Diktatur geschuldet sein: Ärzte und Gefängnismitarbeiter, die sich nicht trauen, den schlechten Gesundheitszustand ihres wichtigen Häftlings nach oben weiterzugeben. Behörden, die sich weigern zuzugeben, dass die medizinischen Möglichkeiten ihres sozialistischen Paradieses nicht ausreichen, um einen Schlaganfall oder Herzinfarkt mit Komplikationen zu behandeln. Wie gesagt, all das ist nicht verbrieft und nur meine persönliche Spekulation.

Aber was hätte Kim denn durch diese Eskalation gewinnen sollen? Denn wie vorauszusehen war, verbot die amerikanische Regierung im Anschluss ihren Staatsbürgern nach Nordkorea zu reisen – was schlecht fürs Geschäft ist. China kritisierte Pjöngjang für seine Verhältnisse sehr harsch, was eine Verschlechterung dieser wichtigen Beziehung zur Folge hatte. Und das alles nur für den Moment des Triumphes, als die Bilder des Schauprozesses um die Welt gingen? Das ist wahrlich schwer zu glauben.

Es war Donald Trump, der dem Vorfall unnötigerweise einen Sinn verlieh – und damit das Geschäft Kim Jong-uns betrieb: »An diesem Tag ist etwas passiert«, sagte er, auch Nordkorea habe damals gemerkt, dass es so nicht weitergehen könne. Der Tod Otto Warmbiers als Startschuss für eine Wiederannäherung und den Friedensprozess? Diese Interpretation scheint mir kurios, um nicht zu sagen: ärgerlich. Denn Kim hätte mehr mit einem Krieg rechnen müssen als mit einer Wiederannäherung.

Nach dem Gipfel in Hanoi 2019 löste Trump in den USA eine Welle der Empörung aus, als er reichlich naiv bei einer Pressekonferenz ausplauderte, er habe mit Kim über Warmbier gesprochen. Kim »sagt mir, dass er nichts darüber wusste, und ich nehme ihn beim Wort«. Trump versuchte im Nachhinein zwar, seine Worte zu relativieren, er fühlte sich missverstanden. Warmbiers Eltern veröffentlichten kurz darauf ein Statement, in dem sie sich, ohne den Präsidenten namentlich zu nennen, von Trumps Vorgehen distanzierten: »Kim und sein furchtbares Regime sind verantwortlich für unvorstellbare Grausamkeit und Unmenschlichkeit. Weder Entschuldigungen noch überschwängliches Lob können das ändern.«[36]

Warmbiers tragischer Tod zeigt ein Paradoxon: Nordkorea ist eines der sichersten Reiseländer der Welt – und zugleich eines der gefährlichsten. Es ist sicher, weil es bislang – soweit wir wissen – keinen terroristischen Anschlag erleiden musste, Kriminalität und sexuelle Gewalt sind Ausländern gegenüber selten, was damit zu tun hat, dass sie in Gruppen reisen und zudem von Reiseleitern flankiert werden. Selbst nordkoreanische Serienverbrecher werden sich gut überlegen, ob sie Ausländer schädigen – was mit drakonischen Strafen vergolten werden würde.

Aber Nordkorea zu bereisen kann auch gefährlich sein, zumindest als Amerikaner mit oder ohne koreanischen Migrationshintergrund.

Otto Warmbier war mit dem Unternehmen Young Pioneer Tours ins Land gereist. Ich kenne die Agentur – und auch ihren Gründer Gareth Johnson. Der Engländer, ein kleiner, sehr unterhaltsamer und lebenslustiger Mann, gründete die Agentur 2008 in der chinesischen Stadt Xi'an, die berühmt für ihre altertümlichen Grabanlagen und die Terrakotta-Armee ist. Johnsons Idee: ein Budgetangebot schaffen für junge westliche Touristen, die auf Abenteuer aus sind. Was könnte da besser passen als Nordkorea?

Als ich zuletzt mit Johnson in Kontakt stand, war Warmbier noch in Haft – später korrespondierte ich mit einer Mitarbeiterin. Dass der Student mit seiner Agentur ins Land gereist war, hätte Johnson fast das Geschäft gekostet. Zitiert werden wollte er nicht, jede Äußerung hätte ihm noch schlechtere Presse bringen können – und den Entzug der Lizenz durch die nordkoreanischen Behörden. Mittlerweile hat er sein Angebot übrigens erweitert und bietet illustre Reiseziele wie Tschernobyl oder Ostalgietrips durch ehemalige Sowjetrepubliken an. Allein auf Nordkorea zu setzen erscheint ihm zu riskant.

Das Hotel Yanggakdo, in dem Warmbier angeblich ein Propagandaplakat gestohlen hat, liegt auf einer Insel im Fluss Taedong. Die Aussicht ist wunderschön, vor allem morgens, wenn die Stadt noch in Nebel getaucht ist und die Hochhäuser die ersten Sonnenstrahlen spiegeln. Aber die Insellage dient nicht der schönen Aussicht, sondern der einfachen Isolation der Ausländer.

Im Hotel selbst darf man sich frei bewegen. Der 170 Meter hohe Bau ist etwas in die Jahre gekommen, obwohl erst 1995 eröffnet, bietet aber noch immer einen guten mittleren Standard (wobei die Nordkoreaner es als Vier-Sterne-Haus klassifizieren). Im Erdgeschoss befindet sich neben Restaurants auch ein Buch- und Souvenirladen, im 47. Stock ein Drehrestaurant. Wer links vor der Rezeption abbiegt, gelangt durch lange und für Großgewachsene niedrige Kellergänge zu einer Bowlingbahn, einer Karaokebar und einem Massagesalon. Das Hotel wirkt wie eine eigene kleine Stadt.

Es ist zwar nicht gerade das unheimliche Overlook-Hotel aus Stephen Kings Roman *The Shining*, bietet aber ebenfalls reichlich Platz für Fantasie – und für Torheiten. Als ich eines Nachmittags durch einen der Kellergänge schlenderte, begegneten mir zwei junge Engländer, die sich in der hoteleigenen Schneiderei ein paar Mao-Uniformen im Kim-Jong-un-Stil hatten anfertigen lassen. Johlend und sich selbst filmend marschierten sie nun durch die Korridore und parodierten den Diktator – mitten in Nordkorea. Passiert ist ihnen nichts: Aber wären es Amerikaner gewesen, wer weiß, in welche Mühlen sie geraten wären.

Besondere Anziehungskraft übt das mythenumrankte fünfte Stockwerk aus. In den Aufzügen findet sich kein Knopf, um dorthin zu gelangen, was die Fantasie beflügelt: Sitzt dort etwa der Geheimdienst und hört die ahnungslosen Touristen ab? Über ein Treppenhaus kommt man hinauf, und die Wahrheit ist gleich etwas weniger aufregend: Im fünften Stock finden sich allerlei Büroräume, unter anderem ein technischer Raum für Überwachungsvideoanlagen, an den Korridorwänden hängen Propagandaplakate.

Selbst bin ich dort übrigens nie gewesen, mir war das Risiko dann doch zu groß, obwohl natürlich auch ich meine Neugier nur schwer zügeln konnte. Allerdings haben Touristen ein Video gedreht, das man sich im Internet anschauen kann – es stammt aus dem Jahr 2011.[37] Darin zu sehen sind junge Leute, die wie bei einer Nachtwanderung aufgeregt durch die Gänge pirschen, immer auf der Suche nach der Sensation. Einer der Protagonisten, Calvin Sun, zeigte sich Jahre später nach dem Tode Warmbiers reumütig: »Wir waren alle in unseren frühen Zwanzigern. Dumm und naiv. Ich würde es nicht wieder tun.« Und: »Nach allem, was wir nun wissen, kann ich nur jedem Reisenden empfehlen, die Regeln im Land zu befolgen.«[38] Sun war wohl mit Young Pioneer Tours ins Land gekommen – wie später Warmbier.

Dabei bereiten Reiseanbieter wie Gareth Johnson ihre Gäste durchaus vor. Normalerweise treffen sich die Gruppen vor der Abreise, die Teilnehmer werden ermahnt, sich im Land an die Regeln zu halten. Eine Regel besagt beispielsweise, dass man sich vor Statuen der verstorbenen Führer Kim Il-sung und Kim Jong-il regelmäßig verbeugen und Blumen niederlegen sollte. Wer das mit seinem politischen Gewissen nicht vereinbaren könne, so die Sprachregelung, als ich einmal als Teilnehmer einer solchen Tour vor Ort war, solle doch vorher kurz Bescheid geben – und dann diskret im Bus bleiben. Das wird in Nordkorea toleriert, zumal die staatlichen Begleiter wissen, dass die meisten westlichen Touristen die Rolle der Staatsführer, gelinde gesagt, weniger positiv einschätzen, als sie es selbst tun. Das ist Pragmatismus, *Made in North Korea*.

Otto Warmbiers Tod war ein Extremfall, der sich hoffentlich nicht wiederholt. Aber man weiß es nie genau, die nordkoreanischen Behörden sind nicht zu durchschauen – und sie legen keinerlei Rechenschaft ab. Gebuchte Touren können ohne Angabe von Gründen abgesagt werden, wie es selbst der Platzhirsch unter den Reiseanbietern, Koryo Tours, mehrfach erleben musste. Manager Simon Cockerell ist bisher mehr als 150 Mal nach Nordkorea gereist, nur wenige Ausländer kennen das Land besser als er.

Als 2018 eine seiner Gruppenreisen abgesagt wurde, blieb ihm nichts anderes übrig, als eine hilflose Mail an seine Kunden zu schicken: »Die Gründe und Erklärungen sind nicht hundertprozentig klar, (...) aber wie bei so vielen Dingen in Nordkorea haben wir keine Macht, sie zu kontrollieren, und es gibt keine Chance, eine einmal getroffene Entscheidung zu ändern.«[39]

ZWEI, DIE SICH FREMD SIND

Die koreanische Halbinsel ist von Deutschland Tausende Kilometer entfernt, und die Rolle Berlins im Koreakonflikt erweist sich als überschaubar. Dennoch berührt uns dieses zerrissene Land, weil wir mit ihm unsere eigene Geschichte verbinden. Das geteilte Deutschland existierte nur wenig länger als 40 Jahre, das geteilte Korea nun schon mehr als 70. Die ostdeutsche Wende ist 2019 30 Jahre her: Vieles, was wir selbst erlebt haben, machen die Koreaner immer noch durch, manches erbarmungsloser, brutaler und härter.

Oftmals heißt es, die Gemeinsamkeiten hielten sich in Grenzen. In der Tat, die Parallelen sollte man nicht überstrapazieren, zu unterschiedlich verlief die Geschichte, bildeten sich die Mentalitäten und Kulturen. Und doch zeigen sich frappierende Ähnlichkeiten, zumal die Koreaner mit einer Mischung aus Anerkennung und Sorge nach Deutschland schauen. Wie haben die Deutschen die Wiedervereinigung gestaltet?

Die ökonomischen Härten der Nachwendezeit mögen zu einem größeren Teil geschultert sein, die mentalen Folgen zeigen sich jedoch 30 Jahre nach der Wiedervereinigung – sogar jetzt in voller Konsequenz, wenn man sich die erstarkten Rechtspopulisten und Rechtsradikalen von Pegida oder der AfD in den ostdeutschen Bundesländern anschaut.

Manchmal möchte man sich auf den Mond begeben und auf die Erde herabschauen, mit gebotenem Abstand und innerer Distanz. Für mich war dieses Bild immer hilfreich, um mir die Absurdität des Kalten Krieges vor Augen zu führen. Dass sich Menschen gegenseitig bespitzeln, bedrohen, denunzieren, einsperren und foltern, ist schon schlimm genug. Dass dies Nachbarn tun, Freunde und Verwandte, Angehörige ein- und desselben Volkes, scheint noch irrationaler. Zumal bei einem Volk, das jahrhundertelang als eine Nation lebte.

Korea kannte die staatliche Einheit schon längst, als sich in Deutschland noch die Könige und Fürsten gegenseitig das Leben schwer machten. Die Teilung Koreas ist zudem nicht das Ergebnis eines verschuldeten Angriffskrieges, wie dies bei Deutschland war, sondern eine historische Zufälligkeit, für die kein Koreaner etwas kann. Weil das Land am Ende des Zweiten Weltkriegs von Japan besetzt war, geriet es als Verhandlungsmasse auf die Konferenztische der Alliierten. Und wurde somit zum Aufmarschplatz eines Stellvertreterkrieges zwischen der Sowjetunion und den Vereinigten Staaten von Amerika, unter reger Beteiligung Chinas und einiger Regionalmächte.

Zwar war der Wunsch nach einer staatlichen Einheit in Deutschland nie gestorben, aber im Laufe der pragmatischen Ostpolitik Willy Brandts und seiner Nachfolger war die DDR-Führung fast an ihrem Ziel angekommen, von der Bundesrepublik als eigenständiger und souveräner Staat behandelt zu werden. Als die DDR-Führung um Erich Honecker 1987 vom damaligen Bundeskanzler Helmut Kohl in

Bonn empfangen wurde, begegneten sich zwei Staatsführer – annähernd und zur Genugtuung Honeckers – auf Augenhöhe. Der politische Pragmatismus, das Wissen, miteinander auskommen zu müssen, hatte vorerst gesiegt, die trennende Ideologie trat einen Schritt in den Hintergrund.

Wie ist es in Korea? Weder die Nord- noch die Südkoreaner akzeptieren die Teilung entlang des 38. Breitengrades. Der Wunsch nach einer Wiedervereinigung ist in beiden Staaten offiziell ungebrochen. Aber die Teilung ist zementiert. Was denken die Menschen über die Wiedervereinigung, die sich in 70 Jahren Teilung so fremd geworden sind, wie sich Angehörige eines Volkes nur fremd werden können?

CHANCEN AUF WIEDERVEREINIGUNG

P'anmunjŏm in der Demilitarisierten Zone. Ich kann mich nicht erinnern, jemals so viel Aufwand betrieben zu haben, um ein paar lapidare Baracken von zwei Seiten zu sehen. Hier aber, in der Sicherheitszone zwischen Nord- und Südkorea, wo sich die Soldaten Auge in Auge gegenüberstehen, ist alles ein wenig komplizierter.

Es ist ein schöner Herbsttag, als ich, von Kaesŏng kommend, das Hochsicherheitsareal der nordkoreanischen Grenzregion betrete. Soldaten patrouillieren, die Atmosphäre ist von geschäftiger Ernsthaftigkeit. Ich gehe an einem großen Steinblock vorbei, in den Kim Il-sungs Unterschrift eingraviert ist. Angeblich setzte er sie noch kurz vor seinem Tod unter ein Schriftstück – die Botschaft: Immer im Dienst für die Sache der Wiedervereinigung. Wenige

Schritte weiter steht der Pavillon Panmungak, ein Haus, von dessen breiter Terrasse Delegationen und ausländische Reisende wie ich ins feindliche Südkorea schauen können. Fotos mit Grenzsoldaten inklusive.

Es mutet verrückt an, Touristen hierher kommen zu lassen. Jederzeit kann Gewalt ausbrechen, die möglicherweise einen Krieg nach sich zöge. Aber es ist auch ein Kampf um Deutung, und ich lerne an diesem Tag viel über die nordkoreanische Sicht auf die Teilung, lasse mir von einem geduldigen Offizier erklären, dass Südkorea eine lange Mauer entlang der Grenze gebaut haben soll, die man nur vom Norden sehen könne. Eine Propagandaveranstaltung, die keine exklusive Angelegenheit der Nordkoreaner ist. Auch die Südkoreaner beherrschen die Kunst der mehr oder minder subtil vorgetragenen suggestiven politischen »Information«.

Jahre später, im Herbst 2018, stehe ich nur einen Steinwurf entfernt auf der südkoreanischen Seite. Könnte ich einfach so hinübergehen, wäre ich in einer Minute auf der Pavillonterrasse im Norden. So aber würde mich das locker zwei Tage kosten. Erst müsste ich zurück nach Seoul fahren, in den Flieger nach Peking steigen, um von dort weiter nach Pjöngjang zu fliegen, von wo aus ich nach Kaesŏng und an die Grenze weiterfahren könnte. Nirgendwo wird die Absurdität der Teilung deutlicher als an diesem Ort.

Zwischen den beiden Pavillons stehen die berühmten drei blauen Baracken auf der Demarkationslinie. Berühmt sind sie deshalb, weil sie in Dokumentationen über den Koreakonflikt nie fehlen dürfen. Die mittlere Baracke ist Besuchern von beiden Seiten abwechselnd zugänglich. Im Inneren findet sich ein Tisch mit Mikrofonen. Wenn dort nicht gerade Konferenzen abgehalten werden, kann man hineingehen. Ein merkwürdiges Schauspiel: Sobald Besucher aus Nordkorea die Baracke betreten, sichern nordkoreanische Soldaten die Tür, die in den Süden führt. Und andersherum, sobald Besucher aus Südkorea eintreten. Wer zum Herumalbern aufgelegt ist, sollte das hier besser unterlassen, denn die Soldaten, die in einer Art Taekwondo-Stellung ausharren, verstehen keinen Spaß. Alle starren sie mit ernstem Gesicht, die Südkoreaner tragen häufig zusätzlich Sonnenbrillen, wahrscheinlich um noch Furcht einflößender zu wirken.

Nicht weit von den Baracken, auf südkoreanischer Seite, können sich Besucher einen Film über den Koreakrieg anschauen. Im Mittelpunkt steht die nordkoreanische Aggression, mit martialischer Musik im Hintergrund, kreischenden Raketenwerfern und einer pathetischen Sprecherstimme würde dieser Film jeder Guido-Knopp-Dokumentation den Rang ablaufen. Die Südkoreaner arbeiten in ihrer politischen Propaganda nicht unbedingt weniger holzschnittartig als ihre nordkoreanischen Gegner.

In der Nähe kann man den dritten Invasionstunnel besichtigen, der zur Amtszeit Kim Il-sungs gegraben worden war, um Soldaten im Falle einer Invasion unerkannt in den Süden zu schleusen. Südkorea entdeckte ihn 1978, als seine seismischen Messgeräte eine unterirdische Sprengung aufzeichneten. Das Kim-Regime hatte den noch nicht fertiggestellten Tunnel als Kohlenzeche getarnt – obwohl dort keine Kohle zu finden ist. Für mich ist es eher eine Qual, mich durch den mehr als 1,6 Kilometer langen Tunnel zu schleppen – nur an wenigen Stellen ist er 1,95 Meter hoch, meist wesentlich niedriger. Die chinesischen Touristen überholen mich lachend, während ich mich gebückt vorantaste. Bislang konnte Südkoreas Regierung drei weitere Tunnel entdecken – es sollen aber wesentlich mehr sein. Auf südkoreanischer Seite ist die Grenzregion eine Touristengaudi, wie das Brandenburger Tor in Berlin, und damit sicherlich anziehender als die nordkoreanische Seite. Aber für beide Staaten ist die Demilitarisierte Zone mit P'anmunjŏm eine Attraktion, inklusive der Aussichtspunkte mit Ferngläsern, um ins jeweils andere Reich des Bösen zu spähen. Die Bedrohung erfährt so eine ungemeine Banalität.

Vom Süden aus sieht man ein nordkoreanisches Vorzeigedorf, das die Südkoreaner »Propagandadorf« nennen – und das wohl ein Potemkinsches Dorf ist –, mit einem riesigen Flaggenmast, an dessen Spitze die nordkoreanische Fahne weht. Vom Norden aus sieht man tatsächlich Abschnitte einer Mauer, die in Richtung Südkorea begrünt sind, zum Norden hin aber wie ein kräftiges Bollwerk wirken.

Die Grenze verläuft in P'anmunjŏm durch die Baracken hindurch, dazwischen ist sie durch eine Betonschwelle gekennzeichnet. Hier wartete im April 2018 Südkoreas Präsident Moon Jae-in auf Kim Jong-un. Sie schüttelten sich bei ihrer ersten Begegnung höflich die Hände und tauschten ein paar freundliche Worte aus, bevor Kim die Einladung seines Gegenübers annahm, als erster nordkoreanischer Diktator den Schritt in den Süden zu wagen. Das Eis war gebrochen, Hand in Hand und unter dem spannungsentladenden Gelächter der Delegationsmitglieder überschritten sie die Schwelle zwischen beiden Ländern.

Jede Regung, jeder Händedruck, jedes Mienenspiel wird in dieser Zone analysiert – und vielleicht überinterpretiert. Die politische Symbolik ist hier die einzig gültige Währung. Das lässt manchmal vergessen, dass die Demilitarisierte Zone immer wieder Schauplatz von Gewalt ist. Nordkoreaner wagen die Flucht, werden verfolgt und angeschossen zurückgeschleift. Einige wenige versuchen, in die andere Richtung über die Grenze zurück nach Nordkorea zu gelangen. Die Gewalt setzt sich auf den Meeren fort. Marineschiffe beschießen sich, nordkoreanische Soldaten verschleppen Besatzungen südkoreanischer Fischerboote.

Besonders dramatisch war die Situation unter Kim Il-sung. Er schickte sogar eine Spezialeinheit, die den südkoreanischen Präsidenten in seinem Amtssitz, dem Blauen Haus, ermorden sollte. Eines Tages starb die Frau des früheren südkoreanischen Präsidenten Park Chung-hee bei einem Attentat, das eigentlich ihrem Mann gegolten hatte. Immer wieder greifen die Sicherheitsdienste beider Staaten gegnerische Spione auf, die ihre Heimat nie wieder sehen sollen. Die Nachfahren von Freunden, Arbeitskollegen oder Nachbarn wären in der Lage, sich gegenseitig umzubringen.

Die Grenze ist eine Front der totalen Unversöhnlichkeit. In vielen Aspekten ist sie mit der früheren innerdeutschen Grenze zu vergleichen: Spione gab es dort auch, es wurden Gefangene freigekauft und ausgetauscht, DDR-Grenzer schossen auf Bürger, die in den Westen wollten. Trotzdem ist die Wunde, die die innerkoreanische Grenze durch die Halbinsel zieht, noch schmerzhafter, die Blutung ist noch schwerer zu stoppen, als es in Deutschland je der Fall war. Die Soldaten beider Deutschlands beschossen sich nicht gegenseitig, die Geheimdienste verübten, soweit man weiß, keine Mordanschläge auf Bundeskanzler oder Staatsratsvorsitzende. Zudem pflegten die Deutschen ihre engen Verbindungen in den anderen Teil: Sie konnten Pakete schicken, telefonieren und sich, erst recht zu Honeckers Zeiten, unter besonderen Umständen besuchen. Die DDR-Bürger schauten Westfernsehen – und waren in der Lage, sich abseits der staatlichen Jubelpresse zu informieren.

All das ist in Korea nicht möglich. Für manche ist in den Jahrzehnten der Teilung aus der ideologischen Gegnerschaft eine persönliche Feindschaft erwachsen. Andere hegen hingegen keinen Groll, empfinden aber nicht mehr als Desinteresse – zumindest gilt das für die südkoreanische Jugend, denn den jungen Nordkoreanern wird von Kindesbeinen an die Wiedervereinigung als nationale Aufgabe eingebrannt. Der jahrzehntelange Kalte Krieg mit seinen heißen Ausbrüchen, der Propaganda und gegenseitigen Verteufelung hat ganze, zerstörerische Arbeit geleistet.

Dabei ist die Angst ungleich verteilt. In Nordkoreas Propaganda müssen die Amerikaner als Aggressor herhalten, die Südkoreaner werden nur als Marionetten Washingtons hingestellt.

Im Süden hingegen ist den Menschen die Nähe zur hochgerüsteten Atommacht sehr bewusst, dazu reicht ein Blick auf die Karte: Landseitig hat Südkorea nur den Norden als Nachbarn. Südkoreaner können ihr Land nicht mit dem Auto verlassen, dazu ist ein Flug oder eine Schiffspassage nötig. Die Hauptstadt Seoul mit ihren gut zehn Millionen Einwohnern und einer noch mal so bevölkerungsreichen Metropolregion liegt nur rund 60 Kilometer südlich der Grenze und den Waffenarsenalen Pjöngjangs. In Seouls U-Bahnhöfen liegen die Gasmasken griffbereit, Schulen, Universitäten und Betriebe halten regelmäßig Katastrophenübungen ab. Die Gefahr ist real, dessen ist man sich hier bewusst.

Andererseits stumpft der immerwährende Konflikt ab, die menschlichen Verdrängungsmechanismen, die das Leben erträglich machen, arbeiten vorzüglich. Viele Südkoreaner reagieren deshalb mit Schulterzucken, wenn man sie auf die nordkoreanische Bedrohung anspricht. Die Jahre von Kim Jong-uns Herrschaft im Norden haben sie allerdings wieder aufhorchen lassen. Mit Kims Bomben- und Raketen-tests erhielten die Warner und Untergangsapologeten mit ihren Rufen nach Aufrüstung wieder Auftrieb. Manche Süd-koreaner – und nicht nur die konservative Presse – forderten und fordern gar eigene Atombomben zur Abschreckung des unberechenbaren Diktators.

2018 entspannte sich die Situation. Der verbalen Abrüs-tung war jedoch die militärische Aufrüstung vorangegan-gen. Das amerikanische Raketenabwehrsystem THAAD (Terminal High Altitude Area Defense), das Teile des Sü-dens (und die US-Militäreinrichtungen) vor einem Angriff schützen soll, war 2016, noch zuzeiten der früheren konser-vativen Präsidentin Park Geun-hye, beschlossen und spä-ter südlich der Hauptstadt, in Seongju, installiert worden. Der sozialliberale Präsident Moon, ein Gegner des Systems, musste es zähneknirschend hinnehmen. Die Bevölkerung polarisiert das Thema bis heute, denn viele haben Angst, dadurch erst recht ins Fadenkreuz Kim Jong-uns zu geraten.

Vor diesem Hintergrund ist es verständlich, dass Südko-reaner wie Präsident Moon nicht von ihrem an Naivität gren-zenden Optimismus lassen wollen, was eine Verständigung mit Kim Jong-un angeht. Denn selbst wenn der Friedens-prozess eines Tages wieder abgebrochen wird, so sorgen die Monate voller Verständigung und guter Absichten für eine Atempause im Dauerstresstest. Das ist in Korea schon viel wert.

Dass die Idee der Wiedervereinigung trotz der langen Trennung nicht tot ist, hat mit der Unvereinbarkeit der beiden Systeme zu tun. Eine friedliche Koexistenz unter solchen Vorzeichen gegenseitiger Bedrohungen und der extremen Polarisierung zwischen dem Wirtschaftswunderland Südkorea und dem stalinistischen und verarmten Norden ist schlichtweg nicht denkbar – die Teilung kann aller Logik nach nur ein Provisorium sein.

Südkorea leistet sich deshalb einen Wiedervereinigungsminister, und im Norden pflegt Kim Jong-un weiterhin das Ziel der Wiedervereinigung als Staatsdoktrin, die bereits die Vorväter hochhielten. Kim Il-sung hatte freilich anderes im Sinn, als er die Wiedervereinigung im Koreakrieg herbeizuführen versuchte. Als ihm klar wurde, dass mit dem Kriegseintritt der Vereinigten Staaten mit Gewalt kein Meter Land gewonnen werden kann, verlagerte er seinen Kampf auf das politisch-ideologische Parkett.

Was die einfachen Nordkoreaner über die Wiedervereinigung denken, wissen wir nicht. Als ich einen Soldaten fragte, erwiderte er mir nichts anderes als die Worthülsen der offiziellen Propaganda, wonach die Wiedervereinigung ein erwünschtes Ziel sei – ich erfuhr nichts Greifbares oder Substanzielles. 2014 wurden Nordkoreaner, die in China arbeiten, befragt: Von ihnen befürworteten 95 Prozent einen Zusammenschluss mit dem Süden.[1] Sicher auch in der Hoffnung auf bessere Lebensumstände und Wohlstand.

Es liegt in der Natur der Sache, dass die Datenlage über Südkorea wesentlich besser ausfällt. Noch immer will die Mehrheit die Wiedervereinigung, allerdings sinkt die Zustimmung stetig: 57,8 Prozent halten sie laut einer Umfrage des Korea Institute for National Unification aus dem Jahr 2017 für notwendig, 2014 waren es noch 69,3 Prozent.[2] Bedenklich stimmen die Werte der Jungen: Nur noch knapp

40 Prozent im Alter von 21 bis 29 halten die Wiedervereinigung für notwendig – oder wünschenswert. Sogar nur 7,2 Prozent wollen eine schnelle Wiedervereinigung.

Darüber muss sich keiner wundern. Die junge Bevölkerung kennt den Norden nur noch aus dem Fernsehen, und da kommt der Nachbar mit dem angeblich verrückten Diktator an der Spitze schlecht weg. Ihre Lebensumstände, Leidenschaften und Gewohnheiten haben nicht mehr viel mit jenen der nordkoreanischen Jugend gemein. Bei den Jüngeren fehlt also vor allem die emotionale Verbundenheit zum Norden, die bei den Älteren immer wieder aufflammt, spätestens, wenn im Fernsehen die Bilder von Familienzusammenführungen zu sehen sind.

2018 fand nach drei Jahren Pause wieder ein solches Treffen statt. 89 meist hochbetagte Südkoreaner durften sich für ganze elf Stunden in einem nordkoreanischen Gebirgsort mit Verwandten treffen. Die Familien waren Jahrzehnte zuvor auseinandergerissen worden, und es gibt keinerlei Möglichkeiten, die Kontakte wenigstens per Telefon oder Skype aufrechtzuerhalten. Die tränenreichen Wiedersehen sind durch eine gewisse Tragik geprägt, denn die meist über 80 Jahre alten Koreaner wissen, dass sie sich sehr wahrscheinlich zum letzten Mal sehen – nach wenigen Stunden kehren die einen zurück in den Süden, die anderen bleiben im Norden. Wohl für immer. Noch leben Menschen, die das gemeinsame Korea kennen, im Süden wie im Norden. Sie lassen ein vereinigtes Korea in ihren Erzählungen wiederaufleben. Noch. In wenigen Jahren wird es damit vorbei sein.

Seit Jahrzehnten spielen die Südkoreaner Szenarien der Wiedervereinigung durch. Die erste Variante wäre eine Sturzgeburt, wie bei Sturzgeburten üblich mit ungewissem

Ausgang. Beide Staaten würden vereinigt werden, indem der stärkere Partner den schwächeren absorbiert – es ist das deutsche Modell. In dem Fall würde Nordkorea dem Süden zügig beitreten. Gesetze, Regeln, Normen – sie würden alle in Windeseile im Norden gelten, sozusagen »sofort, unverzüglich«, wie das verstorbene DDR-Politbüromitglied Günter Schabowski sagen würde. Diese Variante liegt den meisten amerikanisch-südkoreanischen Krisenplänen zugrunde, sollte das Kim-Regime durch einen Putsch, eine Revolution oder einen wirtschaftlichen Kollaps zusammenbrechen.

Die zweite Variante wäre die schonendere. Am Ende eines Stufenplanes könnte die Einheit stehen, der politischen Einheit würden die wirtschaftliche Integration sowie die Öffnung des nordkoreanischen Marktes vorangehen. Die beiden antagonistischen politischen Systeme würden übergangsweise bestehen bleiben.

Das dritte Szenario betont den Konsens. Hierbei würden beide Staaten gemeinsam einen Plan erarbeiten und eine Kooperationsvereinbarung schließen – inklusive vertiefter Kontakte. Im nächsten Schritt gründeten beide Staaten ein Commonwealth, eine lose Verbindung zweier weiterhin souveräner Länder. Südkorea liebäugelt zwar selbstredend mit einer Vereinigung nach seinem Vorbild, aber Moon und die Mitte-Links-Kräfte setzen sich für ein eher gemächliches Tempo ein, um die ökonomischen und psychologischen Härten abzumildern. Nordkorea hoffte lange Zeit wohl nicht mehr ernsthaft auf eine Vereinigung unter dem Banner der *chuch'e*-Ideologie. Vielmehr plädierte es für eine Konföderation zweier Staaten mit unterschiedlichen Systemen, die nach außen gemeinsam auftreten. 2019 allerdings verkündete das Kim-Regime, künftig alle Koreaner repräsentieren zu wollen. Ob es dabei ernsthaft an einen militärischen oder ideologisch-wirtschaftlichen Sieg über Südkorea glaubt, bleibt vorerst unbeantwortet. Ausdruck des neuen Selbstbewusstseins ist der Vorstoß allemal.

Das Konzept einer Konföderation geht zurück auf Kim Il-sungs Idee eines gemeinsamen Staatenbundes namens Koryŏ. Dieser Name stammt vom gleichnamigen Reich ab, das vor rund tausend Jahren auf der koreanischen Halbinsel existierte. Der Name hat etwas für sich, weil das international gebräuchliche Korea ursprünglich davon abstammt. Das wäre der gemeinsame Nenner, denn bislang nennt sich Nordkorea Chosŏn und Südkorea Han'guk. Allerdings stehen die Chancen für diese Lösung nicht sonderlich gut: Denn Ideen Kim Il-sungs sind, gelinde gesagt, im Süden nicht mehrheitsfähig.

Nicht zu vergessen die vierte Variante, die fatal wäre: die Vereinigung durch einen Krieg, entweder infolge eines Angriffs des Kim-Regimes oder der Vereinigten Staaten. Nordkorea könnte einen solchen Krieg nicht gewinnen, das Regime würde zusammenbrechen, nachdem es vermutlich die Region in Schutt und Asche gelegt hätte. Im Anschluss stünde die Schluckvereinigung der ersten Variante an, mit allen genannten Härten und anderen dazu.

Eine Wiedervereinigung im Konsens ist die wünschenswerteste Option, aber praktisch unwahrscheinlich. Die beiden wirtschaftlichen und politischen Weltanschauungen verhalten sich wie Feuer und Wasser zueinander, sie sind nicht kompatibel. Aber wie sollte eine Konföderation funktionieren? Sobald Kim Jong-un die Grenzen öffnet, würde es seinem Land wie einst der DDR im Wendejahr ergehen: Hunderttausende würden auf der Suche nach besseren Lebensbedingungen nach Südkorea umsiedeln. Wer wollte sie davon abhalten?

Denkbar ist nur die Einheit nach südkoreanischem Vorbild – und die wird Kim niemals zulassen. Der Wiedervereinigung wird deshalb sehr wahrscheinlich entweder ein Putsch von oben oder eine Revolution von unten vorangehen. Vielleicht eine Kombination: Erst rebelliert die Elite aufgrund der wirtschaftlichen Pleite gegen das Kim-Regime, danach rutscht ihr der Putsch aus den Händen, und das Volk auf der Straße holt sich, was ihm zusteht. Ähnlich ist es Honecker und Ceaușescu ergangen.

Die beiden Koreas nähern sich zwar an. Es sind machtvolle Signale, wenn Seoul und Pjöngjang gemeinsame Teams zu Fußballweltmeisterschaften oder Olympischen Spielen schicken, Grenzsoldaten abziehen und Propagandabeschallungsboxen abbauen. Bei der Tischtennisweltmeisterschaft 2018 entschieden sich die beiden koreanischen Frauenmannschaften, im Halbfinale gemeinsam anzutreten, nachdem sich Tage zuvor Kim und Moon in P'anmunjŏm verständigt hatten. Solche Sportdiplomatie gab es schon früher, etwa bei den Olympischen Spielen 2000 im australischen Sydney, als beide Länder bei der Eröffnungsfeier gemeinsam hinter einer weißen Flagge mit der koreanischen Halbinsel darauf ins Stadion marschierten. Beide Staaten erleichtern ihren Bürgern so das Leben. Aber die Systemfrage ist damit nicht gestellt.

Die Spielernatur Kim Jong-un weiß, mit solchen Manövern Zeit zu gewinnen. Der Diktator hat in diesem ernsten Spiel aber die schlechteren Karten als Südkoreas Präsident. Die Wirtschaftsleistung im Süden ist um ein Vielfaches höher, die nordkoreanischen Fabriken sind marode und oft nicht mehr funktionsfähig. Dasselbe gilt für die Infrastruk-

tur – Straßen, Häfen, Elektrizität. Zwar genießen die Nordkoreaner eine gute Ausbildung, die Ingenieure müssten aber
trotzdem in ihren Fachgebieten erst einen Teil des technischen Fortschritts nachholen. Millionen Spitzel und Kolla-
borateure, auf Kampf dressierte Angehörige von Spezialein-
heiten, wären in ein friedliches, ziviles Leben zu integrieren.
Eine schwierige Aufgabe.

Die südkoreanische Regierung ist vorbereitet. Seit Jahren steckt sie geflüchtete Nordkoreaner in den ersten Monaten in eine der Integrations- und Auffangeinrichtungen
wie Hanawon südlich von Seoul. Das ist kein Kurort. Den
Neuankömmlingen wird vorher schon vom Geheimdienst
auf den Zahn gefühlt – denn Nordkoreaner sind erst einmal
grundsätzlich der Spionage verdächtig. Ärzte untersuchen
sie, viele werden behandelt, weil sie Krankheiten wie Hepa-
titis oder Darmerkrankungen, hervorgerufen durch verun-
reinigtes Trinkwasser, mitbringen. Psychologen behandeln
erlittene Traumata.

Was dann folgt, ist ein Crashkurs in politischer Bildung
und lebenspraktischer Hilfe. Die Flüchtlinge sind schlecht
vorbereitet auf das Leben im turbokapitalistischen Südkorea: »Wenn ein Nordkoreaner nach Südkorea flüchtet, besonders wenn er aus einem nordkoreanischen Dorf kommt,
ist das so für ihn, als würde er aus einer Zeitmaschine aus-
steigen – und in der fernen Zukunft aufwachen«, sagt Park
Sokeel, Director of Research and Strategy bei der Menschenrechtsorganisation Liberty in North Korea.

Es geht dabei nicht nur um die großen Fragen von Demokratie und Menschenrechten, der Teufel steckt eher in den
Alltagskleinigkeiten: Wie benutzt man einen Geldautomaten? Wie bezahlt man mit Kreditkarte? Wie bestellt man

ein Taxi? Oder auch: Wozu Miete zahlen? Der deutsche Dozent Tilman Driessen, der für ein paar Monate in Pjöngjang lehrte, lud einmal für seine nordkoreanischen Studenten eine Computerversion des Brettspiels Monopoly herunter – das ihnen unbekannt war. Sie verstanden die Regeln zwar schnell, wussten aber nicht, wozu Mietzahlungen gut sein sollen, da der Staat doch für Wohnraum zu sorgen habe.

So unangenehm der Aufenthalt in Hanawon sein mag, wirklich knifflig wird es erst in der im Anschluss gewonnenen Freiheit. Sicher, nichts sehnlicher als Freiheit wünschen sich die Geflüchteten. Aber diese Freiheit erweist sich als anspruchsvoll und existenzbedrohend: Südkorea ist eine extrem auf Leistung gepolte Gesellschaft. Die Jugend ist durchdigitalisiert wie nur wenige, Selbstvermarktung im Job, im Privaten und den sozialen Medien selbstverständlich. Nordkoreaner fallen da inmitten von Südkoreas bunten Hunden auf wie die buchstäblich grauen Mäuse, manche sind aufgrund der Mangelernährung in ihrer Kindheit kleiner gewachsen, dazu unterscheiden sich Kleidung und selbst die Sprache, die für südkoreanische Ohren anachronistisch klingt, ansatzweise so wie für Deutsche die Sprache der Amischen.

Vieles daran erinnert auch an Russlanddeutsche, die vor Jahrzehnten nach Deutschland zogen. Manche Ältere kleideten sich zu Beginn in altbackene Anzüge, trugen lange Röcke und Kopftuch – so sahen selbst unsere Großmütter nicht mehr aus. Die Integration der sogenannten »Aussiedler« hat gut funktioniert, aber seit Spannungen zwischen der deutschen Regierung und dem autoritär regierenden russischen Präsidenten Wladimir Putin aufgekommen sind, trübt sich das Bild ein wenig ein, weil sich manche Russlanddeutsche nicht mehr willkommen fühlen – auch unter dem Einfluss von Propagandasendern wie RT Deutsch. Die rechtspopulistische AfD macht sich das zunutze – und wirbt kräftig um ihre Wählerstimmen.

Nordkoreanern ergeht es im Exil häufig nicht anders. 63 Prozent fühlen sich nach einer Studie von 2016 diskriminiert.[3] Sie beschreiben sich als desillusioniert, sehnen sich nach ihren Verwandten in Nordkorea – und der Klarheit eines Lebens, das zwar hart, aber geregelt war.

Die Umerziehung ist notwendig, sie ist hilfreich – und zudem flankiert von Geldzahlungen, die den Start in ein neues Leben erleichtern sollen. Doch sie ist unzureichend: »Wenn du aus Hanawon raus bist, bist du wie ein einjähriges Baby«, sagt ein Flüchtling. Man bekomme zwar eine Ahnung, wie Südkorea funktioniere, aber weder Erziehung noch Sozialisation könne man wie einen Mantel an der Garderobe »einfach so« abgeben. Das Rollenverständnis ist oftmals ein anderes, die Kindererziehung in Nordkorea folgt noch autoritäreren Mustern als im Süden.

Dazu kommen lebenspraktische Untüchtigkeiten: Wer gelernt hat, wie man einem Geldautomaten mit der Eingabe der Pin-Nummer Geld entlockt, weiß längst nicht, was man tun muss, sollte einem die Karte verloren gehen. Nordkoreanern fehlt es häufig am rudimentären Selbstbewusstsein, um Autoritäten wie Polizisten, Behördenmitarbeitern oder potenziellen Arbeitgebern auf Augenhöhe zu begegnen.

Nicht nur deshalb ist die psychologische Betreuung so wichtig. Viele sind traumatisiert, mussten Hunger erleiden oder öffentlichen Hinrichtungen beiwohnen. Zudem flüchten nicht selten ehemalige Täter, wie Gefängnis- oder Lagerwärter. Sie haben geschlagen, manche gemordet. Auch sie leiden unter Albträumen oder durchleben Flashbacks ihrer atemlosen Flucht. Manche mussten ihre Verwandten zurücklassen und fürchten nun um deren Leben.

Einige wollen deshalb sogar zurück in den Norden, so verrückt das klingen mag. Zum Beispiel Kim Ryon-hui: Die Frau setzt alles daran, zurück nach Pjöngjang gehen zu dürfen, wo ihr Mann und die Tochter warten.[4] 2011 war sie nach China gegangen, um sich einer medizinischen Behandlung zu unterziehen. Sie wusste nichts über das Land, auch nicht, dass eine ärztliche Betreuung dort Geld kostet. Also suchte sie sich einen Job, um die Rechnungen bezahlen zu können. Eines Tages erzählte ihr ein Schleuser, dass das Geld in Südkorea leichter zu verdienen sei. Sie glaubte ihm – und ging nach Seoul. Eine folgenschwere Entscheidung. Denn sie wusste nicht, dass sie dort automatisch die südkoreanische Staatsbürgerschaft erhält und nicht mehr zurück nach Nordkorea gehen darf. Südkorea schützt Flüchtlinge aus dem Norden – auch vor sich selbst. »Hier zu leben hat mich gelehrt, was es wirklich heißt, als nordkoreanischer Flüchtling im Süden zu sein«, sagt sie. »Nordkoreaner sind für immer Fremde in diesem Land, sie sind Bürger zweiter Klasse. Ich würde meiner Tochter niemals wünschen, dieses Leben leben zu müssen.«

Dieser Fall zeigt, wie schwierig es ist, die Flüchtlinge zu schützen, sie andererseits aber auch in die Freiheit zu entlassen, derentwegen sie ja überhaupt erst kamen. Südkorea verfolgt einen paternalistischen Ansatz und gibt den Nordkoreanern ein Stück weit vor, wie sie zu leben haben. Doch ohne diese bevormundende Unterstützung wäre die Kluft zwischen den im Süden lebenden Nordkoreanern und den Südkoreanern wohl noch größer.

BLÜHENDE LANDSCHAFTEN STATT WENDEFRUST?

Eine Kluft, die wir aus Deutschland kennen – und die nicht leicht zu schließen ist. Der frühere südkoreanische Botschafter in Washington, Kim Kyung-won, sagte vor knapp 20 Jahren: »Das deutsche Beispiel ist in Korea wahrscheinlich gründlicher studiert worden als in Deutschland selbst.«[5]

Nach der deutschen Wende zog es viele südkoreanische Fachleute nach Berlin, um die Einheit im Detail zu studieren. Deutsche Politiker wie Horst Teltschik, früher ein enger außenpolitischer Berater von Helmut Kohl, waren gefragte Experten. Die Südkoreaner nutzten Deutschland als symbolische Blaupause für die eigene Zukunft: Der Vater der *Sonnenscheinpolitik*, Kim Dae-jung, stellte sich im Jahr 2000 bei einem Besuch in Berlin bewusst in die Tradition von Willy Brandts Ostpolitik: »Das Ziel unserer Politik zu diesem Zeitpunkt ist nicht eine sofortige Wiedervereinigung, sondern die Beendigung des Kalten Krieges und die Sicherung des Friedens auf der koreanischen Halbinsel.« Zuerst sollten die Spannungen in Korea gemindert werden, danach werde man weitere Schritte unternehmen.

17 Jahre später tat es ihm einer seiner Nachfolger gleich. »Wir wünschen uns keinen Zusammenbruch des Nordens«, sagte Moon Jae-in, abermals in Berlin. Auch er kündigte an, zunächst die Spannungen mit dem Norden reduzieren und danach die Kontakte intensivieren zu wollen.

Doch nicht nur die Südkoreaner blicken nach Deutschland. In Nordkorea ist sich Kim bewusst, dass sein Regime im Falle einer Wiedervereinigung sehr wahrscheinlich das Schicksal der SED-Führung teilen würde. Das deutsche

Vorbild sieht man hier mit Unbehagen, ein Verlierer der Geschichte möchte man nicht sein.

Pjöngjang pflegt trotzdem seine alten Strippen nach Deutschland – erst recht, seit es versucht, mit einer weltweiten Imagekampagne für bessere Presse zu sorgen und zugleich Fürsprecher zu gewinnen. Im September 2018 reiste der letzte SED-Regierungschef der DDR, Hans Modrow, auf Einladung des Regimes nach Nordkorea, zudem flog er nach Peking und Seoul. Modrow war zuvor von Ri Su-yong, dem ehemaligen Außenminister und nun Leiter der mächtigen Abteilung für Außenpolitik der PdAK, gebeten worden, sich für Nordkorea einzusetzen – über die Fraktion Die Linke im Deutschen Bundestag. Sein Wunsch: Modrow solle dem Westen klarmachen, dass sein Regime keine aggressiven Absichten hege, sondern mit seinen Atomwaffen lediglich eine Balance herstellen wolle in einer hochgerüsteten und von Großmachtinteressen bestimmten Weltregion.

Zeitgleich startete Nordkorea eine weltweite diplomatische Offensive, nicht nur in Richtung Washington oder Berlin. Kim schickte Emissäre nach Kanada, Außenminister Ri Yong-ho flog nach Schweden, das traditionell über gute Kontakte nach Nordkorea verfügt. Wie Deutschland eigentlich auch. Die DDR unterhielt enge Bande nach Nordkorea. Kim Il-sung war mehrmals auf Staatsbesuch in Berlin und Dresden, DDR-Ingenieure halfen beim Aufbau Nordkoreas nach dem Krieg, noch kurz vor der Wende traf sich Egon Krenz mit Kim Il-sung in Pjöngjang. Wenig überraschend kühlten die Beziehungen nach dem Zusammenbruch des SED-Staates fast auf den Nullpunkt ab.

Später erholte sich das Verhältnis so, wie sich eben das Verhältnis zwischen einem stalinistisch regierten Land und einer parlamentarischen Demokratie erholen kann. Vor allem die deutschen Organisationen, Stiftungen und Kirchen sind nach wie vor umtriebig, und auch die frühere Bundesregierung unter Bundeskanzler Gerhard Schröder und Außenminister Joschka Fischer belebte nach Jahren 2001 die diplomatischen Kontakte – als eines der wenigen westlichen Länder unterhält Berlin seitdem eine Botschaft in Pjöngjang.

Einzelne Personen stechen dabei besonders hervor: Wolfgang Nowak beispielsweise, ehemaliger Mitarbeiter im Kanzleramt unter Gerhard Schröder, pflegt weiterhin gute Kontakte nach Pjöngjang und bringt interessierte Wirtschafts- und Finanzexperten sowie Politiker nach Nordkorea. Der Altkanzler wiederum hat wohl auch dank seiner koreanischen Frau das Thema für sich (wieder) entdeckt. Beim Jubiläum der Goethe-Institut-Außenstelle in Seoul sagte er im Oktober 2018, Deutschland wolle »kein Lehrmeister, sondern Ratgeber« sein, »politische Rückschläge sind nicht auszuschließen«.[6] Der CSU-Politiker Hartmut Koschyk, der jahrelang die Deutsch-Koreanische Parlamentariergruppe im Bundestag leitete, dürfte dem nicht widersprechen. Er engagiert sich auch nach seiner Zeit als Abgeordneter weiter für die koreanische Aussöhnung. 2019 reiste zudem der frühere Außenminister und SPD-Chef Sigmar Gabriel auf Vermittlung von Nowak nach Nordkorea – er hatte sich schon zuvor für Gespräche mit Pjöngjang eingesetzt.

Während sich einzelne Persönlichkeiten engagieren, gibt sich das Auswärtige Amt zurückhaltend. 2018 sollte der bereits erwähnte ranghohe Nordkoreaner Ri Su-yong zu Gesprächen nach Deutschland kommen. Der Termin wurde von Nordkorea abgesagt – angeblich wegen des anstehenden innerkoreanischen Gipfels. Aber wohl auch deshalb, weil sich Vertreter der Bundesregierung zierten, mit Ri zusammenzutreffen. Die Devise im Außenamt: keine Kontakte mit Spitzenleuten aus Pjöngjang. Auch die Reise von Gabriel stieß im Auswärtigen Amt wohl nicht gerade auf Begeisterung.[7]

Das ruft Kritik hervor, nicht nur bei Fachpolitikern wie Koschyk. Wissenschaftler und Entwicklungshelfer beklagen die Zurückhaltung der Diplomaten, manche auch nur hinter vorgehaltener Hand. »Das Auswärtige Amt scheint der Ansicht zu sein, dass man Nordkorea isolieren sollte«, sagt der Koreaforscher Hannes Mosler von der Freien Universität Berlin. »Ich habe den Eindruck, Nordkorea soll diplomatisch ausgehungert werden, damit man sie in die Knie zwingt, weil man davon ausgeht, dass das Land kurz vor dem Zusammenbruch steht.«[8] Man ist in Berlin auch zurückhaltend bei der Visavergabe für nordkoreanische Gäste, Studierende oder Politiker.

Schlagen wir wieder die alten Schlachten? Vor meinem geistigen Auge sehe ich Brandts Ostfachmann Egon Bahr *Wandel durch Annäherung* predigen, während Axel Springer die »sogenannte DDR« nur in An- und Abführungszeichen setzt. Müssten wir nicht längst erkennen, dass die engeren Beziehungen zwischen der BRD und der DDR, die Reise- und Kontakterleichterungen viel dazu beigetragen haben, dass das Honecker-Regime von den Menschen auf der Straße hinweggefegt wurde?

Im Falle Nordkoreas hat Deutschland nichts zu verlieren. Berlin sollte auf allen Ebenen mit den Nordkoreanern sprechen, Studierende leichter Visa erhalten, ja, auch mit hochumstrittenen Politikern wie dem Kim-Adlatus Ri sollte ein deutscher Außenminister sprechen. Auf die öffentlichkeitswirksame Pressekonferenz danach kann man ja verzichten, um dem Vertreter der Diktatur keine unnötige Bühne zu geben. In der Diplomatie gibt es hinreichend Möglichkeiten, die Zuwendung zu einem solchen Regime zu dosieren.

Fakt ist, nur wenn die Isolation durchbrochen wird, nur wenn Nordkoreaner die Chance haben, im Ausland Alternativen zu ihrem eigenen System zu studieren, ist ein Wandel überhaupt denkbar. Nach meinen Gesprächen mit nordkoreanischen Diplomaten habe ich keinen Zweifel, dass es ihnen vor allem darum geht, die Sanktionen loszuwerden. Aber selbst wenn eine ideologische Annäherung an den Süden nicht ihr wirkliches Ziel ist, kann sie die mittelfristige und vom Regime ungewollte Nebenwirkung neuer Kontakte sein. Mehr Nordkoreaner als jemals zuvor kennen mittlerweile das Ausland, haben etwa in Kanada, das durch Missionare und Geschäftsleute seit dem 19. Jahrhundert Kontakte nach Nordkorea pflegt, Wirtschaftskurse besucht – oder lernen von deutschen Unternehmern, die an der privaten Hochschule PUST in Pjöngjang unterrichten. Das allein ist mehr Fortschritt, als in den Jahren des gegenseitigen Anschreiens oder Anschweigens erreicht wurde.

Zugleich könnten die Kosten der Integration von Nordkoreanern in einem vereinigten Korea reduziert werden. Südkorea müsste ohnehin tief in die Tasche greifen, vor allem bei einer abrupten Einheit: »Eine plötzliche Wiedervereinigung wäre unser Ruin«, meint Südkoreas Botschafter in Berlin, Jong Bum-goo.[9] Die Schätzungen variieren, pendeln sich aber häufig bei der großen Spanne von 50 bis knapp 700 Milliarden Dollar ein, wie bei den Ökonomen Charles Wolf und Kamiljon Akramow.[10] Einige Schätzungen liegen noch wesentlich höher. Wie auch immer, es wird jedenfalls sehr teuer für Südkorea. Teuer war die deutsche Wiedervereinigung auch. Aber es gibt gravierende Unterschiede zu bedenken: Die DDR galt im Lager der sozialistischen Länder als wohlhabend, zudem war die Wirtschaft international vernetzt – und zumindest in einigen Branchen wettbewerbsfähig.

Nordkorea ist viel ärmer: Das Einkommen pro Kopf liegt bei drei bis vier Prozent des südkoreanischen Niveaus.[11] Eine Anpassung der Löhne und Renten, eine Ausweitung der Sozialsysteme, der Aufbau der Infrastruktur und die Entsorgung der Altlasten, all das würde zweifellos lange dauern und kostspielig werden. Im Falle einer schnellen Wiedervereinigung würden zudem vermutlich Hunderttausende oder gar Millionen Nordkoreaner in den Süden übersiedeln, die ohnehin schon dicht bevölkerte Metropolregion Seoul platzte aus allen Nähten. Zurückbleiben müssten die Alten und schlecht Ausgebildeten. Zu klären wären auch die Eigentumsverhältnisse. Bei der deutschen Wiedervereinigung gingen vor allem die Sozialausgaben ins Geld, allen voran die Renten. Immerhin: Das würde in Südkorea unkomplizierter, denn die Sozialabgaben sind hier weitaus niedriger.

Allerdings warne ich davor, sich in einem Horrorszenario einzurichten, ohne die Chancen zu sehen – wir sollten die Fehler der deutschen Einheitsschwarzmaler nicht wiederholen. Nordkorea würde zweifellos ökonomisch stärker profitieren, vermutlich mit Wachstumsraten von sechs bis 14 Prozent für die nächsten 35 Jahre. Der Effekt für den Süden wäre geringer, die Wachstumsaussichten könnten sich nur um geschätzte 0,7 bis 0,8 Prozent verbessern.[12] Dafür könnte der Süden massiv im Verteidigungssektor sparen – und seine Produkte in den Norden verkaufen.

Nach Berechnungen des Forschungsverbunds SED-Staat an der FU Berlin kostete die Deutschen ihre Wiedervereinigung in den Jahren 1990 bis 2014 rund zwei Billionen Euro – eine Zahl mit zwölf Nullen.[13] Vor allem in die Rentenkassen ist das Geld geflossen.

Solche Zahlen machen Angst. Doch die Frage ist, war dieses Geld wirklich verloren? Oder ist es nicht vielmehr so, dass es zu einem großen Teil wieder ausgegeben wurde? Gerade die Rentner, die in der DDR kaum Immobilien oder andere Vermögenswerte erwerben konnten, verkonsumieren heute ihre Renten. Das gilt generell für die unteren Einkommensschichten, die kaum übers Sparen nachdenken können, sondern ihr Geld gleich ausgeben (müssen). Die Einheit wirkte deshalb wie ein gigantisches Konjunkturprogramm – und hat über die Mehrwert- und Einkommenssteuer viel Geld zurück in die öffentlichen Kassen gespült. Westdeutsche Straßenbau- und Bauunternehmen verdienten massiv am Aufbau Ost.

Aber natürlich war nicht alles rosig, die »blühenden Landschaften«, die Helmut Kohl einst versprochen hatte, lassen zum Teil bis heute auf sich warten. Zu den politisch begründeten Entscheidungen gehörte etwa jene, die Löhne, Gehälter, Renten und Mieten in DDR-Mark eins zu eins in Westmark umzutauschen. Bestimmte Freibeträge konnten ebenfalls eins zu eins umgetauscht werden, weitere Ersparnisse immerhin eins zu zwei. Die Aufwertung der Währung entsprach aber nicht der Arbeitsproduktivität in den maroden DDR-Betrieben, und doch war sie politisch notwendig, um den Lebensstandard der Neubürger nicht weiter zu gefährden. Das brachte manche BRD-Bürger auf, vor allem aber versetzte die Maßnahme der schwächelnden

Wettbewerbsfähigkeit der DDR-Wirtschaft weitere heftige Nackenschläge. Mehr als die Hälfte der ostdeutschen Produktion ging ein. Das politische Ziel, die ehemaligen DDR-Bürger von einem Weggang in die BRD abzuhalten, wurde jedoch weitgehend eingelöst. Auch wenn die Umstellung ökonomisch problematisch war, funktionierte sie als Zeichen gesamtdeutscher Solidarität und sicherte deshalb ein Stück weit den sozialen Frieden.

Allen Widrigkeiten zum Trotz: 30 Jahre nach der Wiedervereinigung darf man sich getrost einen Ruck geben und zugeben, dass die Einheit gelungen ist, zumal etliche Regionen wie beispielsweise Leipzig boomen. Das Entscheidende ist, dass eine junge Generation ohne trennende Propaganda aufwachsen konnte, die die Welt in »Ossis« und »Wessis« aufteilte. Die Grenzziehung, sie findet meist nur noch in den Köpfen Älterer statt.

Für Deutschlands Vielfalt ist die Einheit ein Segen, das Land ist in die Mitte des historischen Europas gerückt und nicht länger Aufmarschplatz für Kalte Krieger. Deutschland fungiert heute nicht nur als Transitland zwischen West und Ost, sondern zieht viele junge Leute an, aus der Ukraine, Rumänien, Israel oder Spanien, die in Berlin, Leipzig oder Köln studieren. Keine Stadt symbolisiert die gelungene Einheit mehr als Berlin, das aus seinem traurigen Randstatus zur boomenden Metropole geworden ist – und zum Verdruss anderer deutscher Regionen die Kreativen und Gutausgebildeten anzieht.

In Korea hat keine Stadt die Teilung derart an der eigenen Substanz spüren müssen wie Berlin. Aber eines Tages könnte sich Seoul mit seiner Metropolregion über die ehemalige Grenze hinweg mit der neuen Boomregion rund um

Nordkoreas südlicher Stadt Kaesŏng vereinigen – Pjöngjang wäre dann nicht mehr weit. Ein Szenario, das Hoffnung sät.

Der Weg dorthin ist jedoch steinig, und das hat weniger mit den ökonomischen als vielmehr mit den psychologischen Kosten zu tun. So gelungen die deutsche Einheit ist, vor allem bei der älteren Generation früherer DDR-Bürger, den ökonomisch Abgehängten und Langzeitarbeitslosen schmerzen nachvollziehbarerweise noch immer die in der Wendezeit erlittenen Wunden – und manche brechen jetzt erst richtig auf. Seit einigen Jahren liegen die Deutschen wieder kollektiv auf Sigmund Freuds Sofa, mit einem Thema, das eigentlich längst abgehakt schien: den psychologischen Folgen der Wende.

Berlin, Ortsteil Biesdorf. »Ich hole Sie mit dem Trabi ab«, sagt Bodo Quart am Telefon – und hält Wort.[14] Als ich am Bahnhof stehe, knattert er mit seinem knapp 40 Jahre alten Trabi um die Ecke, mit einer Abgasschwade, die nur ein Zweitakter in die Luft blasen kann. Biesdorf, der Ortsteil im Bezirk Marzahn-Hellersdorf, wo die Mehrheit die Linke wählt, wird für einen Moment wieder zur alten DDR-Kulisse, zumindest wenn man sich den Discounter wegdenkt und die Imbissbuden am S-Bahnhof.

Im hohen Alter hat der Rentner eine neue Passion entdeckt, die ihm ein Stück seiner untergegangenen Heimat DDR zurückgibt: Nordkorea. Für ein Hamburger Reiseunternehmen führt er Touristen durch das einstige Bruderland, im September 2018 war er vor Ort, zum 70. Geburtstag der Volksrepublik. Stolz trägt er ein eigens dafür produziertes T-Shirt, auf dem Rücken die Stationen der Reise: Pjöngjang, Kaesŏng, Berg Paektu. Wie das Tour-T-Shirt einer Rockband.

Gemeinsam fahren wir zu seinem Haus, das er sich mit seiner Frau nach der Wende gebaut hat, das Grundstück hatten sie schon zu DDR-Zeiten von der Regierung bekommen. Ein Privileg der Elite des Landes, zu der die beiden gehörten: Quart war bis zum Ende der DDR Mitarbeiter im Zentralkomitee der Staatspartei SED, Abteilung sozialistische Wirtschaftsführung, und arbeitete dem Wirtschaftskapitän Günter Mittag und gelegentlich auch Honecker direkt zu. Seine Frau vertrat die DDR im diplomatischen Dienst. Ein Pärchen mit Zugang zur Macht und den knappen Ressourcen. Zu DDR-Zeiten ein Haus bauen? »Das wollten wir nicht«, sagt Quart, da hätten sich die Nachbarn gefragt, woher die Materialien stammen. Fürs Erste tat es eine Laube.

Die steht noch heute im Garten, ein ehemaliger DDR-Grenzpfosten ziert sie. Im Wohnzimmer hängen afrikanische Masken, ansonsten erinnert es eher an ein sozialistisches Museum. Auf einem Tischchen liegen Broschüren über Nordkorea und Kim Jong-un, dazu Bücher von Koreafachleuten wie Bruce Cumings. Auf dem großen Tisch steht eine Nordkorea-Fahne – und eine Schnapsflasche. Sechzigprozentiger aus Kaesŏng. Inklusive eingelegter Schlange.

Wer verstehen will, was jemand wie Quart an Nordkorea findet, muss in dessen persönlicher Geschichte suchen. Und seine Geschichte erzählt von Krieg, Aufstieg, Enttäuschungen – und einem politischen System, das seine eigenen Wahrheiten produziert hat.

Quart ist 1938 als Arbeitersohn in Breslau geboren, im heutigen Polen. In Dresden erwischten ihn die schlimmsten Nächte des Zweiten Weltkriegs, mitten im Bombenhagel, der die Stadt in Schutt und Asche legte. Sieben Jahre nach dem Krieg starb seine Mutter, sein Vater lebte im Westen, in Hamburg, mit neuer Familie. Die Vormundschaft für den Jungen, der faktisch eine Vollwaise war, übernahm ein einfacher Kohlenfahrer. Ein Mann, an den sich Quart gern erinnert, der ihm aber nur bedingt bei Ausbildung und Aufstieg helfen konnte. Das übernahm der Staat, der das bessere Deutschland sein wollte. Pazifistisch. Antifaschistisch. Sozialistisch. »Ich habe der DDR viel zu verdanken«, sagt er.

Quart absolviert eine Lehre bei der Reichsbahn, seine Vorgesetzten werden auf ihn aufmerksam, er darf auf die Berufsschule, wird Facharbeiter, studiert später in Berlin und Moskau, wird Ingenieur, Berufschullehrer und Betriebschef bei der Bahn. Einer, der was zu sagen hat und Mitarbeiter anleitet. 1959 tritt er in die SED ein. Er macht dort Karriere. 1976 darf er mit auf eine Delegationsreise nach Nordkorea, das nach dem zerstörerischen Koreakrieg mit Arbeitskräften und Krediten der DDR wiederaufgebaut worden war. Die Schwarz-Weiß-Fotos, die der Rentner heute in der Hand hält, zeigen einen Mann in seinen Dreißigern mit Fellmütze und viel Faszination für die Aufbauleistungen der sozialistischen Freunde.

Doch 1989 war mit seiner Gemeinschaft Schluss. Als die DDR zerbrach, weil sich viele Bürger nicht so wohl im Arbeiter- und Bauernstaat fühlten wie er, zerbrach ihre Welt. Der angesehene ZK-Mitarbeiter ging zurück zur Bahn, durfte dieses Mal aber keine Personalverantwortung mehr tragen. Sein neuer Job entsprach einer Degradierung: Zugschaffner und Fahrkartenkontrolleur. »Ich nehme das nicht persönlich«, sagt er erst, dann aber auch: »Stellen Sie sich vor, plötzlich steht ein weniger qualifizierter Mensch vor Ihnen und sagt: ›Sie werden hier nichts mehr zu tun haben.‹« Die DDR ein Unrechtsstaat? »Es gab sicherlich viel zu kritisieren, aber man hat den Menschen ihre Lebensleistung aberkannt.«

Ein Gefühl, das manche, die mit Quart auf Nordkorea-Reise gehen, nachvollziehen können, weil sie selbst in der DDR sozialisiert worden sind. »Menschen, die gefühlsmäßig sagen: Das, was in den Medien über Nordkorea erzählt wird, kann nicht stimmen«, sagt Quart. »Die Leute aus der DDR haben nicht vergessen, was für üble Dinge über sie verbreitet worden sind.« Die Skepsis gegenüber der vereinigten Bundesrepublik, den Medien und den Urteilen gegenüber ihren Lebensleistungen sitzt tief.

Ein reflektierter Mensch wie der Berliner Rentner kanalisiert seinen Wendefrust in eine Richtung, die keinem wehtut – und zieht etwas Positives daraus. Er reist viel, beschäftigt sich mit den landschaftlichen Schönheiten Koreas. Andere ehemalige DDR-Bürger, natürlich nicht alle, tun sich schwer, ihre erlittene Demütigung zu verarbeiten und sich den Chancen der Zukunft zuzuwenden.

Wer 2019 im Vorzeigeland Ostdeutschlands, Sachsen, unterwegs ist, denkt, eigentlich müsste alles im Lot sein. Die Straßen sind gemacht, viele Häuser saniert, das Land ist wenig verschuldet. Wer aber mit Demonstranten der rechtspopulistischen Pegida-Bewegung ins Gespräch kommt, hört sie auf »die da oben«, »Wessis« und Flüchtlinge schimpfen. Obwohl es in Dresden oder anderswo kaum Ausländer gibt und sich viele Menschen in materieller Hinsicht heute mehr leisten können als zu DDR-Zeiten. Einfacher ist ihr Leben aber offenbar nicht geworden.

Ihr psychologisch begründeter Frust sucht sich einen Ausweg, eine Projektionsfläche. Der Ausländerhass entsteht, weil die Schwächsten – Ankömmlinge aus Bürgerkriegsländern – ein leichtes Ziel sind. Sie müssen als Sündenböcke herhalten, für die privaten und beruflichen Lebensbrüche, die realen oder gefühlten Ungerechtigkeiten. Die verlorenen Jobs, Degradierungen und das Gefühl, ein Bürger zweiter Klasse zu sein, eben nur der »Ossi«. Manche Menschen, die zur Wendezeit nach Freiheit riefen (aber vielleicht nur die materielle und Reisefreiheit meinten), verdammen nun die Demokratie, die Parteien, Journalisten und all jene, die sie für »die Elite« halten.

Man braucht weder Kaffeesatz noch Glaskugel, um ähnliche Konsequenzen für Korea vorherzusehen. Doch seit der deutschen Wiedervereinigung hat man vor allem über – natürlich sehr wichtige – soziale und wirtschaftliche Fragen debattiert, über die Lohnanpassung zwischen Ost und West, marode Straßen und die Abwanderung der gut Ausgebildeten, während die Geringqualifizierten in ihren von Arbeitslosigkeit geprägten Regionen zurückblieben. Die psychologischen Folgen hat man zu oft abgetan und beiseite gewischt – und damit sträflich vernachlässigt. Dass rechtsradikale und völkisch gesinnte Kräfte wie die AfD im Osten so stark werden konnten, hat nicht in erster Linie mit materiellen Nöten zu tun, sondern mit den Gefühlen von Minderwertigkeit und Marginalisierung. Die AfD verspricht mentale Abhilfe, indem sie ein völkisch begründetes Zusammengehörigkeitsgefühl konstruiert, das Identität, Gruppenstärke, Heimat und Einigkeit bieten soll, das alles in diffuser Abgrenzung zu Ausländern, Geflüchteten und deren Unterstützer. Wer glaubt, seine Lebensleistung werde nicht genügend gewürdigt, soll sich am Kaminfeuer der Rechtsradikalen die Hände wärmen.

Meine eigene Jugend habe ich in der Nähe der ehemaligen

Bundeshauptstadt Bonn verbracht. Als es um die Frage der künftigen Hauptstadt ging und sich der Bundestag mit knapper Mehrheit für Berlin entschied, unter anderem nach einer fulminanten Rede Wolfgang Schäubles, waren die Bonner natürlich betroffen. Mein Vater war in einem Ministerium beschäftigt – und als Kind fürchtete ich den Umzug aus der vertrauten Umgebung ins ferne Berlin. Dazu kam es nicht, denn der Hauptsitz des Ministeriums durfte in Bonn bleiben. Die Einheit veränderte nichts in unserem Leben.

Für viele Ostdeutsche blieb hingegen kein Stein auf dem anderen. Hunderttausende gerieten über Nacht in Arbeitslosigkeit, zwei Millionen gutausgebildete Menschen verließen bis Mitte der neunziger Jahre ihre Heimat und gingen in den Westen. Die volkseigenen Betriebe und viele Immobilien gingen an Westdeutsche, die die Chance witterten und nutzten, weil sie über das nötige Kleingeld verfügten. Vor allem sie sind es, die heute von den enorm gestiegenen Immobilienpreisen in den Metropolen Berlin, Leipzig und Dresden profitieren.

Selbst jene Ostdeutsche, die sich persönlich ein sehr erfolgreiches Leben aufbauen konnten, haben diese Kränkungen nicht verwunden. Bundespräsident Frank-Walter Steinmeier hat das 2018 in einer Rede sehr treffend auf den Punkt gebracht: »Viele Ostdeutsche haben seit dem Fall der Mauer so tiefgreifende Brüche erlebt – Aufbrüche und Umbrüche, Hoffnungen und Enttäuschungen, Chancen und Zumutungen –, wie sie meine Generation im Westen nie kannte. Und dennoch haben die ostdeutschen Erfahrungen bis heute keinen so festen Platz in unserem kollektiven Gedächtnis wie die des Westens. Das muss sich ändern.«[15]

Korea sollte sich auf ähnliche Erfahrungen einstellen.

Nordkoreanische Flüchtlinge fühlen sich im Süden häufig als Bürger zweiter Klasse diskreditiert. Das Armutsgefälle ist enorm, im Falle einer schnellen Grenzöffnung würden vermutlich Millionen Nordkoreaner auf der Suche nach Arbeit in den Süden gehen. Die heimische Produktion würde vermutlich sehr schnell eingehen wie ein Pflänzchen mit herausgerissener Wurzel: Wer möchte noch ein Tablet *Made in North Korea* kaufen, wenn die Modelle von Samsung, Apple oder Huawei im Regal stehen?

Die Startbedingungen der Nordkoreaner wären ungleich schwieriger als die der Ostdeutschen. Nordkoreaner sind weitgehend abgeschnitten von internationalen Medien – die DDR-Bürger wussten einigermaßen über die Lebensumstände in den westlichen Nato-Staaten Bescheid. Nordkoreaner wären da weitaus unvorbereiteter: Viele könnten zwar Jobs im südkoreanischen Niedriglohnsektor finden, aber sie stünden in Konkurrenz zu geringqualifizierten Südkoreanern oder Migranten. Wie reagierten sie dann? Nordkoreas Regime schiebt die Menschen in Schubladen, kategorisiert sie – und ordnet sie nach Herkunft in ihr soziales Kastensystem ein. Wäre das nicht der »ideale« Nährboden für rassistische Ideologen und ihre Stimmenfänger? Eine solche Prägung zu dekonstruieren wäre eine Generationenaufgabe. Wie würden Nordkoreaner mit der größeren Heterogenität Südkoreas klarkommen? Der Individualisierung seiner Jugend, die sich herzlich wenig für Politik und Ideologie interessiert, dafür aber stärker für K-Pop, Smartphones und Schönheitsoperationen?

Korea kann von Deutschlands Erfahrungen und Fehlern bei der Integration der sozialistischen Plan- in eine Marktwirtschaft lernen. Aber kann es sich bei den Deutschen abschauen, wie man eine Gesellschaft, die das Kollektiv in den Mittelpunkt stellt, in ein System integriert, das die Individualität feiert? Da sollten wir Deutsche uns eher zurückhalten mit unseren gut gemeinten Ratschlägen. Zumindest solange wir selbst noch an unseren Phantomschmerzen der Nachwendezeit laborieren.

KIMS ANTWORT AUF DEN K-POP

Dandong, China. Soeben habe ich Nordkorea verlassen, mir bleibt noch etwas Zeit in der Grenzstadt, bevor mein Zug nach Peking abfährt. Gerade bringe ich mein Handy wieder in Gang, da spricht mich eine junge Frau an, sie ist vielleicht Anfang 20. Sie trägt einen Kopfhörer und nestelt an ihrem Smartphone herum. Wie es denn »da drüben« gewesen sei, was ich erlebt hätte, fragt sie mich auf Englisch.

Wir wechseln ein paar Sätze. Ich erfahre, dass sie Südkoreanerin ist und dort in der zweitgrößten Stadt lebt, in Busan. Mit einer Reisegruppe sei sie hier, erklärt sie, und interessiere sich sehr für den Norden, der ihr verschlossen bleiben muss. Aber hier in Dandong könne sie Nordkorea näher kommen als an den Beobachtungsposten der Demilitarisierten Zone.

Das Interesse der Südkoreaner am Norden hat sich gewandelt. Viele Jüngere nehmen den Norden zur Kenntnis, damit hat es sich aber auch. Jene, die mehr wissen wollen, wie die junge Frau, betrachten Nordkorea aus der Distanz. Sie empfinden ein leichtes Gruseln, das ich aus der Kindheit kenne, als ich im kalten Gästeschlafzimmer meiner Großmutter unter einer gefühlt drei Meter dicken Daunendecke versunken war. Der Geruch älterer Kleidung, das Rumpeln der Schiebetür, ein Lichtstrahl kämpfte sich durch ein kleines Loch in den hölzernen Fensterläden. Es war wie der Besuch in einem Land vor meiner Zeit. Nordkorea ist für die Jugend des Südens das Land vor ihrer Zeit.

Nach 70 Jahren Trennung existieren die beiden Koreas auf zwei Planeten, zumindest in mancherlei kultureller Hinsicht. Nirgendwo sieht man das so gut wie in der populären Musik. Für Nordkoreaner muss die Popmusik aus dem Süden wie eine kodifizierte Nachricht von einem fremden Stern erscheinen, für die südkoreanische Jugend ist es nicht anders, wenn sie sich nordkoreanische Popmusik im Internet anschaut und anhört. »Die Kluft ist mittlerweile riesig«, sagt der Musikethnologe Michael Fuhr vom Center for World Music an der Universität Hildesheim.[16]

Im Frühjahr 2018 trafen sich die beiden Pop-Planeten auf einer Umlaufbahn. Zum ersten Mal seit zehn Jahren durften wieder südkoreanische Pop- und Rocksänger in Pjöngjang auftreten. Zahlreiche Bands folgten der Einladung, darunter solche aus der K-Pop-Szene – die Girl-Band Red Velvet etwa oder Seohyun, ein ehemaliges Mitglied von Girls' Generation – und Musikveteranen wie Cho Yong-pil, eine Art südkoreanischer Grönemeyer oder Westernhagen, und Yoon Do-hyun, der bereits 2002 in der Hauptstadt aufgetreten war. Das Gastspiel war ein weiterer Höhepunkt der Entspannungsbemühungen zwischen Seoul und Pjöngjang, ein weiteres Event, um der Weltöffentlichkeit ein freundlicheres Gesicht zu zeigen.

Und womit ginge das besser als mit Musik, die vielen Menschen ein Lächeln ins Gesicht zaubert. Mit den jungen Sängerinnen von Red Velvet ließ Kim Jong-un sich lachend ablichten, die junge Sängerin Yeri ließ sich gar dazu hinreißen, den Handshake mit Kim als »Ehre« zu bezeichnen. Das kam in der konservativen südkoreanischen Presse zwar nicht gut an, Kim aber dürfte es gefallen haben.

Vor dem Auftritt gab es von nordkoreanischer Seite die freundliche Warnung an die Gäste aus Südkorea: »Ihre Ankunft in Pjöngjang bringt große Erwartungen mit sich.« Die Warnung stammte von Hyon Song-wol, der Chefin der regimetreuen nordkoreanischen Girl-Band Moranbong, die angeblich von Kim Jong-un persönlich unmittelbar nach seinem Amtsantritt zusammengestellt und gegründet worden war. Gerüchteweise hatte er sogar eine Beziehung mit Hyon, aber das ist nicht bestätigt. Hyon ist eine der einflussreichsten Frauen in Nordkorea, so etwas wie eine Mischung aus Annegret Kramp-Karrenbauer und Helene Fischer, machtvoll in Politik und Kultur. An ihr zeigt sich, wie absurd teilweise die Berichterstattung über Nordkorea ist: Eine südkoreanische Zeitung meldete 2013, sie sei auf Befehl Kim Jong-uns wegen eines illegalen pornografischen Videos hingerichtet worden. Die staatliche Nachrichtenagentur KCNA dementierte das zwar umgehend, die Meldung aber war in der Welt. Bis die Musikerin später wieder auftauchte – und sogar in die Staatsführung aufrückte. Seit 2017 bekleidet sie wichtige Funktionen in der Arbeiterpartei, und sie nahm auch an den Vorbereitungsgesprächen für die Olympischen Winterspiele in Südkorea teil.

Dass Kultur und Politik eng verquickt sind, ist in einer Diktatur in der Regel nichts Besonderes. In Nordkorea aber ist die Verbindung besonders symbiotisch. Während sich überall in der Welt an Musik die Geister scheiden, so scheiden sich an ihrer Bedeutung auf der koreanischen Halbinsel gleich zwei politisch-ideologische Systeme. Im Süden der weltweit erfolgreiche K-Pop, der für die Individualität der Jugend steht, für ihren Narzissmus und für ein umfassendes Marketing, im Norden die staatlich dirigierte Propaganda-musik, die ausschließlich im Dienste des Regimes und der Glorifizierung der Kim-Dynastie steht. In Pjöngjang ist jede Liedzeile politisch – und damit Chefsache.

Das hat die Volksrepublik sich sogar in die Verfassung geschrieben: »Der Staat sorgt dafür, dass die Schöpfer und Künstler mehr Werke mit hohem ideologischen und künst-lerischen Gehalt schaffen und die Massen an der literarisch-künstlerischen Tätigkeit teilnehmen«, heißt es im dritten Abschnitt. Und: »Der Staat bewahrt unsere Sprache vor jeg-lichen Formen der Überfremdung.«[17]

Trotz allen Wandels, eines hat sich kaum verändert: Noch immer steht die Gruppe, in ihrer höchsten Form als Volks-gemeinschaft stilisiert, über dem Individuum. Das zeigt sich nicht nur bei den Massenspektakeln im Pjöngjanger Stadion, bei denen schier unüberschaubar viele Menschen in einer einstudierten Choreografie Bilder und Symbole darstellen, die nur ein Ziel haben: zu zeigen, dass die Volksgemein-schaft an einem Strang zieht. Diese ästhetische Botschaft steckt auch in Kims nordkoreanischem Staatspop, seiner Antwort auf den K-Pop. Die bekannteste Band sind die be-reits erwähnten Moranbong, die ein großes Repertoire von alten koreanischen Volks- und Revolutionsliedern bis hin zur europäischen Klassik von Mozart und Beethoven sowie westlichen Popmusik pflegt. Patriotische Nummern wie My Country Is The Best gehören ebenfalls dazu.

Auch wenn die Anmutung im Discosound der 1980er-Jahre, mit E-Drums und durchgetretener four-to-the-floor-

Bassdrum, für unsere Ohren etwas altbacken klingt, die Gruppe ist ein modernes Gewächs der Kim-Jong-un-Ära. Sie hebt sich deutlich von anderen Gruppen wie dem Pochonbo Electric Ensemble oder dem Samjiyon Orchestra ab, das auf traditionelle Instrumente wie das Akkordeon setzt. Auch die Outfits der Moranbong-Stars wirken zeitgemäßer: Die Frisuren sind kürzer, die Röcke auch. Die Musikerinnen sehen zwar im Vergleich zu Lady Gaga und Rihanna konservativ aus, eher wie Stewardessen, aber sie sind wesentlich moderner gestylt als ihre Trachten tragenden Vorgängerinnen.

Die Musikerinnen sind in der Lage, filigran zu spielen, sie verwenden moderne E-Gitarren und -Bässe, dazu kommen elektrisch verstärkte Geigen und Kontrabässe, Synthesizer dürfen auch nicht fehlen. Es ist interessant zu sehen, wie sie die Techniken westlicher Rockmusik – wie zum Beispiel Tapping auf der E-Gitarre – übernehmen und perfektionieren, und wie zugleich die Anmutung und Botschaft hundertprozentig nordkoreanisch bleibt.

Ende 2015 schickte Kim Jong-un Moranbong auf Tournee nach China. Kurz vor dem ersten Auftritt allerdings beorderte er sie wieder zurück, ohne dass ein einziger Ton gespielt wurde – und ohne eine offizielle Begründung abzugeben. Aber nach den Drohungen Kim Jong-uns, in einem Konflikt Atom- oder gar Wasserstoffbomben einzusetzen, missfiel den chinesischen Gastgebern wohl die übliche Bühnenshow mit all den startenden Langstreckenraketen auf dem Bildschirm hinter den Musikerinnen.

In Südkorea ist Popmusik hingegen zunächst keine Staatsangelegenheit, sondern Sache der Musikindustrie. K-Pop, vor allem die Boy- und Girl-Bands, die auf die Attraktivität ihrer jungen Mitglieder bauen und fast rundum in TV-Soaps und sozialen Netzwerken vermarktet werden, ist Teil einer umfassenden Globalisierungsstrategie, die vom Staat allerdings aktiv gefördert wird, um dem Land als *Soft Power* ein international attraktives Image zu verpassen.[18] Der K-Pop entwickelte sich als Antwort der Musikindustrie auf die Asienkrise, die in der zweiten Hälfte der 1990er-Jahre auch Südkorea erfasste. Fast schlimmer als die wachsende Arbeitslosigkeit war damals die psychologische Wirkung auf das Land, dessen Wohlstandskurve jahrelang nur nach oben gezeigt hatte. Der Absatz der Musikbranche brach ein. Die Manager mussten deshalb überlegen, wie sie vom limitierten heimischen Markt loskommen und neue Märkte erschließen könnten, vor allem in China, Japan und seit Ende der 2000er-Jahre auch in Amerika und Europa.

Mit großem Erfolg: K-Pop ist heute eine weltweit bekannte Marke, die von einigen großen Talentschmieden – SM Entertainment, JYP und YG – geprägt wird. Die Plattenbosse verpflichten die Talente in häufig sehr jungen Jahren, bilden sie durch Choreografie- und Gesangslehrer aus, lassen sie Chinesisch, Japanisch und Englisch lernen. Manche Bands wie die Boygroup BTS veröffentlichen sogar Musik in japanischer Sprache.

Die westlichen Musikmärkte in Amerika, Großbritannien oder Deutschland werden stark über die sozialen Medien wie YouTube bespielt. Prominentestes Beispiel ist hier der als Psy bekannt gewordene Rapper Park Jae-sang, der es mit seiner Single *Gangnam Style* auf mehr als drei Milliarden Klicks[19] und mehrere Nummer-Eins-Positionierungen gebracht hat, auch in Deutschland. Der Sohn eines Unternehmers verbrachte seine Kindheit im angesagten Seouler Ausgehviertel

Abb. 18: Der südkoreanische Sänger Psy (»Gangnam Style«) bei einem Auftritt 2013. Die Popkulturen von Nord- und Südkorea haben sich in den vergangenen Jahrzehnten auseinanderentwickelt. Während die südkoreanischen K-Popstars Narzissmus, Individualismus und Hedonismus feiern, steht in Nordkorea das Kollektiv der Gruppe im Mittelpunkt.

Gangnam. Sein Konterfei ziert dort heute eine kleine Bühne, ein beliebtes Fotomotiv für Touristen. Seine Botschaft ist schwer in einen Satz zu packen: Er feiert sich, seinen Individualismus, zeigt sich narzisstisch, ironisiert sich, Tänzerinnen bringen eine Prise Sex in die Clips, Psy selbst hüpft wie ein kleiner Junge durchs Video. Kurzum, er transportiert einen Lifestyle, mit dem die graubehaarten Politfunktionäre Nordkoreas mit Sicherheit nichts anfangen können.

Dabei ist sein Stil längst auch in Nordkorea bekannt, seine Musik und Videoclips gelangen auf USB-Sticks und DVDs über die undichte Grenze von China ins Land. Der Reiz des Verbotenen und Anderen liegt auf der Hand, zumal die K-Pop-Musiker mit westlichen Klischees aus der Euro-

Dance- und Disco-Ära spielen, die im Norden beliebt sind. Selbst Pjöngjangs ehemalige Regierungsband Pochonbo Electric Ensemble coverte einst, wie bereits angedeutet, den Modern-Talking-Klassiker *Brother Louie*.[20] Die musikalische Grundierung passt also.

Am Fall Psy zeigt sich aber auch, wo Nordkorea die Grenze zieht. Der Rapper fuhr nicht mit nach Pjöngjang. Die südkoreanische Regierung gab dazu keine Begründung ab, der Musikethnologe Michael Fuhr vermutet aber, die »Sexualisierung« der Musikvideos und die »gefeierte Individualität« des Sängers könnten der Grund für eine Ablehnung durch die nordkoreanischen Kulturdiplomaten gewesen sein, vielleicht auch sein immenser Erfolg in Amerika. Oder er war dem Regime einfach zu politisch, was sich später durchaus als berechtigte Sorge erwies: Im Oktober 2018 trat Psy beim 70. Jahrestag der südkoreanischen Armee im Beisein von Präsident Moon Jae-in auf. Also doch Staatspop?

Nordkorea betreibt seit Jahrzehnten Kultur- oder Sportdiplomatie. Südkoreanische oder chinesische Musikgruppen durften immer mal wieder in Pjöngjang auftreten, oder nordkoreanische Athleten und Artisten wie die des Staatszirkus gehen auf internationale Tourneen. Die Grenzen für Auftritte in Nordkorea sind aber enorm eng gesteckt, weil das dortige Regime zwar interessiert daran ist, die eigenen Botschaften nach außen zu tragen, nicht aber am umgekehrten Fall: Kims Bürger sollen Moranbong applaudieren, aber nicht Psy – oder, noch schlimmer, einer amerikanischen Band.

Insofern ist der erste Auftritt einer westlichen Gruppe bemerkenswert. 2015 durfte die slowenische Avantgarde-Band Laibach vor einem ausgewählten Publikum aus Diplomaten und Ausländern auftreten, vom gemeinen Volk war eher wenig zu sehen. Die Band ist mit ihrer eigenwilligen Mischung aus ästhetischen Klischees aus diktatorischen und totalitären Gesellschaften Vorreiter für Industrial-Metal-Bands wie Deutschlands erfolgreichem Rockexport Rammstein. Die Band dürfte in ihrer Ironie als Künstlerkollektiv in Nordkorea kaum verstanden worden sein. Nordkorea zensierte einige Texte und strich Lieder aus dem Programm – der Auftritt selbst ging reibungslos über die Bühne.[21] Seitdem hat es allerdings keine Nachahmer gegeben, Nordkorea ist für westliche Bands unerreichbar.

Das muss nicht so bleiben, wie das Beispiel China zeigt: Als sich China unter Deng Xiaoping öffnete, durften die ersten westlichen Popstars auftreten, zum Beispiel die britische Popband Wham! mit Sänger George Michael. Aus Deutschland kam relativ früh die Kölner Rockband BAP. Michael Learns To Rock aus Dänemark feierten jahrelang große Erfolge in China. Mittlerweile ist es kein Problem mehr für westliche Künstler, in China aufzutreten.

Zwischen 2007 und 2011 war ich mit meiner früheren Band THE SMU mehrfach auf China-Tournee. Dank einiger Städtepartnerschaften wurden wir eingeladen, ein Engagement für die Zeit während der Olympischen Spiele in Peking 2008 folgte. Unsere ersten Auftritte hatten wir in der Stadt Ningbo. Die wichtige Industrie- und Hafenstadt südlich von Shanghai war kurz zuvor umgestaltet und modernisiert worden, ein zentraler Platz mit neuen Gebäuden und Wasserspielen der ganze Stolz der Stadtregierung. Es passte zum Selbstverständnis der lokalen Politiker als Erneuerer, eine westliche Popgruppe in die Stadt zu holen, speziell um die jungen Leute anzusprechen.

Wir wurden von Termin zu Termin gejagt. Morgens eine Bibliothekseröffnung, ein Mittagessen mit Funktionären und Politikern. Nachmittags ein Auftritt vor Kindern und ihren Eltern im Kinderpalast, abends spielten wir in einem Theater oder vor Angestellten in einer Musikinstrumentenfabrik. Wir waren Teil der klassischen Kulturdiplomatie, die zugleich nicht mehr viel gemein hatte mit den steifen Veranstaltungen früherer Kulturaustausche. China hatte sich in den Jahren zuvor bereits geöffnet, und die chinesischen Behörden ließen uns weitgehend freie Hand. Jugendliche Fans schossen Fotos mit uns, es wurden Autogrammstunden angesetzt, manche kamen in den Backstagebereich und feierten mit uns, obwohl wir kein Chinesisch sprachen und sie nur rudimentär Englisch.

Nur selten spürten wir das Gängelband der Behörden, mir fallen lediglich zwei Situationen ein: Wie Laibach mussten wir vorher unsere Liedtexte einreichen und begutachten lassen. Die Chinesen beanstandeten in unserem Fall nichts, wir waren allerdings auch keine politische Band. Und ich erinnere mich, dass bei Konzerten in Shanghai und der Stadt Hangzhou mehrere Mitarbeiter der lokalen Behörden bei den Generalproben in der ersten Reihe saßen. Sie verhielten sich unauffällig und ruhig – sorgten allerdings dafür, dass wir die chinesische Flagge, die Teil unseres Bühnenprogramms war, pfleglich behandelten und nicht etwa auf den Boden fallen ließen.

Diese Freiheit war nicht selbstverständlich. Unsere Auftritte umgab gelegentlich noch die alte Ordnung der sozialistischen Kulturdiplomatie, die nicht so recht zu uns passen wollte. Ich erinnere mich, dass einmal am Ende der Zugabe ein lokaler Funktionär – oder war es der Theaterdirektor? –

auf die Bühne kam, ein konservativ gekleideter älterer Herr in Anzug und Krawatte, der uns Blumensträuße überreichte, so wie im deutschen Showfernsehen der 70er- und 80er-Jahre. Ein Aufeinandertreffen zweier Epochen, wie wenn heute Peter Frankenfeld einen Instagram-Influencer anmoderieren würde. Ich weiß nicht, was der Mann von uns gedacht hat. Aber sicherlich war unsere Show für ihn gewöhnungsbedürftig, weil wir auf die steiferen Umgangsformen pfiffen, die er mit jedem Quadratzentimeter seines Jacketts ausstrahlte. Nicht aus Boshaftigkeit, sondern aus der Natürlichkeit unserer grundverschiedenen Sozialisation.

Der Mann hatte einen weiten Weg zurückzulegen von seiner Kindheit im verschlossenen China bis in die zugängliche und sich ungezwungen gebende, globalisierte Gegenwart. Wer hätte das vor Jahrzehnten gedacht, als der radikale Staatsgründer Mao sein Land in permanenter Revolutionsatmosphäre an den Rand des Verderbens – und gelegentlich darüber hinaus – führte? Er selbst war nicht in der Lage oder willens, China zu öffnen. Das aber konnten Deng Xiaoping und Zhou Enlai, die Mao duldete, teils förderte und dann wieder ausbremste. Die Früchte davon ernteten wir, als wir dort ohne größere Restriktionen auftreten durften.

Wie ist es in Nordkorea? Kim Jong-un umgibt sich einerseits mit Hardlinern, die wenig Hoffnung auf eine vergleichbare Entwicklung wecken. Andererseits sorgen die wirtschaftlichen Nöte und die Digitalisierung längst für Risse im Bollwerk der staatlichen Allmacht. Die Frage ist also nicht, ob sich Nordkorea eines Tages öffnen wird. Die Frage ist, wann und wie weitgehend?

WIE DIE WELT MIT KIM
UMGEHEN SOLLTE

Als Kim Jong-un 2011 nach dem Tod seines Vaters die Macht übernahm, prognostizierten ihm manche keine zwei Jahre im Amt. Andere wollten in ihm hingegen den großen Reformer sehen. Nichts davon ist wahr geworden. Kim Jong-un ist weiterhin im Amt, der große Wandel bleibt aus, allen kleinen Schritten in die richtige Richtung zum Trotz.

Seoul, im Herbst 2018. Der Kontakt mit Frau Lee läuft via E-Mail, obwohl wir nur wenige Kilometer voneinander entfernt vor unseren Laptops oder PCs sitzen.[1] Sie möchte sich nicht persönlich treffen, scheut sich davor, dass ihre Geschichte ein Gesicht in der Öffentlichkeit bekommt. Sie wolle ihre Ruhe haben, »Frieden finden«, wie sie es diplomatischer ausdrückt. Trotzdem erklärt sie sich bereit, meine Fragen zu beantworten.

Frau Lee lebte bis 2015 in einer Hafen- und Stahlstadt in Nordkorea. Sie sei über »eine nördliche Route« geflüchtet, die genaue Strecke mag sie nicht preisgeben, und dann über China, wo sie noch mehrere Monate geblieben sei, in den Süden gekommen. Sie ist vorsichtig, ihre Informationen vage, nicht nachprüfbar, aber sie hat ihre Gründe für diese Geheimniskrämerei – ihre Eltern leben noch immer in Nordkorea.

Wir schreiben, wie abgemacht, über Kim Jong-un. Sie sei damals »voller Hoffnung« gewesen, als der junge Kim das Zepter der Macht übernahm. Seine Jugend, die »weichen Gesichtszüge«, so einer müsse doch anders sein, freundlicher, mindestens aber der Welt zugewandter als der verstockte Vater. Sie schreibt, nicht nur sie hätte so gedacht, sondern andere auch, Nachbarn und Familie. Offen darüber gesprochen hätten sie allerdings kaum, sich eher nur in Andeutungen verständigt.

Solche Aussagen sind selten, schließlich ist die Familie Kim in Nordkorea tabu, keiner würde es wagen, sie offen zu kritisieren. Andere Autoren haben ebenfalls mit Flüchtlingen gesprochen, die Ähnliches berichten: Offenbar schlummern in den Köpfen mancher Nordkoreaner oppositionelle Gedanken, obwohl – nach unserem Wissen – im Land selbst keine organisierte Opposition existiert. Vor allem die Erzählungen über den verstorbenen Kim Jong-il wiederholen sich dabei: Viele machen ihn für die Hungerkrise in den 1990er-Jahren verantwortlich und für die verkorkste Währungsreform 2009, die so manchen einfachen Nordkoreaner die Ersparnisse eines ganzen Lebens kostete.[2] Während die Tränen beim Tod des verehrten Staatsführers Kim Il-sung echt gewesen sein dürften, darf man das beim Ableben seines Sohnes durchaus bezweifeln.

Lee schreibt, sie habe sich bereits 2013 entschlossen, zu fliehen, nachdem ihr klar geworden sei, dass der junge Herrscher kaum besser als der alte sei. In ihrer Heimat habe sich nichts geändert – und die neuen Bauten in Pjöngjang, davon habe sie erst Bilder im Internet gesehen, als sie schon in Seoul lebte.

Kim Jong-un trat sein Amt in für ihn günstigen Zeiten

an. Die größten Grausamkeiten der Hungersnot hatte das Land überstanden, zudem gab es bald etwas zu feiern: die Hundertjahrfeier von Kim Il-sungs Geburt 2012. Zu diesem Anlass wienerten die Nordkoreaner ihr Land, in Pjöngjang entstanden neue, prestigeträchtige Gebäude, ja selbst die weltweit belächelte Bauruine des Ryugyŏng-Hotels war 2011, noch zu Lebzeiten Kim Jong-ils, wenigstens von außen fertiggestellt worden. Darauf konnte der junge Kim aufbauen.

Nicht nur wegen neuer Gebäude erschien Kim Jong-un anfänglich als der erhoffte Reformer. Tatsächlich zeigte er sich interessiert an einer wirtschaftlichen Öffnung, solange diese neue Einnahmen generierte und seine Macht nicht gefährdete. Wie anders waren da die letzten bleiernen Jahre seines Vaters gewesen, der die neu entstandenen Märkte drangsalierte und mit seiner Währungsreform versuchte, der aufkeimenden Mittelschicht das Geld aus den Taschen zu ziehen.

Doch so sehr er an einzelnen Schräubchen dreht, das System dieses letzten totalitären Staates lässt Kim Jong-un unberührt.

Die Machtrepräsentation bleibt komplett auf ihn zugeschnitten, seine beiden Vorväter müssen weiterhin wie Heilige verehrt werden. Das Atomprogramm hat er gnadenlos nach vorne gepeitscht und die Zügel im Inneren und bei der Grenzsicherung eher noch angezogen. Die wirtschaftliche Vernunft scheint ihm wichtig zu sein, aber nicht so wichtig, wie von manchen erhofft: Warum sonst hätte er sie dem Giftmord an seinem Bruder und den Querelen mit Südkorea um den geschlossenen Industriekomplex von Kaesŏng geopfert?

Kim Jong-un ist »nur« der Enkel des Staatsgründers – und damit in der dynastischen Erbfolge recht weit von der Quelle aller Machtlegitimität, Kim Il-sung, entfernt. Er muss deshalb nachprüfbare und sichtbare wirtschaftliche Erfolge liefern, um den Eliten in Partei und Militär weiterhin genügend Gründe zu geben, die Dynastie der Kims zu stützen. Einige Erfolge hat er ja durchaus vorzuweisen: So nahm das Wirtschaftswachstum zwischenzeitlich etwas Fahrt auf, in den Städten sind bestimmte Straßenzüge und Häuserblocks renoviert worden, hier und da sind neue Gebäude entstanden. Darüber hinaus hält er aber an den tradierten Machtstrukturen seiner Vorväter fest und führt den Kalten Krieg gegen die Vereinigten Staaten und Südkorea weiter. Das hilft ihm, für klare ideologische Verhältnisse zu sorgen.

Kims Chance ist fast vertan, es dem chinesischen Reformer Deng Xiaoping gleichzutun. Kurzfristig gedacht, ist sein Verhalten nachvollziehbar: Denn der Bruch mit dem totalitären System, die echte gesellschaftliche und wirtschaftliche Öffnung, würde die dynastische Existenz seiner privilegierten Familie an der Spitze des Staates infrage stellen. Weder seine Jugend in der demokratischen Schweiz noch der Einfluss seiner sich weltgewandt gebenden Frau können ihn offenbar dazu bewegen, dieses Risiko als Chance zu begreifen.

Einerseits zeigt sich Kim als Ewiggestriger mit denselben politischen Werkzeugen seiner Vorgänger. Dazu zählt die Pendelstrategie aus Annäherung, Zugeständnissen und neuerlicher Eskalation im Verhältnis zu Amerika. Die Atomwaffen sowie die Raketen, mit denen er die Vereinigten Staaten treffen kann, dienen ihm der glaubhaften Abschreckung – Kim hat die Bombe zur DNA Nordkoreas erklärt, längst hat sie identitätsstiftenden Charakter.

Zugleich weiß er, dass das nicht reicht. Der Preis, die Sanktionen, ist auf Dauer zu hoch. Die Friedensavancen aus Seoul und Washington kommen ihm da wie gerufen,

deshalb geht er scheinbar auf die Forderungen nach atomarer Abrüstung ein – und verzichtet vorerst auf alle weiteren
größeren Provokationen. Die größte Provokation wäre ein
weiterer Atomtest. 2019 trübte sich dieses Bild aber wieder
deutlich ein, als Kim abermals Raketen testen ließ.

Diese Politik flankiert er mit einer beispiellosen Imagekampagne: Die Gipfel mit Trump sind für seine inländische
Propaganda unbezahlbare Steilvorlagen, das Ausland will
er von seinem guten Willen und speziell die Chinesen von
seinem Pragmatismus überzeugen. Bis zu diesem Punkt im
Spiel hat sich Kim Jong-un meisterhaft durchlaviert. China
ist wieder besser auf ihn zu sprechen, Stimmen in Peking
werden laut, die eine Lockerung der Sanktionen fordern. Mit
den neuen marktwirtschaftlichen Freiheiten stopft Kim die
Löcher, die durch das marode System entstehen, sie erhöhen
die Produktivität und verschaffen ihm eine Atempause.
Gelingt es ihm trotz des Rückschlags in Hanoi zudem, den
Vereinigten Staaten und Südkorea in weiteren Verhandlungen materielle Zugeständnisse abzutrotzen, hat er aus
seiner Sicht vieles richtig gemacht.

Doch Kim gehen die Asse in der Hand aus, sein virtuoses
Spiel könnte sich dem Ende zuneigen, weil er sein strategisches Dilemma letztlich nicht löst. Sollte er es mit seiner versprochenen atomaren Abrüstung wie vermutet nicht ernst
meinen und keine internationalen Inspektoren ins Land lassen, die sich frei bewegen dürfen, wird sich die Geduld der
amerikanischen und südkoreanischen Verhandlungspartner schneller erschöpfen, als ihm lieb sein kann. Erst recht,
wenn in Seoul eines Tages wieder eine konservative Regierung das Sagen haben sollte. Zwar versucht Kim, Zeit zu gewinnen, indem er weitere Verhandlungsrunden vorschlägt

und kleinere Zugeständnisse macht, doch die Fassade bröckelt zusehends, wie schon der zweite Gipfel mit Trump in Hanoi 2019 gezeigt hat. Und dann?

Kim Jong-un würde vermutlich die Flucht nach vorne antreten. Die Friedensgespräche wären beendet, die Verhandlungspartner schöben sich die Schuld für das Scheitern gegenseitig in die Schuhe. Kim könnte das nie vollständig eingemottete Feindbild Amerika schnell reaktivieren und die Rüstungsmaschinerie wieder ins Laufen bringen. Ein Vorbote für eine solche verhängnisvolle Wiederauflage der Krise zeigte sich zum Jahreswechsel 2018/2019, als Kim den Vereinigten Staaten in seiner Neujahrsansprache mit dem Abbruch des Entspannungskurses drohte. Wie üblich wusste er ganz genau, was er tat: Er ließ Raum für Interpretationen, erhöhte den Druck auf Amerika und streckte Washington gleichzeitig abermals die Hand entgegen. Nach dem verkorksten Gipfel in Hanoi 2019 trübte sich das Verhältnis weiter ein. Kim bemühte sich, den russischen Präsidenten Wladimir Putin auf seine Seite zu ziehen, die beiden trafen sich erstmals zu einem gemeinsamen Gipfeltreffen. In klassischer Pendeldiplomatie wappnete er sich für den Fall, sollte das neue Verhältnis zu Trump endgültig in die Brüche gehen. Danach ließ er wieder Raketen testen. Putin machte ihm allerdings keinerlei Versprechen. Zugleich pflegte er sein von gegenseitiger Sympathie getragenes Verhältnis zu Trump, mit Erfolg: Der amerikanische Präsident sprach Ende Juni 2019 eine Einladung ins Weiße Haus aus und versprach neue Verhandlungen auf Arbeitsebene.

Kim gewinnt die Partie nicht, aber er verliert sie bislang auch nicht, weil es ihm gelingt, auf Zeit zu spielen. Dadurch entsteht ein Patt. Im Schach kann der König in einem solchen Fall keinen weiteren Zug mehr unternehmen, aber er steht auch nicht im Schach. Nur ein Krieg wäre ein kurzfristiger Ausweg aus dieser verfahrenen Situation – aber den will natürlich – oder: hoffentlich – keiner.

Es zeigt sich also, dass es für die Nordkoreakrise keine einfache Lösung gibt. Die Lage ist verfahren und blockiert. Ein großer Befreiungsschlag wäre nur die Revolution von unten, ein Putsch von oben oder ein Krieg – wobei vor allem die letzte Variante eine Katastrophe wäre. Um den Krieg zu verhindern und den verfahrenen Konflikt doch noch zu lösen, bedarf es großer Anstrengungen der internationalen Staatengemeinschaft und vor allem der Großmächte – aber auch wir alle sind gefragt.

Wir sollten aufhören, Nordkorea, seinen Diktator und seine Menschen als letztes Kuriosum der Welt zu beschreiben. Damit sorgen wir zwar für ordentliche Unterhaltung, versäumen es aber, Kim Jong-un als den zu begreifen, der er ist – ein rationaler Akteur. Nach allem, was wir wissen, verhält er sich sogar rationaler und damit vorhersehbarer als sein amerikanisches Pendant, Donald Trump. Das sollte nicht als Lob für den brutalen Diktator missverstanden werden. Es bedeutet nur, dass ihm so viel Vertrauen wie nötig und so wenig Vertrauen wie möglich zuteilwerden sollte.

Nichtsdestoweniger sollten die Beziehungen, wo es geht, verbessert werden, um die langsame Evolution des Wandels zu beschleunigen. Vor allem die weichen Spielfelder wie Sport, Kultur, aber auch die wirtschaftliche Zusammenarbeit in den vergleichsweise wenig ideologisch vereinnahmten Branchen der Landwirtschaft und des Naturschutzes sowie des Tourismus eignen sich dazu hervorragend. Hierbei sollte das Ziel sein, Nordkorea in internationale Abkommen einzubeziehen und dadurch anzubinden. Es ist gut, wenn sich Nord- und Südkoreaner zu gemeinsamen Teams für Olympische Spiele, vielleicht künftig bei Fußballweltmeisterschaften oder – wie 2019 geschehen – zu einer gemeinsamen Handballmannschaft zusammentun. Das hilft, den vom Regime gepflegten Feindbildern wirksam etwas entgegenzusetzen. Die südkoreanische Regierung und das Kim-Regime sollten zudem ihre geknüpften Kontakte weiterführen und ausbauen – »heiße Drähte« zwischen den Staatsführern einrichten, politische und militärische Gespräche pflegen. Nach dem Scheitern des Hanoi-Gipfels liegt es nun noch stärker an Südkoreas Präsidenten Moon Jae-in, abseits großer Gipfeltreffen das Friedensprojekt mit dem Norden am Leben zu erhalten. Und weitere gemeinsame Projekte auszuloten, die trotz der Sanktionen funktionieren können.

Die Konstellation ist günstig: Kim sucht Investments für sein Land, und Südkorea ist eine ökonomische Supermacht geworden. Beim ersten Gipfeltreffen im April 2018 steckte Moon Kim einen USB-Stick mit großen Investitionsplänen zu: Gelder für das Schienen- und Straßennetz, Fabriken und die Energieversorgung. Trump tat es ihm gleich und stellte später amerikanische Investitionen in Kims Tourismusgebiete und noch weitere Hilfe in Aussicht. Das ist die Sprache, die Kim Jong-un versteht.

Bestehende Sonderwirtschaftszonen könnten erweitert, Investoren ins Land geholt und endlich die immensen Rohstoffvorkommen gehoben werden. Die Landwirtschaft müsste nach und nach in private Hände übergeben werden – de facto übernehmen heute schon einzelne Familien wichtige Managementaufgaben in Betrieben. Der erste Schritt zur Privatisierung ist fast schon getan: Der Staat sollte das offiziell machen – und sich aus der Wirtschaft ein Stück weit zurückziehen, sich nur noch auf Schlüsselindustrien konzentrieren. Voraussetzung dafür wäre die Legalisierung von Privateigentum an Produktionsmitteln.

Der Westen sollte seine Zuckerbrot-und-Peitsche-Politik überdenken. Wichtig ist, zu begreifen, dass die Atomwaffen für Kim Jong-un mehr sind als lediglich ein gut gerüstetes Arsenal im Rahmen seiner Sicherheitspolitik. Es wäre deshalb möglich, darüber nachzudenken, ihm die Waffen vorerst zu lassen und keine komplette unumkehrbare Denuklearisierung zu fordern, jedoch sein Atomprogramm nach und nach vertraglich einzufrieren – überwacht von internationalen Inspektoren. Vor allem die amerikanische Regierung sollte weiter davon abrücken, Kim auf eine schnelle atomare Abrüstung festzunageln. Das Ziel sollte stattdessen sein, die Gefahren aus Pjöngjang Schritt für Schritt zu reduzieren. Gleichzeitig sollte man die konventionelle Bewaffnung nicht vergessen, die derzeit das größte Risiko für die Metropolregion rund um Seoul darstellt. Auch sie gilt es mittelfristig zu begrenzen, ebenso wie die Gefahren durch die biologischen und chemischen Waffen des Regimes. Im Sommer 2019 mehrten sich die Zeichen, dass Donald Trump von seiner Radikalforderung einer sofortigen atomaren Abrüstung abrücken könnte – das wäre ein pragmatischer Gedanke, auch wenn er dadurch Nordkorea faktisch als Atomstaat anerkennen würde.

Bei allem Pragmatismus darf natürlich die Menschenrechtslage im Land nicht einfach ignoriert werden. Internationale Inspektoren für Kims Lager zu verlangen, ist wohl eher unrealistisch. Allerdings müsste im Forderungskatalog weit oben stehen, dass Verhandlungserfolge nur denkbar sind, wenn sich die Situation der politischen Häftlinge spürbar verbessert. Wirksam wäre hier vor allem eine Intervention Chinas – worauf man leider nicht hoffen darf, solange Xi Jinping die eigenen Minderheiten im Land, etwa die muslimischen Uiguren, verfolgt und seinen Repressionsapparat verfeinert.

Das alles wird nur verfangen, wenn der Westen plus Südkorea, China, Japan und Russland ein attraktives Angebotspaket mit klaren Gegenforderungen schnürt. Neben den erwähnten Investitionen sollten vor allem die Sanktionen in ihrer bisherigen Form überdacht werden. Natürlich muss weiterhin der Waffenhandel strikt verboten bleiben, Zugeständnisse in diesem Bereich gehören keinesfalls auf den Verhandlungstisch. Zugleich sollten jedoch solche Sanktionen gelockert werden, die nach 2016 erlassen wurden und deren Aufhebung vergleichsweise unproblematisch wäre. So könnten die Versorgung der Menschen, der internationale Austausch und die Marktwirtschaft gefördert werden, indem die Ein- und Ausfuhr von Textilprodukten und Lebensmitteln, Maschinen für die Industrie und Ersatzteilen erlaubt würden. Man könnte eine Regelung finden, nach der die Sanktionserleichterungen nach zwei Jahren automatisch auslaufen und überprüft werden – das würde dem Regime Anreize bieten, sein Verhalten zu ändern. Auch die Sanktionen auf einzelne Personen sind nur bedingt sinnvoll – zumindest, wenn sie lediglich als stumpfe Strafmaßnahme gedacht sind wie gegen Choe Ryong-hae, einen der wichtigsten Mitarbeiter Kims und protokollarisches Staatsoberhaupt. Diese Peitschenhiebe lassen den Führungskreis in Pjöngjang nur noch enger zusammenrücken. Das Ziel muss aber sein, die Herrschaft der Familie Kim auf Dauer durch eine kollektive Leitung mehrerer Führungsfiguren zu ersetzen, die nach ihrer Amtszeit ausgetauscht werden können. Das wäre das Ende der lähmenden Erbmonarchie sowie der Startschuss für eine Pluralisierung der Politik – und damit des ganzen Landes.

Alleingänge der Amerikaner sind da kontraproduktiv. Die Nordkoreakrise lässt sich ohne China nicht lösen. Peking hat ein Interesse an einem ruhigen Nachbarn, der keine Gefahr für die eigenen Grenzregionen darstellt, aber auch an normalisierten Handelsbeziehungen. Kein chinesisches Unternehmen steckt gerne Geld in die Ausbeutung der nordkoreanischen Bodenschätze, wenn morgen die Grenzen schon wieder geschlossen sein können. Zugleich befürchten die Chinesen einen unkontrollierten Zusammenbruch des Regimes, denn dann könnten Hunderttausende Flüchtlinge ins Land strömen. Und nicht nur das: Die Vereinigten Staaten würden sehr wahrscheinlich ihr Einflussgebiet bis an Chinas Territorium ausweiten. Eine Horrorvorstellung in Peking. Auch Russland, das auf wenigen Kilometern eine gemeinsame Grenze mit Nordkorea hat, hegt ähnliche Befürchtungen, wenngleich in abgeschwächter Form.

Für China und Russland ist das Engagement der Europäer deshalb nicht unwichtig. Denn die EU und andere europäische Staaten hegen keinerlei militärische Ambitionen für die koreanische Halbinsel. Stattdessen kann Europa sein volles wirtschaftliches und kulturelles Gewicht einbringen und die hervorragenden diplomatischen Kontakte nutzen, die Deutschland, Schweden, Österreich und auch die Schweiz pflegen. Zumal die EU als Vorbild taugt: So wie sich die europäischen Staaten mit Kooperationen auf einzelnen Politik- und Wirtschaftsfeldern langsam angenähert und schließlich in einen Staatenbund begeben haben, so könnten sich auch die beiden Koreas in einem mehrstufigen Prozess aneinander binden, ohne sich unmittelbar wiederzuvereinigen. Dazu müsste allerdings gerade die deutsche Außenpolitik endlich ihre Zurückhaltung aufgeben, Gespräche auf höherer diplomatischer Ebene sollten wieder möglich sein. Man muss Vertretern des Regimes ja deswegen nicht gleich den roten Teppich ausrollen.

Es geht darum, die Sprachlosigkeit zu überwinden, denn mit gegenseitigem Anschweigen oder gar Anschreien ist keinem geholfen. Nur so kann Austausch gefördert werden, nur so können Nordkoreaner im Ausland studieren – und ihren Horizont erweitern. Die jungen Nordkoreaner, die heute ins Ausland fahren, können schon morgen die Elite sein, die das Land führt – und die Bevölkerung auf neue Freiheiten vorbereiten kann.

Jeder dieser Schritte muss natürlich erst noch den Realitätscheck bestehen. Dazu gehört auch, die innenpolitischen Interessen und Abhängigkeiten zu berücksichtigen. Ob der große Polarisator Donald Trump, der nicht nur bei den Demokraten, sondern selbst in den Reihen seiner eigenen Republikaner höchst umstritten ist, dafür der richtige Mann ist? Sagen wir so: Zugute halten muss man Trump, dass er die Sprachlosigkeit zwischen Amerikas und Nordkoreas Regierungen überwunden hat. Für die Mühsal der Ebene, die danach kommt, die kluge, langfristige und strategische Politik abseits aller Emotionalität eines unberechenbaren Präsidenten, scheint er kaum der richtige Mann zu sein. Dafür braucht es einen langen Atem. Auch Moon Jae-in spürt heftigen Gegenwind von seinen rechten und konservativen

Gegnern in Seoul, ein Scheitern seiner freundlichen Nord-korea-Politik kann er sich nicht leisten.

Und Kim? Auch er hat mit Vetomächten zu kämpfen, die um ihren Einfluss bangen. Bei jeder Verhandlung muss er die Elite aus Militär und Partei mitnehmen und zunehmend auch die Interessen der gewachsenen besitzenden Mittel-schicht wahren. Das mächtige Militär kann er nur im Zaum halten, wenn es weiterhin eine zentrale Rolle spielt – und nicht durch eine Abrüstung an Bedeutung verliert. Ande-rerseits würden eine Verkleinerung der Armee und ein re-duzierter Wehrdienst den jungen Leuten mehr Freiheiten und Luft verschaffen, sich anderweitig um ihren Lebens-unterhalt zu kümmern und ein Stück vom allmächtigen Staat zu emanzipieren. Das ist eine Gratwanderung, denn Kim müsste gleichzeitig dafür sorgen, dass die Militärs auch in Zukunft ihren wirtschaftlichen Aktivitäten nachgehen können. Er darf sie nicht durch die Hintertür »enteignen«, sondern muss es ihnen ermöglichen, in der neuen Markt-wirtschaft als Familienunternehmer Geld zu verdienen. Die riesigen Märkte in unmittelbarer Nachbarschaft sollten An-reiz genug sein.

Wer sich eher für den schnellen Schuss erwärmen kann, wird enttäuscht sein ob dieser langfristigen Aussichten. Aber Nordkorea wandelt sich unaufhaltsam, ob mit oder ohne, trotz oder wegen Kim Jong-un. Dafür sorgt schon die Digitalisierung, die Stacheldrähte und Reiseverbote über-windet und trotz größter Anstrengungen auch in Nordkorea nicht aufzuhalten ist. Das Land wird damit über kurz oder lang gewöhnlicher. Und das sollte das Ziel sein. Denn eine – irgendwann – vollständige atomare Abrüstung kann es nur in einem Staat geben, der nach gewöhnlichen Regeln funktioniert, und nicht mehr ausschließlich nach den paranoiden Vorstellungen einer kleinen, aber mächtigen Clique, die vor allem anderen an ihrem eigenen Machterhalt interessiert ist.

Noch kann Kim Jong-un Herr dieses Wandels werden. Oder aber der Wandel fegt ihn und sein anachronistisches Regime früher oder später hinfort. Ein Spieler mit echtem Siegeswillen sieht nicht nur die Möglichkeit kurzfristiger Erfolge. Er denkt die Partie vom Ende her.

ANHANG

ANMERKUNGEN

Kim Jong-un

1 Bei den gebräuchlichsten Personen- und Städtenamen wie *Pjöng-jang* greife ich auf die vereinfachte Transkription zurück, die wir aus unseren Medien kennen. Das dient der besseren Lesbarkeit.

2 Koreanische Nachnamen stehen immer an erster Stelle. Die Vornamen bestehen in der Regel aus zwei Silben, die ich mit einem Bindestrich voneinander trenne, um sie vom Nachnamen abzuheben.

3 Vgl. Tania Branigan, »Associated Press opens new bureau in North Korea«, in: The Guardian, 16. 01. 2012.

4 Die britische *Daily Mail* (04. 01. 2014) gehörte ebenso dazu wie das deutsche Portal *Focus Online* (03. 01. 2014); das aber nur als Auswahl, auch viele andere Medien sprangen auf den Zug auf.

5 Ursprünglich erschien die Story in: *Wen Wei Po*, 12. 12. 2013. Zwölf Tage später veröffentlicht in: *The Straits Times*, 24. 12. 2013. Der Link existiert nicht mehr, offenbar wurde er entfernt.

6 »Kim Jong Bumm«, in: *Der Spiegel*, 15/2013; »Diktator«, in: *Berliner Kurier*, 24. 04. 2013.

7 Zur Debatte vgl. John Bacon, »Kim Jong Un, North Korea blast McCain for ›crazy fat kid‹ remark«, in: *USA Today*, 30. 03. 2017.

8 Der Film kann kostenlos auf der Seite der Bundeszentrale für politische Bildung angeschaut werden: http://www.bpb.de/mediathek/245969/im-strahl-der-sonne

9 Friederike Böge/Patrick Welter, »Rocketmensch«, in: *Frankfurter Allgemeine Sonntagszeitung*, 29. 04. 2018.

10 Niccolò Machiavelli, 1469–1527.

11 Vgl. Bob Woodward, *Fear. Trump in the White House*, New York 2018, S. 301 ff.

12 Übersetzung von Reuters. Abgerufen in: Tagesspiegel.de, 12. 06. 2018. Im Original hier nachzulesen: https://www.white-house.gov/briefings-statements/joint-statement-president-donald-j-trump-united-states-america-chairman-kim-jong-un-democratic-peoples-republic-korea-singapore-summit/

13 DVRK steht für Demokratische Volksrepublik Korea. Auf Englisch DPRK, Democratic People's Republic of Korea.

14 Der offizielle Term lautet: Complete, Verifiable and Irreversible Dismantlement oder CVID.

15 Vgl. Rüdiger Frank, *Nordkorea. Innenansichten eines totalen Staates*, München 2014, S. 7 ff.

16 Enver Hoxha (1908–1985), von 1944 bis 1985 Diktator des kommunistischen Albaniens.

17 Nicolae Ceauşescu (1908–1989) regierte Rumänien als Diktator von 1965 bis 1989.

18 Zhou Enlai (1898–1976) war unter Mao Zedong Premierminister der Volksrepublik China. Anders als der Ideologe und Machtpolitiker Mao galt er v. a. in Wirtschaftsfragen als Pragmatiker.

Die Kim-Dynastie

1 Kim Yong-nam, 1928 noch im damals von Japan besetzten Korea geboren. Außenminister unter Kim Il-sung, verschiedene hohe Parteiämter, protokollarisches Staatsoberhaupt bis 2019.

2 Das nordkoreanische Staatsfernsehen sendete im Juni 2018 und dann wieder im Juni 2019 einen Bericht über die Gipfelreise Kim Jong-uns. Es lohnt sich, die Machart des Propagandastücks auf sich wirken zu lassen: https://www.youtube.com/watch?v=F0c4VgKAVrM

3 Ein weiteres Beispiel für die »Basketball-Diplomatie«. Basketball wird vor allem unter Kim Jong-un immer beliebter. Legendär seine angebliche Freundschaft mit dem ehemaligen amerikanischen Spieler Dennis Rodman. Auch chinesische Basketballer kommen gelegentlich im Rahmen der Sportdiplomatie nach Nordkorea.

4 Pressemitteilung vom 01. 03. 2019.

5 Der Film ist hier zu sehen: https://www.youtube.com/user/ stimmekoreas.

6 Trump stellte die Einladung an Kim als seinen mehr oder minder spontanen Einfall dar. Spontanität ist dabei allerdings eher unwahrscheinlich: Vgl. Martin Benninghoff/Andreas Ross, »Wo Kim auftaucht, wird er wie ein Popstar gefeiert«, in: *FAZ.NET*, 01. 07. 2019

7 Das Video ist im Internet leicht zu finden. Hier z. B. mit Einordnung der britischen Zeitung *The Guardian*: https://www. theguardian.com/global/video/2017/feb/20/kim-jong-nam-killing-cctv-footage-appears-to-show-attack-on-north-korean

8 Vgl. Joseph Bermudez/Victor Cha, »After Hanoi Summit: Rebuilding of Sohae Launch Facility«, in: Beyond Parallel, Center for Strategic and International Studies, 05. 03. 2019.

9 Vgl. Emily Baumgaertner/William J. Broad, »North Korea's lessknown threat«, in: *The New York Times*, 17. 01. 2019.

10 Vgl. Anna Fifield, The Great Successor, The Secret Rise and Rule of Kim Jong Un, London 2019.

11 Die Homepage der angeblichen Dissidentengruppe ist hier zu finden: https://www.cheollimacivildefense.org

12 Vgl. Ainara Tiefenthäler, »Kim Han-sol: A Future Leader of North Korea?«, in: *The New York Times*, 16. 03. 2017.

13 Das Video ist hier zu sehen: B B C, 22. 05. 2015; https://www.bbc. com/news/av/world-asia-32843010/kim-jong-un-s-brother-at-london-eric-clapton-concert

14 James Griffiths: »Ri Sol Ju, The woman married to Kim Jong Un«, in: *CNN*, 11. 06. 2018

15 Wer einen Blick in seine Küche werfen möchte, hier gibt es auf YouTube ein Video mit ihm zu sehen, 02. 2017: https://www.youtube.com/watch?v=2QQkUH-FAK8

16 Pol Pot, vermutlich 1925 geboren, starb 1998.

17 Der Roman *1984* von George Orwell erschien 1949.

18 Pressemitteilung der Gemeinde Köniz liegt dem Autor vor, Juni 2009.

19 *Berner Zeitung*, 20. 12. 2011, abgerufen am 14. 11. 2018.

20 Anna Fifield, »The secret life of Kim Jong Un's aunt, wo has lived in the U.S. since 1998«, in: *The Washington Post*, 27. 05. 2016.

21 Vgl. Titus Plattner, »Wie Kim Jong-uns ›Schweizer Eltern‹ in die USA flüchteten«, in: *Sonntagszeitung*, 30. 07. 2017.

22 Ebd.

23 Vgl. Martin Benninghoff, »Assad, Kim, Gaddafi – wenn die westliche Ausbildung versagt«, in: *FAZ.NET*, 22. 08. 2018.

24 Vgl. »Bill Clinton's doctor ›took close look at Kim Jong-il‹«, in: *The Chosun Ilbo*, 17. 09. 2009.

25 Mercy Kuo, »Kim Jong-un's Political Psychology Profile«, in: *The Diplomat*, 17. 10. 2017.

26 Zum Beispiel nach einer Aussage des prominenten Überläufers Ri Jong-ho. Vgl. Anna Fifield, »He ran North Korea's secret moneymaking operation«, in: *The Washington Post*, 13. 07. 2017.

27 Zum Beispiel hier zu sehen: »Inside the North Korean residence where Kim met Lavrov«, in: *CNN*, 04. 06. 2018; https://edition.cnn.com/2018/06/04/world/gallery/kim-lavrov-pyongyang-meeting-intl/index.html

28 Siehe das Kapitel »Aufschwung mit Tourismus«.

29 Vgl. Julian Ryall, »Dennis Rodman describes ›7-star party‹ lifestyle of Kim Jong-un«, in: *The Telegraph*, 21. 10. 2013.

30 Kim Il Sung, *Lebensabriss*, Verlag für Fremdsprachige Literatur, Pjöngjang Juche 90 (2001), Vorbemerkungen.

31 Vgl. Jung Chang/John Halliday, *Mao. Das Leben eines Mannes. Das Schicksal eines Volkes*, München 2005, S. 468 ff.

32 Kathryn Weathersby, »Should we fear this? Stalin and the Danger of War with America«, *Cold War International History Project Working Paper Series*, Nr. 39, Washington 2002, S. 9 ff.

33 Zur Vertiefung empfehle ich: Bruce Cumings, *The Korean War. A History*, New York 2010.

34 Ich hatte mir den Vortrag rund zwei Stunden später aus dem Kopf notiert. Wortlaut ohne Gewähr. Teilweise verschnitten mit der offiziellen Darstellung des Regimes, siehe Anm. 28.

35 Vgl. Bradley K. Martin, *Under The Loving Care Of The Fatherly Leader. North Korea And The Kim Dynasty*, New York 2004, S. 189.

36 Vgl. Martin Benninghoff, »Als sie für Honecker und Kim Il-sung übersetzte«, in: *Frankfurter Allgemeine Zeitung*, 28. 05. 2018.

37 Rainer Werning/Helga Picht, *Brennpunkt Nordkorea*, Berlin 2018, S. 88 ff.

38 Siehe Anm. 31, S. 160.

39 Offenbar nennen manche Nordkoreaner die Straße noch immer »do pieck«. Vielen Dank an Bernhard Seliger für den Hinweis.

40 Vgl. Luise Rinser, *Nordkoreanisches Reisetagebuch*, Frankfurt/Main 1986.

41 Siehe Anm. 28, S. 351 f.

42 Kenji Fujimoto, »I was Kim Jong-il's cook«, in: *The Atlantic*, 01/02. 2004.

43 Lee hat seine Geschichte unter anderem im Februar 2016 beim Menschenrechtsforum »Geneva Summit for Human Rights and Democrazy« erzählt. https://www.genevasummit.org/lee-young-guk-bodyguard-to-former-north-korean-dictator-kim-jong-il-at-the-geneva-summit/

44 Vgl. Marcus Noland/Stephan Haggard, *Famine in North Korea. Markets, Aid and Reform*, Washington 2007.

45 Vgl. Madeleine Albright, in: *CBC*, 24. 04. 2018; https://www.cbc.ca/news/politics/madeleine-albright-trump-kim-14637676

46 »The ›Axis of Evil‹ Speech«, in: *The New York Times*, 05. 11. 2015; https://www.nytimes.com/video/us/politics/100000004021075/the-axis-of-evil-speech.html

47 Daten der World Bank, abgerufen am 21. 11. 2018. https://data.worldbank.org/indicator/SG.GEN.PARL.ZS?end=2017&locations=KP&start=1990&view=chart

48 Vgl. Martin Benninghoff, »Propaganda Style«, in: *Frankfurter Allgemeine Zeitung*, 20. 04. 2018.

49 Vgl. »Kim Jong-un elevates wife to position of North Korea's first lady, in: *The Guardian*, AFP Seoul, 19. 04. 2018.

50 Vgl. Chad O'Carroll, »Amid high security, Kim Jong Un and sister flew separately into Singapore«, in: *NK News*, 10. 06. 2018.

Wie die Menschen leben

1 Francis Fukuyama, *The End of History and the Last Man*, New York 1992.

2 Eric Voegelin, *Die Politischen Religionen*, München 1993.

3 Vgl. Martin Benninghoff, »Kim kümmert sich persönlich um die Schönheit«, in: *FAZ.NET*, 30. 10. 2017.

4 Vgl. Martin Benninghoff, »Da muss die Chefin ran«, in: *FAZ.NET*, 04. 07. 2017.

5 Vgl. Christoph Neidhart, »›Juche‹, die Philosophie, die keiner versteht«, in: *Tagesanzeiger*, 20. 02. 2018.

6 Siehe Anm. Kap. »Die Kim-Dynastie«, 35, S. 101.

7 Open Doors, Bericht zur Christenverfolgung in Nordkorea; abgerufen am 29. 11. 2018; https://www.opendoors.de/christenverfolgung/weltverfolgungsindex/laenderprofile/2018/nordkorea

8 Vgl. Karsten Packeiser, »Nordkorea lässt russisch-orthodoxe Kirche zu«, in: *Russland aktuell*, kp/epd, Datum nicht bekannt.

9 Interview »So etwas wie eine Untergrundkirche gibt es nach meiner Einschätzung in Nordkorea nicht«, in: *Internationale Gesellschaft für Menschenrechte*, 03/2016.

10 Der amerikanische Wissenschaftler Bryan Reynolds Myers erkennt im nordkoreanischen Faschismus eine Ableitung aus dem japanischen Faschismus. Vgl. Bryan Reynolds Myers, *The Cleanest Race. How North Koreans See Themselves – And Why It Matters*, New Jersey 2010.

11 Vgl. Madeleine Albright, *Fascism. A Warning*, Harper Collins, New York 2018.

12 Vgl. Bruce Cumings, *Korea's Place In The Sun. A Modern History*, New York 1997.

13 Vgl. »North Korea calls Obama ›a monkey‹«, in: *The Independent*, 12/2014.

14 Vgl. Adam Taylor, »North Korea slams U.N. Human Rights report because it was led by gay man«, in: *The Washington Post*, 04/2014.

15 Vgl. Robert Carlin, »Pyongyang warns again on ›byungjin‹ Revival«, in: *38North*, 11/2018.

16 Siehe US Department of State, abgerufen am 30. 11. 2018; https://www.state.gov/t/avc/rls/rpt/wmeat/2017/index.htm

17 Siehe Bundesministerium der Verteidigung, Verteidigungshaushalt, abgerufen am 20. 01. 2019.

18 Vgl. Richard Sokolsky, »A Road Map for Demilitarizing North Korea«, in: *38north*, 27. 07. 2018.

19 Zum Beispiel Amnesty International, Jahresbericht 2018, https://www.amnesty.de/jahresbericht/2018/korea-nord

20 Vgl. Sam Webb, »Inside North Korea's secret gulags prison camps«, in: *Daily Mail*, 24. 02. 2014.

21 Seine Schilderungen sind in mehreren Zeitungen erschienen, aber auch in mehrere UN-Berichte eingegangen.

22 Der UN-Bericht ist in mehreren Sprachen hier online abrufbar: https://www.ohchr.org/en/hrbodies/hrc/coidprk/pages/reportofthecommissionofinquirydprk.aspx

23 *Rodong Sinmun* und *KCNA* 2013/2014.

24 Da verweise ich auf die interessante Analyse der Koreanistin Jay Song, sie lehrt in Australien: »In the Making of North Korean Defector-Activities«; https://songjiyoung.wordpress.com/2015/07/23/in-the-making-of-north-korean-defector-activists/, 23. 07. 2015.

25 Martin Benninghoff, »Kim Jong-un ist nicht verblödet«, in: *FAZ.NET*, 11. 10. 2018.

26 Vgl. Matthias Naß, »Der Alptraum im Lager 14«, in: *Die Zeit*, 13. 03. 2014.

27 Vgl. »Wir lassen den Internationalen Strafgerichtshof sterben«, in: *FAZ.NET*, dpa, 10. 09. 2018.

28 Stand Oktober 2018. Nähere Informationen: http://www.nkdb.org

29 Nach Angaben des südkoreanischen Wiedervereinigungsministeriums; die Zahlen sind hier einzusehen: https://www.unikorea.go.kr/eng_unikorea/relations/statistics/defectors/

30 Siehe Interview mit Lars Düerkop, Projektleiter der Welthungerhilfe in Nordkorea, in: https://www.welthungerhilfe.de/aktuelles/projektupdate/2019/interview-landesdirektor-nordkorea-zu-tagesrationen/, 27. 02. 2019.

31 Der Bericht ist unter dem Titel »You Cry at Night but Don't know Why« auf der Homepage von Human Rights Watch abrufbar; https://www.hrw.org/report/2018/11/01/you-cry-night-dont-know-why/sexual-violence-against-women-north-korea

32 »Sinister Nature of U.S. ›Human Rights‹ Campaign«, in: *Rodong Sinmun*, 27. 11. 2018.

33 Die Vereinten Nationen unterstreichen diesen Befund mit ihrem Bericht »The price is rights: the violation of the right to an adequate standard of living in the Democratic People's Republik of Korea«, Mai 2019; https://www.ohchr.org/Documents/Countries/KP/ThePriceIsRights_EN.pdf.

34 Nach Angaben der Organisation Database Center for North Korean Human Rights, 2018.

35 Interessante Einblicke bieten die Betreiber des Webportals asiapress.org (Rimjin-Gang), die Undercover-Aufnahmen aus Nordkorea veröffentlichen.

36 Das Gespräch fand 2007 in Ningbo, China statt.

37 Eine amerikanische Mitreisende, die sich als Touristin getarnt hatte und sich später als Dokumentarfilmerin entpuppte, machte die erlebte Episode zum Aufhänger ihres Films *Playing Frisbee in North Korea*. Ein Trailer ist hier zu sehen: http://www.playingfrisbeeinnorthkorea.com/home.html

38 Bernhard Seliger berichtete mir, dass das Fahrradverbot einmal auf einer früheren Reise thematisiert worden ist – und von Nordkorea damals zumindest nicht abgestritten wurde.

39 Vgl. »Songbun – Social Class in a Socialist Paradise«, in: https://www.libertyinnorthkorea.org/songbun/

40 Vgl. Susanne Koelbl, »Sie wissen alles über jeden«, Interview mit Choe Ju Hwal, in: *Spiegel Online*, 09. 10. 2014.

41 Vgl. Travis Jeppesen, »Shopping in Pyongyang and other adventures in North Korean Capitalism«, in: *The New York Times*, 14. 02. 2019.

42 Vgl. Kim Byung-Yeon, *Unveiling the North Korean Economy. Collaps and Transition*, Cambridge 2017, S. 111 ff.

43 Vgl. Thomas Gutschker, »Herr Kims Gespür für den Markt«, in: *Frankfurter Allgemeine Sonntagszeitung*, *FAZ.NET*, 11. 06. 2018.

44 Vgl. Martin Benninghoff, »Ketten sprengen auf Nordkoreanisch«, in: *FAZ.NET*, 18. 05. 2018; http://www.faz.net/aktuell/politik/ausland/exklusiver-film-ueber-nordkorea-die-jangmadang-generation-15578668.html

45 Jieun Baek, *North Korea's Hidden Revolution: How the Information Underground is Transforming a Closed Society*, New Haven 2017.

46 Vgl. Rüdiger Frank, »Neuer Tiger auf dem Sprung?«, in: *Die Zeit*, 13. 06. 2018.

47 Vgl. das Kapitel »Kims Antwort auf den K-Pop«.

48 Ein Ableger der Intranet-Shoppingseite Manmulsang findet sich übrigens auch im Internet: http://manmulsang.com.kp/index.php?lang=kp

49 Vgl. Stephan Scheuer, »Naguib Sawiris startete das erste Handy-
    netz in Nordkorea – jetzt kämpft er um sein Geld«, in: *handels-
    blatt.com*, 10. 06. 2018.
50 Die Studienergebnisse im Detail sind hier zu finden:
    http://mics.UNICEF.org/
51 Ländervergleich der Weltbank: https://data.worldbank.org/
    indicator/EG.ELC.ACCS.ZS
52 Ein Video dazu: Martin Benninghoff, »Inside North Korea 2013 –
    the Wild Northeast«; https://www.youtube.com/watch?v=
    gedHUMiYTwI

Strategien zum Überleben

1 Vgl. Patrick Welter, »Japan vor hohem Verteidigungsbudget«, in:
    FAZ.NET, 20. 08. 2018.
2 Vgl. David Albright/Andrea Stricker, »U.S. and Allies Should
    hold out for Broad North Korean Declaration and Inspector
    Access«, 11. 10. 2018.
3 Vgl. Friederike Böge, »Mehr als 600 Gebäude«, in: *Frankfurter
    Allgemeine Zeitung*, 21. 09. 2018.
4 Vgl. Interview mit Siegfried Hecker, »A Q&A with Siegfried
    Hecker«, in: https://cisac.fsi.stanford.edu, 11. 02. 2019.
5 Vgl. Wolfgang Danspeckgruber/Markus Schiller, »Wie real ist
    die Bedrohung für den Westen?«, in: *FAZ.NET*, 22. 03. 2019.
6 Der damalige amerikanische Verteidigungsminister James Mattis
    bestätigte diese Einschätzung schon kurz nach dem Start.
7 Vgl. James Pearson, Park Ju-min, »North Korey overcomes
    poverty, sanctions with cut-price nukes«, in: *Reuters World
    News*, 11. 01. 2016.
8 Vgl. Martin Benninghoff, »Kim Jong-un ist beträchtlich ver-
    ärgert«, in: *FAZ.NET*, 22. 03. 2019.
9 Vgl. Joseph Bermudez/Victor Cha, »After Hanoi Summit:
    Rebuilding of Sohae Launch Facility«, in: *Beyond Parallel*, 2019
10 Vgl. William J. Broad/David E. Sanger, »North Korea Nuclear
    Disarmament could take 15 years«, in: *The New York Times*,
    28. 05. 2018.
11 Adam Mount/Andrea Berger, »Report of the International

Study Group on North Korea Policy«, in: Federation of American Scientists, 03/2019.

12 Vgl. das Kapitel »Zwei, die sich fremd sind«.

13 Die statistischen Daten der Bank of Korea sind hier zu finden: https://www.bok.or.kr/eng/bbs/E0000634/view.do?nttId= 10046123&menuNo=400069

14 Vgl. Andrei Lankov, »The Resurgence of A Market Economy In North Korea«, *Carnegie Moscow Center*, 01/2016.

15 Vgl. Luke Kelly, »Why North Korea Is An Untapped Goldmine For Tech Companies And For China«, in: *Forbes.com*, 07/2018.

16 Siehe Kap. »Wie die Menschen leben«, Anm. 41, S. 274.

17 Ebd., S. 271.

18 Nicht besonders gut kam offenbar dieser Artikel an: Christoph Giesen, »Prost Mahlzeit«, in: *Süddeutsche Zeitung*, 06/2017; https://www.sueddeutsche.de/politik/nordkorea-prost-mahlzeit-13535850?reduced=true

19 Vgl. Eric J. Ballbach, »Fortschritt ohne Wandel? Ein Kommentar zu den jüngsten Entwicklungen in Nordkorea«, Freie Universität Berlin, 01,2013.

20 Vgl. das Interview mit dem früheren Abtprimas der Benediktiner, Notker Wolf, »Mehr Angst vor Trump als vor Kim Jong-un«, in: *domradio.de,* 10. 11. 2017.

21 Der Bericht des UN-Sicherheitsrats vom 05. 03. 2019 ist hier einzusehen: https://undocs.org/S/2019/171.

22 Vgl. Joe Parkinson, »Never take their photos. Tracking the Commandos, North Korea's Secret Export«, in: *Wall Street Journal*, 09. 12. 2018.

23 Vgl. Anna Fifield, »He ran North Korea's Secret moneymaking operation«, in: *The Washington Post*, 13. 07. 2017.

24 Vgl. Ingrid-Steiner Gashi/Dardan Gashi, *Im Dienst des Diktators: Leben und Flucht eines nordkoreanischen Agenten*, Wien 2010.

25 Vgl. David E. Sanger/David D. Kirkpatrick/Nicole Perlroth, »The World Once Laughed at North Korean Cyberpower. No more«, in: *The New York Times*, 15. 10. 2017.

26 Vgl. *FAZ.NET/Reuters*, 06. 01. 2015.

27 Siehe https://pust.co/

28 Martin Benninghoff, »Die Studenten sind sehr qualifiziert und interessiert«, in: *FAZ.NET*, 12. 10. 2018.

29 Direktor Jon Chol-ho gegenüber dem ZDF-Kulturmagazin *aspekte*, 01. 07. 2004.

30 Vgl. Patrick Welter, »Zwischen Loyalität und Pragmatismus«, in: *FAZ.NET*, 08. 08. 2018.

31 Vgl. Georg Mascolo, »Beim Diktator sind noch Zimmer frei«, in: *Süddeutsche Zeitung*, 10. 05. 2017.

32 Gespräch in Seoul, 10. 2018.

33 Vgl. Rüdiger Frank, *Unterwegs in Nordkorea. Eine Gratwanderung*, München 2018, S. 16.

34 Vgl. Dean J. Ouellette, *North Korean Tourism. Plans, Propaganda, People, Peace*, Seoul 2017.

35 Siehe Kap. »Kim Jong-un«, Anm. 15, S. 13.

36 Vgl. Lauran Aratani, »Warmbier parents blame Kim for son's death and reject Trump's excuses«, in: *The Guardian*, 01. 03. 2019.

37 Hier ist ein Video von Touristen aus dem Jahr 2011 zu sehen: http://monsoondiaries.com/2011/08/23/piso-cinco/

38 Megha Mohan, »The man who went to the North Korean place that ›doesn't exist‹«, in: *BBC Stories*, 18. 06. 2018.

39 Mail vom 18. 08. 2018.

Zwei, die sich fremd sind

1 Vgl. »North Korea Favor Reunification«, in: *The Chosun Ilbo*, 10. 07. 2014.

2 Die Umfrage des Korea Institute for National Unification ist hier erhältlich: http://www.kinu.or.kr/pyxis-api/1/digital-files/cbab6186-9259-40db-b47d-6adf07ec5ab6

3 Vgl. Choe Sang-Hun, »North Korean Defector, ›Treated like Dirt‹ in South, Fights to Return«, in: *The New York Times*, 05. 08. 2017.

4 Vgl. Benjamin Haas, »›Forever Strangers: the North Korean defectors who want to go back«, in: *The Guardian*, 26. 04. 2018.

5 Matthias Naß, »Das Ende der Sprachlosigkeit«, in: *Die Zeit*, 31. 05. 2000.

6 Rede von Bundeskanzler a. D. Gerhard Schröder, 25. 10. 2018, in Daejeon, Südkorea.

7 Konstantin von Hammerstein/Christoph Schult, »Wie privat kann eine Reise sein?«, in: *Spiegel.de*, 20. 03. 2019.

8 Martin Benninghoff, »Nordkorea soll diplomatisch ausgehungert werden«, in: *FAZ.NET*, 26. 07. 2018.

9 Arno Widmann, »Eine plötzliche Wiedervereinigung wäre unser Ruin«, in: *Frankfurter Rundschau*, 21. 04. 2018.

10 Vgl. Charles Wolf/Kamiljon Akramov, *North Korean Paradoxes, Circumstances, Costs, and Consequences of Korean Unification*, Santa Monica 2005, S. 38.

11 Vgl. Patrick Welter, »Ein koreanisches Desaster«, in: *FAZ.NET*, 09. 09. 2018.

12 Siehe Anm. Kap. »Wie die Menschen leben«, Anm. 41, S. 297 ff.

13 Vgl. Martin Greive, »Deutsche Einheit kostet 2 000 000 000 000 Euro«, in: *Welt.de*, 04. 05. 2014.

14 Vgl. Martin Benninghoff, »Wie Herr Quart seine DDR wiederfand«, in: *Frankfurter Allgemeine Sonntagszeitung*, 25. 11. 2018.

15 Rede von Bundespräsident Frank-Walter Steinmeier bei der Festveranstaltung »20 Jahre Bundesstiftung zur Aufarbeitung der SED-Diktatur«, 17. 10. 2018 in Berlin.

16 Interview mit dem Autor in 2018.

17 Die sozialistische Verfassung Nordkoreas ist hier nachzulesen: www.naenara.com.kp

18 Vgl. Martin Roll, »Korean Wave (Hallyu) – The Rise of Korea's Cultural Economy & Pop Culture«, in: *martinroll.com*, 01. 2018.

19 Stand Ende 2018.

20 Klangprobe auf dem YouTube-Kanal der »Stimme Koreas«: https://www.youtube.com/watch?v=9twdYLKsE5s

21 Vgl. Christoph Giesen, »Dafür kommt man eigentlich ins Lager«, in: *Süddeutsche Zeitung, SZ.de*, 22. 08. 2015.

Wie die Welt mit Kim umgehen sollte

1 Name ist geändert und dem Autor bekannt.

2 Vgl. Barbara Demick, *Im Land des Flüsterns. Geschichten aus dem Alltag in Nordkorea*, München 2013. Im Original: *Nothing to Envy. Ordinary Lives in North Korea*, New York 2010, S. 395.

AUSWAHLBIBLIOGRAFIE

Albright, David, »North Korea's Nuclear Capabilities, A Fresh Look«, in: Institute for Science and International Security, Washington 2017

Albright, David/Stricker, Andrea, »U.S. and Allies Should hold out for Broad North Korean Declaration and Inspector Access«, in: Institute for Science and International Security, Washington 2018

Albright, Madeleine, Fascism, A Warning, New York: Harper Collins, 2018

Aratani, Lauran, »Warmbier parents blame Kim for son's death and reject Trump's excuses«, in: The Guardian, 2019

Bacon, John, »Kim Jong Un, North Korea blast McCain for ›crazy fat kid‹ remark«, in: USA Today, 2017

Baek, Jieun, North Korea's Hidden Revolution, How The Information Underground Is Transformed A Closed Society, New Haven: Yale University Press, 2016

Ballbach, Eric J., »A Commentary on North Korea's Third Nuclear Test«, in: Homepage Freie Universität Berlin, 2012

Ballbach, Eric J., »Entspannung in Korea, Zur jüngsten Annäherung zwischen Seoul und Pjöngjang«, in: Stiftung Wissenschaft und Politik, SWP-Aktuell, Berlin 2018

Ballbach, Eric J., »Fortschritt ohne Wandel? Ein Kommentar zu den jüngsten Entwicklungen in Nordkorea«, in: Homepage Freie Universität Berlin, 2013

Baumgaertner, Emily/Broad, William J., »North Korea's less-known threat«, in: The New York Times, 2019

Benninghoff, Martin, »Als sie für Honecker und Kim Il-sung übersetzte«, in: Frankfurter Allgemeine Zeitung, 2018

Benninghoff, Martin, »Assad, Kim, Gaddafi – wenn die westliche Ausbildung versagt«, in: FAZ.NET, 2018

Benninghoff, Martin, »Da muss die Chefin ran«, in: FAZ.NET, 2017

Benninghoff, Martin, »Der Nobelpreis ist erst einmal ad acta gelegt«, in: FAZ.NET, 2019

Benninghoff, Martin, »Die Studenten sind sehr qualifiziert und interessiert«, in: FAZ.NET, 2018

Benninghoff, Martin, »Ein sichtbarer Mangel an Professionalität«, in: FAZ.NET, 2019

Benninghoff, Martin, »Hätte, hätte«, in: FAZ.NET, 2019

Benninghoff, Martin, »Ketten sprengen auf Nordkoreanisch«, in: FAZ.NET, 2018

Benninghoff, Martin, »Kim Jong-un ist beträchtlich verärgert«, in: FAZ.NET, 2019

Benninghoff, Martin, »Kim Jong-un ist nicht verblödet«, in: FAZ.NET, 2018

Benninghoff, Martin, »Kim kümmert sich persönlich um die Schönheit«, in: FAZ.NET, 2017

Benninghoff, Martin, »Mehr als ein Händedruck«, in: Frankfurter Allgemeine Zeitung, 2019

Benninghoff, Martin, »Nordkorea soll diplomatisch ausgehungert werden«, in: FAZ.NET, 2018

Benninghoff, Martin »Propaganda Style«, in: Frankfurter Allgemeine Zeitung, 2018

Benninghoff, Martin, »Wie Herr Quart seine DDR wiederfand«, in: Frankfurter Allgemeine Sonntagszeitung, 2018

Bermudez, Joseph/Cha, Victor, »After Hanoi Summit: Rebuilding of Sohae Launch Facility«, in: Beyond Parallel, Center for Strategic and International Studies, 2019

Böge, Friederike, »Mehr als 600 Gebäude«, in: Frankfurter Allgemeine Zeitung, 2018

Böge, Friederike/Welter, Patrick, »Rocketmensch«, in: Frankfurter Allgemeine Sonntagszeitung, 2018

Branigan, Tania, »Associated Press opens new bureau in North Korea«, in: The Guardian, 2012

Breen, Michael, Kim Jong Il, Nordkoreas »Geliebter Führer«, Hamburg: Europäische Verlagsanstalt, 2004

Broad, William J./Sanger, David E., »North Korea Nuclear Disarmament could take 15 years«, in: The New York Times, 2018

Carlin, Robert, »Pyongyang warns again on ›byungjin‹ Revival«, in: 38North, 2018

Carlin, Robert, »What the North Koreans Really Said on July 7«, in: 38North, 2018

Cha, Victor, »Countering the North Korean Threat: New Steps in U.S. Policy, Center for Strategic & International Studies, 2017

Cha, Victor, The Impossible State, North Korea Past and Future, New York: Ecco, 2013

Chang Jung/Halliday, Jon, Mao, Das Leben eines Mannes, Das Schicksal eines Volkes, München: Karl Blessing Verlag, 2005

Choe Sang-Hun, »North Korean Defector, ›Treated like Dirt‹ in South, Fights to Return«, in: The New York Times, 2017

Coolidge, Frederick L./Segal, Daniel L., »Is Kim Jong-il like Saddam Hussein and Adolf Hitler? A personality disorder evaluation«, Psychology Department, University of Colorado, Colorado Springs 2009

Cumings, Bruce, Korea's Place In The Sun, A Modern History, New York: W. W. Norton & Company, Inc., 2005

Cumings, Bruce, The Korean War, A History, New York: Random House, 2010

Danspeckgruber, Wolfgang/Schiller, Markus, »Wie real ist die Bedrohung für den Westen?«, in: FAZ.NET, 2019

Database Center for North Korean Human Rights, »Stakeholder's Submission to the Democratic People's Republic of Korea's Universal Periodic Review, 33rd Session of the UPR Working Group, 2018

Dekleva, Kenneth B., »›Getting Past No‹ with Kim Jong Un: The Psychology of Negotiation, and Kim's Art of the Deal«, in: 38North, 2018

Dekleva, Kenneth B., »Putin, Trump and North Korea: The Road To Washington Leads Through Asia«, in: 38North, 2018

Demick, Barbara, Im Land des Flüsterns, Geschichten aus dem Alltag in Nordkorea, München: Droemer Verlag, 2013. Im Original: Nothing to Envy. Ordinary Lives in North Korea, New York: Spiegel & Grau, 2010

Div., Das Schwarzbuch des Kommunismus, Unterdrückung, Verbrechen und Terror, Paris: Éditions Robert Laffont, 1997

Doerry, Martin/Hammerstein von, Konstantin, »Was ein Geheimdiplomat auf seiner Mission in Nordkorea erlebt hat«, 2018

Düerkop, Lars, »Der Bauch bleibt leer«, in: Welthungerhilfe.de, 2019

Estabrooks, Paul, Flucht aus dem Paradies, Die atemberaubende Geschichte einer Familie aus Nordkorea, Gießen: Brunnen Verlag, 2007

Fifield, Anna, »He ran North Korea's secret moneymaking operation«, in: The Washington Post, 2017

Fifield, Anna, »The Great Successor: The Secret Rise and Rule of Kim Jong Un«, John Murray, London 2019

Fifield, Anna, »The secret life of Kim Jong Un's aunt, wo has lived in the U.S. since 1998«, in: The Washington Post, 2016

Frank, Rüdiger, »Neuer Tiger auf dem Sprung?«, in: Die Zeit, 2018

Frank, Rüdiger, Nordkorea, Innenansichten eines Totalen Staates, München: Deutsche Verlags-Anstalt, 2014

Frank, Rüdiger, »The North Korean Parliamentary Session and Budget Report 2019: Signs of Economic Stagnation and an Open Claim to Leadership on the Korean Peninsula«, in: 38North, 2019

Frank, Rüdiger, Unterwegs in Nordkorea, Eine Gratwanderung, München: Deutsche Verlags-Anstalt, 2018

Fritz, Martin, Schauplatz Nordkorea, Das Pulverfass im Fernen Osten, Freiburg/Breisgau: Verlag Herder, 2004

Fujimoto, Kenji, »I was Kim Jong-il's cook«, in: The Atlantic, 2004

Fukuyama, Francis, The End of History and the Last Man, New York 1992

Giesen, Christoph, »Dafür kommt man eigentlich ins Lager«, in: Süddeutsche Zeitung, 2015

Giesen, Christoph, »Prost Mahlzeit«, in: Süddeutsche Zeitung, 2017

Greive, Martin, »Deutsche Einheit kostet 2 000 000 000 000 Euro«, in: Welt.de, 2014

Griffiths, James, »Ri Sol Ju, The woman married to Kim Jong Un« In: CNN, 2018

Gutschker, Thomas, »Herr Kims Gespür für den Markt«, in: Frankfurter Allgemeine Sonntagszeitung, FAZ.NET 2018

Haas, Benjamin, »‹Forever Strangers: the North Korean defectors who want to go back«, in: The Guardian, 2018

Hammerstein, Konstantin von/Schult, Christoph, »Wie privat kann eine Reise sein?«, in: Spiegel.de, 2019

Harden, Blaine, Flucht aus Lager 14, Die Geschichte des Shin Dong-hyuk, der im nordkoreanischen Gulag geboren wurde und entkam, München: Deutsche Verlags-Anstalt, 2012

Hecker, Siegfried, »A Q&A with Siegfried Hecker«, in: https://cisac.fsi.stanford.edu, 2019

Jeppesen, Travis, »Shopping in Pyongyang and other adventures in North Korean Capitalism«, in: The New York Times, 2019

Kang, Hyok, Ihr seid hier im Paradies, Meine Kindheit in Nordkorea, München: Wilhelm Goldmann Verlag, 2005

Kelly, Luke, »Why North Korea Is An Untapped Goldmine For Tech Companies And For China«, in: Forbes.com, 2018

Kim, Byung-Yeon, Unveiling The North Korean Economy, Collapse and Transition, Cambridge: Cambridge University Press, 2017

Kim Il Sung, Lebensabriss, Pjöngjang: Verlag für Fremdsprachige Literatur, 2001

Kissinger, Henry, China, Zwischen Tradition und Herausforderung, München: C. Bertelsmann, 2011

Koelbl, Susanne, »Sie wissen alles über jeden«, Interview mit Choe Ju Hwal, in: Spiegel Online, 2014

Kuo, Mercy, »Kim Jong-un's Political Psychology Profile«, in: The Diplomat, 2017

Lankov, Andrei, The Real North Korea. Life and Politics in the Failed Stalinist Utopia, New York: Oxford University Press, 2014

Lankov, Andrei, The Resurgence of A Market Economy In North Korea, Carnegie Moscow Center, 2016

Lee, Eun-Jeung/Ballbach, Eric J., »Vor dem zweiten Gipfeltreffen«, in: Frankfurter Allgemeine Zeitung, 2019

Martin, Bradley K., Under The Loving Care Of The Fatherly Leader, North Korea And The Kim Dynasty, New York: St. Martin's Press, 2004

Mascolo, Georg, »Beim Diktator sind noch Zimmer frei«, in: Süddeutsche Zeitung, 2017

Mohan, Megha, »The man who went to the North Korean place that ›doesn't exist‹«, in: BBC Stories, 2018

Mohr, Oliver, Hinter dem 38. Breitengrad, Mit Cap Anamur in Nordkorea, Göttingen: Lamuv Verlag, 2000

Mosler, Hannes, »President Moon Jae-in – The Right Choice for South Korea,« in: Asia Policy Brief, Bertelsmann Stiftung, 2017

Mount, Adam/Berger, Andrea, Report of the International Study Group on North Korea Policy, Washington: Federation of American Scientists, 2019

Myers, Bryan Reynolds, »The Cleanest Race, How North Koreans See Themselves – And Why It Matters«, New Jersey: Melville House, 2010

Naß, Matthias, Countdown in Korea, Der gefährlichste Konflikt der Welt und seine Hintergründe, München: C.H.Beck, 2017

Naß, Matthias »Das Ende der Sprachlosigkeit«, in: Die Zeit, 2000

Naß, Matthias, »Der Alptraum im Lager 14«, in: Die Zeit, 2014

Neidhart, Christoph, »Juche, die Philosophie, die keiner versteht«, in: Tagesanzeiger, 2018

Noland, Marcus/Haggard, Stephan, Famine in North Korea, Markets, Aid and Reform, New York: Columbia University Press, 2007

O'Carroll, Chad, »Amid high security, Kim Jong Un and sister flew separately into Singapore«, in: NK News, 2018

Ouellette, Dean J., North Korean Tourism, Plans, Propaganda, People, Peace, Seoul: Institute for Far Eastern Studies, Kyungnam University, 2017

Parkinson, Joe, »Never take their photos. Tracking the Commandos, North Korea's Secret Export«, in: Wall Street Journal, 2018

Pearson, James/Park, Ju-min, »North Korey overcomes poverty, sanctions with cut-price nukes«, in: Reuters World News, 2016

Plattner, Titus, »Wie Kim Jong-uns ›Schweizer Eltern‹ in die USA flüchteten«, in: Sonntagszeitung, 2017

Reichart, Thomas, Der Wahnsinn und die Bombe, Wie Nordkorea und die Großmächte unsere Sicherheit verspielen, Berlin: Ullstein Buchverlage, 2018

Rinser, Luise, Nordkoreanisches Reisetagebuch, Frankfurt/Main: Fischer Verlag, 1986

Ryall, Julian, »Dennis Rodman describes ›7-star party‹ lifestyle of Kim Jong-un«, in: The Telegraph, 2013

Sanger, David E./Kirkpatrick, David D./Perlroth, Nicole, »The World Once Laughed at North Korean Cyberpower. No more«, in: The New York Times, 2017

Schaller, Peter, Nordkorea, Ein Land im Banne der Kims, Böblingen: Anita Tykve Verlag, 1994

Scheuer, Stephan, »Naguib Sawiris startete das erste Handynetz in Nordkorea – jetzt kämpft er um sein Geld«, in: handelsblatt.com, 2018

Shin, Gi-Wook/Lee, Joyce, »Back to the Basics: Above and Beyond CVID with North Korea«, in: 38North, 2018

Silberstein, Benjamin Katzeff/Cronin, Patrick M., »How the North Korean Economy Should – and Shouldn't – be Used in Negotiations«, in: 38North, 2018

Sokolsky, Richard »A Road Map for Demilitarizing North Korea«, in: 38north, 2018

Song, Jay, »In the Making of North Korean Defector-Activities«, in: www.songjiyoung.wordpress.com, 2015

Steiner-Gash, Ingrid/Gashi, Dardan, Im Dienst des Diktators, Leben und Flucht eines nordkoreanischen Agenten, Wien: Verlag Carl Ueberreuter, 2010

Sturm, Peter, »Gottes Gnaden«, in: Frankfurter Allgemeine Zeitung, 2013

Taylor, Adam, »North Korea slams U.N. Human Rights report because it was led by gay man«, in: The Washington Post, 2014

Tiefenthäler, Ainara, »Kim Han-sol: A Future Leader of North Korea?«, in: The New York Times, 2017

Tudor, Daniel/Pearson, James, North Korea Confidential, Private Markets, Fashion Trends, Prison Camps, Dissenters and Defectors, Clarendon: Tuttle Publishing, 2015

UNICEF/Democratic People's Republic of Korea, Multiple Indicator Cluster Survey 2017, Survey Findings Report, Pjöngjang 2018

United Nations Security Council, Panel of Experts, Report, New York 2019

United Nations Human Rights, The price is rights, The violation of the right to an adequate standard of living in the Democratic People's Republic of Korea, New York 2019

Voegelin, Eric, Die Politischen Religionen, München: Verlag Wilhelm Fink, 1993

Weathersby, Kathryn, »Should we fear this? Stalin and the Danger of War with America«, in: Woodrow Wilson International Centers for Scholars, Cold War International History Project Working Paper Series, Nr. 39, Washington 2002

Webb, Sam, »Inside North Korea's secret gulags prison camps«, in: Daily Mail, 2014

Welter, Patrick, »Ein koreanisches Desaster«, in: FAZ.NET, 2018

Welter, Patrick, »Japan vor hohem Verteidigungsbudget«, in: FAZ.NET, 2018

Welter, Patrick, »Zwischen Loyalität und Pragmatismus«, in: FAZ.NET, 2018

Werning, Rainer/Picht, Helga, Brennpunkt Nordkorea, Wie gefährlich ist die Region? Berichte, Daten und Fakten, Berlin: edition berolina, 2018

Widmann, Arno, »Eine plötzliche Wiedervereinigung wäre unser Ruin«, in: Frankfurter Rundschau, 2018

Wolf, Charles/Akramov, Kamiljon, North Korean Paradoxes, Circumstances, Costs, and Consequences of Korean Unification, Santa Monica 2005

Woodward, Bob, Fear, Trump in the White House, New York: Simon & Schuster, 2018

MEIN DANK

Nordkorea ist wie ein Puzzle, von dem man einige wichtige Teile hat, aber längst nicht alle. Denkt man, nun sind sie alle zusammen, folgt die Enttäuschung – es fehlen immer noch weitere Stücke. Ich hoffe, dass die in diesem Buch zusammengetragenen Teile ausreichen, damit das Gesamtbild erkennbar und, mehr noch, stimmig ist. Ich bin sehr dankbar für die Zeit, die sich meine Gesprächspartner genommen haben, um mich an ihren Analysen, Einschätzungen und Erlebnissen teilhaben zu lassen.

Das Thema des Buches ist keines, das kaltlässt – es polarisiert. Zwar sind sich die meisten Fachleute in der Beurteilung der desolaten Menschenrechtslage einig, eine kleine Gemeinde von Nordkorea-Kennern verhält sich hingegen bei dieser Frage wie im Schützenbunker: immer abwehrbereit. Mich stört bei einigen von ihnen, wie sehr sie sich zieren, die Missstände und die Menschenrechtsverbrechen des Regimes beim Namen zu nennen. Ist es die Angst, künftig kein Visum zu bekommen? Oder die pathologische Übersolidarisierung mit einem Land, das weltweit geächtet wird?

Ich weiß es nicht – und wundere mich nur. Zugleich hoffe ich, dass jede Zeile des Buches meine Sympathie für Korea und seine Menschen transportiert. Ich glaube allerdings, dass Sympathie auch bedeutet, das politische Zwangsregime im Norden in aller Deutlichkeit zu kritisieren und nichts zu beschönigen.

Zunächst möchte ich meinen nordkoreanischen Gesprächspartnern danken, Reiseleitern und Staatsbediensteten, die mit mir – unter schwierigen Umständen – gesprochen haben. Es liegt in der Natur der verschlossenen Sache, dass ich zudem ums Land herumrecherchiert habe, um mehr zu erfahren. Ich danke meinen Gesprächspartnern in Südkorea und China, Wissenschaftlern und Mitarbeitern staatlicher und nichtstaatlicher Organisationen sowie kundigen Nordkorea-Interessierten in Deutschland, den Vereinigten Staaten und anderswo, mit denen ich sprechen oder Mails austauschen konnte. Ich danke den vielen Fachleuten, deren Artikel, Bücher und Statements auf die eine oder andere Weise Eingang in meinen Text gefunden haben. Ich hoffe, sie alle hinreichend in den Anmerkungen gewürdigt zu haben.

Mein besonderer und deshalb namentlicher Dank gilt Christian Taaks, Büroleiter der Friedrich-Naumann-Stiftung in Seoul, die mich bei der Suche nach weiteren Gesprächspartnern unterstützt hat. Speziell Tim Brose danke ich sehr für seine vielen guten Hinweise und kritischen Anmerkungen und dafür, dass er sich so ins Zeug gelegt hat. Auch Bernhard Seliger von der Hanns-Seidel-Stiftung in Seoul möchte ich ebenso herzlich für sein großes Engagement, die sehr hilfreichen und präzisen Anmerkungen danken.

Vielen Dank an das hervorragende Lektorat des Verlages, namentlich Christoph Selzer und Michael Lenkeit, an meinen Agenten Ernst Piper und an meinen *F.A.Z.*-Kollegen Oliver Georgi für seine wertvollen Anmerkungen. Meiner

Schwester Britta und meiner Frau Miriam danke ich ebenso fürs aufmerksame Korrekturlesen und für die Hinweise, die dem Text gutgetan haben. Es ist klar, dass etwaige Fehler alleine auf mein Konto gehen.

Zu guter Letzt danke ich Miriam und meinem kleinen Sohn Milo Elias dafür, dass sie das »Projekt Buch« mitgetragen haben, das mich etliche Wochenenden, Freizeitstunden und Teile unseres wertvollen Urlaubs gekostet hat. Das muss nicht immer so sein, versprochen!

ABBILDUNGSNACHWEIS

PERSONENREGISTER

Modrow, Hans   167, 312

Moon Jae-in   31, 46, 76, 109, 116,
167, 169, 225, 298, 301, 304,
306, 311, 333, 344, 348

Mosler, Hannes   314

Mozart, Wolfgang Amadeus
188, 329

Mussolini, Benito   153–154

N

Nowak, Wolfgang   313

Nujoma, Sam   263

Nuon Chea   171

O

Obama, Barack   60, 123, 154,
227, 286

Obama, Michelle   123–124

Orwell, George   67, 132

Ouellette, Dean   271

P

Pak Pong-ju   56

Park Chung-hee   299

Park Geun-hye   301

Park Jae-sang »Psy«   331–333

Park Sokeel   307

Park Wang-ja   268

Perrot, Raoul   69

Picht, Helga   101–102, 112,
149–150

Pieck, Wilhelm   103

Plattner, Titus   72

Pol Pot. *siehe* Saloth Sar

Pompeo, Michael »Mike«   54

Putin, Wladimir   53, 137, 308,
342

Puyi (chin. Kaiser)   90

Q

Qing (Dynastie)   90

Quart, Bodo   319–322

R

Reagan, Ronald   75

Rhee Syng-man   97, 100

Ri Chun-hee   123, 141

Ri Gang   70–72

Ri Jong-ho   256–257

Rinser, Luise   105, 145

Ri Sol-ju   11, 65, 122–124, 141

Ri Su-yong (auch Ri Tcheul)   12,
70–72, 136, 312–314

Ri Tcheul. *siehe* Ri Su-yong

Ri Yong-ho   80, 312

Rodman, Dennis   86

Rumsfeld, Donald   75, 119

S

Saloth Sar »Pol Pot«   66–68,
135, 171

Sawiris, Naguib   201

Schabowski, Günter   304

Schäuble, Wolfgang   324

Scharifulin, Valeri   85

Schmidt, Helmut   44

Schröder, Gerhard   313

Seohyun (eigtl. Seo Ju-hyeon)
327

Springer, Axel   314

Stalin (eigtl. Dschugaschwili),
Josef   43, 96–97, 101, 103, 132,
139, 164, 182

Stalinismus   82, 101, 148, 182,
302, 312

Steinmeier, Frank-Walter   324

Sun, Calvin   291